AVOCAT DU PATRON

Le récit de cinquante ans de vie et d'aventures aux côtés de Johnny

Parus chez Mareuil Éditions :

Passeurs de disques, Ersin Leibowitch, 2015
Ma vie de folie, Bernard Minet, 2015
Alive !, Patrick Hernandez, 2016
Charlotte Gainsbourg. L'exquise esquisse, Fabrice Bellengier, 2017
Michael Jackson. 40 ans de règne du roi de la pop, Fabrice Bellengier, 2019
Johnny Hallyday, femmes et influences, Frédéric Quinonero, 2020
Une brève histoire du rap, face A, Thomas Guillaumet, Thibaut Lamadelaine, Samuel Bartholin, 2020
Une brève histoire du rap, face B, Thomas Guillaumet, Thibaut Lamadelaine, Samuel Bartholin, 2021
Delon en clair-obscur, Laurent Galinon, 2022
Tout le monde l'appelait Johnny, Patrick Roussel, 2023
Sylvie Vartan, Les chemins de sa vie, Frédéric Quinonéro, 2024

Pour vous tenir informé des prochaines publications de Mareuil Éditions, rendez-vous sur : www.mareuil-editions.com

Jacques Verrecchia

AVOCAT DU PATRON
Le récit de cinquante ans de vie et d'aventures aux côtés de Johnny

Mareuil
Éditions

Dire la vérité est utile à celui à qui on la dit, mais désavantageux à ceux qui la disent, parce qu'ils se font haïr.

Pascal

Préface de Me Francis TEITGEN

Ancien Bâtonnier
de l'Ordre des avocats de Paris

Jacques Verrecchia cumule des talents dont toute personne se dit qu'un seul suffirait à son épanouissement : il est un avocat de renommée et un musicien d'exception.

Robe et Perfecto. Weston et Santiag.

Jacques raconte dans ce livre cinquante ans de musique et d'amitié avec Johnny Hallyday.

Deux hommes à la fois publics et secrets. Regardez la photo de couverture : leur ressemblance bien sûr mais au-delà, et surtout, une évidente complicité.

J'étais un soir à un concert de Johnny à Bercy. Le dernier de cette tournée.

« Be Bop A Lula ». Un grand classique du rock'n'roll. Gene Vincent et les années du *Golf Drouot*. Et lorsque l'« Idole » présente ses musiciens, on entend, stupéfaits, dans le vacarme des applaudissements : « Le seul avocat qui joue du rock'n'roll... Mon avocat... Jacques Verrecchia. »

Modestement, Jacques salue le public d'un petit geste de la main et retourne à son instrument. Johnny l'avait invité ce soir-là pour faire le bœuf. Quel moment !

Je connaissais Jacques depuis longtemps. Il ne m'avait jamais parlé de cette si grande proximité avec Johnny. Modestie.

Mais je l'ai aussi vu, sur la scène de la *Revue de l'Union des jeunes avocats*[1], accorder sa guitare avec un soin extrême, pour livrer à un public assez peu mélomane un son irréprochable.

Jacques est un avocat de qualité. Il a, pendant des décennies, accompagné nombre d'artistes. Il les a conseillés avec rigueur et plaidé pour eux avec passion.

Droit d'auteur, droit à l'image, protection de la vie privée et négociations de contrats constituent son jardin. Il est un expert reconnu dans ces domaines du droit ; son sérieux et sa rigueur sont appréciés des magistrats et de ses confrères. Il est aussi à l'aise sur un clavier d'ordinateur que sur celui d'un piano.

Il est représentatif de ces avocats qui ont plusieurs cordes à leur arc. Ils sont nombreux à être à la fois avocats et écrivains, auteurs d'arts plastiques, musiciens et même cuisiniers… C'est une richesse du barreau dont Jacques Verrecchia est l'un des très beaux exemples.

Dans ce livre, il nous fait le bonheur de partager avec le lecteur son parcours d'une carrière professionnelle exemplaire commencée dès 1965. Entrer dans l'intimité de personnes de qualité est un privilège. J'ai pu le goûter en avant-première pour écrire ces quelques lignes.

À votre tour, savourez ces moments. Et souvenons-nous de Johnny Hallyday.

1. Spectacle annuel de très bonne qualité, joué cinq soirs de suite dans un grand théâtre parisien et mêlant chansons et sketches écrits et interprétés exclusivement par des avocats au barreau de Paris.

Il était une fois avec Johnny…

Qui peut prétendre connaître l'entière vérité d'un personnage au destin hors normes ? Celle de Johnny Hallyday en particulier, si compartimentée et tellement complexe, contrairement à ce que l'on pourrait penser ? Tout a été dit à son propos, jusqu'à saturation…

Ayant été l'avocat de l'artiste durant vingt-cinq ans, j'ai bien davantage vécu avec Jean-Philippe Smet qu'avec Johnny, la star adulée dont je veillais à rester à distance au quotidien, pour parvenir à vivre normalement à ses côtés. Cela constituait pour moi une condition préalable à notre relation et semblait lui plaire, tant il n'était dupe de rien.

À ses yeux, je n'étais pas qu'un simple avocat puisque j'étais issu du même univers que lui : celui de la musique. J'ai eu une autre vie avant de rejoindre les prétoires. Après des études classiques dans un conservatoire municipal de banlieue, j'ai exercé durant plus de quinze ans le métier de pianiste. J'ai intégré plusieurs orchestres pour accompagner des chanteurs tels qu'Antoine, Dick Rivers, Michel Delpech ou Sacha Distel. En 1974, après mon mariage, j'ai décidé de reprendre des études de droit pour passer le barreau. Après avoir obtenu le titre d'avocat, je me suis spécialisé dans la propriété intellectuelle et j'ai défendu de nombreuses stars.

Johnny était mon client le plus renommé, mais il était avant tout mon ami. Je l'avais croisé à de nombreuses reprises lorsque j'étais musicien professionnel, mais c'est après être devenu son conseil que nous nous sommes vraiment rapprochés.

L'histoire que je vais conter n'est pas une biographie de plus sur Johnny Hallyday, mais plutôt une sorte de « carnet de bord », ni exhaustif ni chronologique. J'y retrace ma propre carrière, plus de cinquante ans durant lesquels j'ai connu nombre d'artistes, dont « l'idole des jeunes ». Amicalement d'abord, en tant que pianiste, puis bien plus longtemps en tant qu'avocat.

J'ai découvert Johnny pour la première fois sur la scène de l'Olympia le 20 septembre 1961, en compagnie de ma mère qui m'y avait emmené. Trente-neuf ans plus tard, celle-ci sera reçue par Johnny et Laeticia dans les loges de cette même salle de spectacle lors de la série des 42 concerts donnés tout au long de l'été 2000, pour la remercier avec une infinie gentillesse d'avoir été une fan de la première heure.

Je me souviens d'une critique très sévère de Philippe Bouvard dans *Le Figaro* à l'époque du premier concert de Johnny à l'Olympia : « Je ne jugerai pas les qualités vocales mais il fait appel à des qualités physiques indéniables. Tantôt menaçant la salle du doigt, tantôt se tenant le ventre, tortillant du bassin et roulant des hanches, il se sert du micro comme d'une lance d'arrosage… »

Que de chemin parcouru depuis ! Johnny m'ayant permis par la suite d'en effectuer une partie à ses côtés, je suis heureux que l'on puisse aujourd'hui donner son nom à des rues, des boulevards ou des avenues, bien que dans mon cœur il possède déjà une artère !

Johnny avait l'immense qualité de mettre en lumière ceux qu'il aimait en leur donnant du talent. Il développait le sien au quotidien, c'était un métier de tous les jours d'être Johnny Hallyday, me disait-il souvent avec son air malicieux.

Comme tous les confrères le ressassent, je savais que s'occuper des intérêts de sa famille ou de son meilleur ami est une erreur à ne jamais commettre, mieux vaut laisser cela aux autres ! *A fortiori* lorsqu'il s'agit d'un être si éloigné du commun des mortels... J'en étais conscient, et des âmes bien intentionnées me l'avaient suffisamment répété.

Je n'avais cependant pas mesuré qu'une telle position, si flatteuse parfois, viendrait perturber mon existence sans forcément m'être favorable, Hallyday venant parfois, sans gêne ni retenue, prendre le contrôle de ma vie personnelle et professionnelle.

J'ai fréquenté quotidiennement ce personnage à la destinée extraordinaire – au sens propre du terme – sans me poser trop de questions. J'ai parfois été à ses côtés quasiment vingt-quatre heures sur vingt-quatre sans jamais remettre en cause le lien qui nous unissait, tant celui-ci paraissait naturel pour lui comme pour moi.

En raison de ma relation avec Johnny, on m'a souvent scruté, jaugé, envié. J'étais aussi dévisagé avec condescendance par ceux qui le prenaient pour un idiot sans jamais l'avoir rencontré, ceux qui le surnommaient Jojo en ricanant, se faisant fort d'appartenir à une prétendue intelligentsia instruite et cultivée !

Au cours des décennies que j'ai passées à ses côtés – ce qui représente un record absolu en ce domaine en tant qu'avocat –, plusieurs époques se sont succédé. Cependant, durant tout ce temps j'ai eu le sentiment de n'avoir jamais cessé d'être son confident. Je n'étais pas le seul, puisqu'il était très doué pour cultiver une telle proximité avec plusieurs personnes en même temps, sans se départir de sa sincérité.

Chacun de ses intimes possédait « son » Johnny, une part de l'homme dont l'assemblage composait une personnalité fort complexe. Il arrivait que nous en parlions entre nous, lorsque ces différents univers se rencontraient de temps à autre. Quel que soit leur rôle auprès de lui, les proches de Johnny Hallyday ressentaient souvent une forme de sympathie les uns envers les autres, à l'image de ceux qui font partie d'un même sérail. Il n'en existait pas moins une certaine jalousie dissimulée : entre membres d'un même clan, nous ne partagions pas forcément le même monde, un monde dont seul Hallyday avait les clés pour chacun… Certains avaient décidé de ne jamais le contredire pour ne pas être inquiétés en ne contrariant jamais ses idées, quitte à ne pas en tenir compte ensuite, mais sans rien lui en dire… Je n'ai à jamais été de ceux-là.

Des amis et des proches, Johnny en a eu des centaines… Ceux qui travaillaient avec lui, les compositeurs, les cinéastes, les journalistes ou les collaborateurs, pouvaient bien sûr entretenir une forme de proximité avec lui, à l'image d'un musicien ou d'un technicien qui travaillait au quotidien en sa compagnie au cours d'une tournée. Mais ceux qui pensent le connaître parce qu'ils l'ont côtoyé de près pendant cinq semaines, cinq mois ou cinq ans n'ont en réalité perçu qu'une petite facette de sa personnalité.

Les vrais intimes, ceux qui composent ce que l'on nommait le « premier cercle », ne sont en réalité qu'une dizaine de personnes, changeant régulièrement selon les époques car nul n'était inamovible. Pour en faire partie, il fallait avoir été présent au côté de Johnny durant au moins vingt ans de façon continue pendant ses cinquante-sept ans de carrière. Pour ma part, j'ai eu ma « carte du club » durant plus de deux décennies.

J'ai souvent été amené à partir en vacances avec lui, seuls ou avec nos familles. Nous avons passé des week-ends chez lui à regarder la télé dans son bureau ou des films dans sa salle de cinéma. Nous avons passé des nuits entières à échanger des secrets que nul autre ne connaît. Nous sommes restés des heures au téléphone à partager tout ce qui fait le sel de l'existence.

Johnny pouvait faire preuve d'un sens de l'humour particulier, qui désarçonnait souvent ses interlocuteurs, mais faisait jubiler ceux qui le connaissaient par cœur. Il évoluait en marge du monde réel depuis l'âge de 17 ans. Sublimant le quotidien de ses fans, il semblait que sa raison d'être était de surprendre sans cesse.

De par ma relation privilégiée avec lui, j'appartenais au cercle très fermé des avocats des célébrités de tout premier plan, qui se comptaient à peine sur les doigts des deux mains. Un cercle de plus en plus restreint puisque les véritables stars ont hélas pratiquement toutes disparu… J'ai acquis mon expérience d'avocat en plaidant dans les principaux tribunaux de France. J'ai exercé mon métier sans jamais oublier d'entretenir un lien humain avec l'ensemble des justiciables que j'ai défendus, quel que soit leur statut social.

En près de soixante ans de carrière musicale et judiciaire, j'ai travaillé avec bien d'autres artistes, dont Henri Salvador, Guy Béart, Olivier Despax, Vince Taylor ou Gérard Palaprat. Je tiens aussi à rendre hommage à d'autres artistes qui m'ont accompagné pendant des dizaines d'années sans forcément bénéficier de la notoriété qu'ils méritaient auprès du grand public. Comme les excellents guitaristes de blues Patrick Verbeke et Pierre Fanen, ou Jean-Pierre Prévotat, l'immense batteur avec lequel j'ai partagé la scène en 1968 lors d'une tournée de six mois avec le chanteur Antoine. Ou encore mes amis Pierre Papadiamandis et Serge Koolenn, des auteurs-compositeurs de grand talent qui ont rencontré un énorme succès auprès du public en écrivant des morceaux devenus célèbres respectivement pour Eddy Mitchell et le groupe Il était une fois. J'ai aussi une pensée pour tous ceux avec qui j'ai fait un bout de chemin au cours de toutes ces années qui ont passé si vite.

Identité du vendeur ou du prestataire

SAINTE-CROIX Thermes-
120001798

Manuel DUMONT "E.I"
Ostéopathe DO 72 7 00544 9
4, cours Jacques Monod
72700 Saint Georges du bois
Tél : 02 43 88 47 81

n° TVA intracommunautaire

FACTURE N° 10

Nom et adresse du client

DAVID
Pascale

n° TVA intracommunautaire

LE 08/01/25

N° du bon de commande :

Désignation	Quantité	Prix unitaire H.T.	Total H.T.
Consultation d'ostéopathe	1		52€

Date de règlement : 08/01/25

Date de la livraison ou de la prestation :

Mode de règlement :

Conditions d'escompte pour paiement anticipé :

Adresse de facturation (si différente) :

TOTAL H.T.	
T.V.A. %	
TOTAL T.T.C.	52€

Righi

En cas de retard de paiement, il sera appliqué des pénalités égales à trois fois le taux de l'intérêt légal ainsi qu'une indemnité forfaitaire pour frais de recouvrement de 40 € (Article L441-10 et D441-5 du Code de commerce).

Etirements:

- Trapeze Superieur
- elevateur omoplate
- scalenes
- petit pectoral

OUVERTURE

Adieu l'ami…

Johnny s'est éteint durant la nuit du 5 décembre 2017. Comme pour John Kennedy ou Lady Di, chacun se souvient où il était lorsqu'il a appris son décès. Pour ma part, ce fut tôt le matin en écoutant les informations. J'ai encaissé le coup. La dernière fois que je l'avais vu, au mois de juillet, je savais bien sûr qu'il était malade mais il m'avait semblé en forme et je n'osais imaginer une fin si proche. Le 5 octobre, deux mois jour pour jour avant sa mort, il m'avait envoyé un dernier e-mail lapidaire alors que je lui demandais de ses nouvelles : « Merci mon ami ! Je t'embrasse. Johnny. »

Toute la journée, les hommages se sont multipliés. Ce n'est pas seulement un chanteur populaire qui disparaissait, c'est un symbole national. Au Palais-Bourbon, juste avant l'ouverture de la séance, le président de l'Assemblée, François de Rugy, annonça aux députés : « Mes chers collègues, je sais exprimer votre sentiment en disant qu'à l'image des Françaises et des Français, nous avons tous en nous quelque chose de Johnny Hallyday. » Spontanément, toute l'assistance se mit à applaudir et les représentants de la nation se levèrent les uns après les autres.

Malgré la relative distance qui s'était installée entre nous depuis quelques années, la décision de me rendre aux obsèques s'imposa à moi comme une évidence. Je n'avais eu aucun contact avec son entourage à ce propos, mais je me devais de rendre un dernier hommage à un ami dont j'avais été si proche durant près de trente ans. Je n'avais aucune idée de ce qui se préparait pour son enterrement. J'ignorais si les funérailles rassembleraient cent ou quinze mille personnes. Ce sera bien davantage.

Le 9 décembre, une grande cérémonie populaire fut organisée. Le cortège a descendu les Champs-Élysées, se dirigeant vers la place de la Concorde avant de rejoindre l'église de la Madeleine. La foule est impressionnante : plusieurs centaines de milliers de personnes, peut-être un million. Nombre de fans portent des blousons floqués à l'effigie de l'Idole ou des sweat-shirts de ses anciennes tournées, d'autres font voler des drapeaux. Beaucoup ont les yeux embués. Les plus obstinés ont passé la nuit sur place pour bénéficier de la meilleure vue lors du passage du véhicule mortuaire. Je sais qu'à leurs yeux Johnny était bien plus qu'un chanteur, bien plus qu'une icône. Il était une partie importante de leur vie. Ses chansons les avaient accompagnés depuis leur jeunesse et les avaient sans doute aidés à surmonter les épreuves de l'existence. Certains peuvent trouver cela stupide mais pas moi.

Près de sept cents *bikers* suivent le véhicule funéraire qui transportait le cercueil de l'Idole. Un cercueil blanc, identique à celui d'Elvis Presley pour respecter les dernières volontés de Johnny. Lorsque le véhicule passe devant eux, des groupes de fans entonnent « Allumer le feu ». Au moment où le cortège marque un arrêt rue Royale, l'ensemble des personnes présentes fait silence. Jamais une foule n'a semblé si mutique.

Un podium avait été monté sur le parvis de l'église. Lorsque les musiciens y prennent place, ils effectuent un essai en jouant un morceau qui n'est pas du répertoire de Johnny, provoquant les huées de la foule. Peu après, ils interprètent plusieurs tubes de l'Idole : « Gabrielle », « Noir c'est noir », « Le Pénitencier », « La Musique que j'aime », « Ma gueule », « Marie ». Pas besoin de chanteur : la foule se charge de reprendre les paroles en chœur. Au moment de crier « mourir d'amour enchaîné », les fans reprennent le traditionnel geste des poings croisés. Devant la Madeleine, le président de la République, Emmanuel Macron, prend la parole au micro, ce qui provoque quelques sifflets de l'assistance. Le chef de l'État a pourtant des mots très justes : « Johnny était à vous, à son public, au pays. Parce que Johnny était beaucoup plus qu'un chanteur, c'était la vie dans ce qu'elle a de souverain, d'éblouissant, de généreux et c'était une part de nous-mêmes, c'était une part de la France. » À la fin de son intervention, le public applaudit un long moment.

Je m'étais rendu à l'église seul, les mains dans les poches, sans carton d'invitation. J'y suis allé en métro car tout le quartier était bloqué. J'ai franchi sans difficulté l'ensemble des barrages policiers qui bloquaient les badauds. Je ne sais pas pourquoi personne ne me contrôlait, le destin peut-être. J'ai aussi passé sans problème le service de sécurité qui filtrait les invités pour entrer dans l'église. J'ai été reconnu par les organisateurs qui triaient les invités, des membres du staff de Johnny que je connaissais depuis des années. À l'intérieur, j'ai trouvé une place à côté du chanteur Raphaël et de son épouse Mélanie Thierry. Je n'appartenais plus au premier cercle à cette époque, je n'avais pas ma place juste derrière Laeticia et ses filles. Les bancs de l'église comptaient autant de personnalités politiques que pour l'enterrement d'un homme d'État : les anciens présidents de la République Nicolas Sarkozy et François Hollande, le Premier ministre Édouard Philippe, le président du Sénat Gérard Larcher et une palanquée de ministres. À l'extérieur, des écrans géants avaient été installés pour retransmettre l'office religieux. Dans le public, l'heure est au recueillement. Ceux qui avaient les yeux rougis peu avant essuient désormais leurs larmes. La cérémonie est retransmise en direct par TF1, France 2 et les chaînes d'information. Cela représente près de dix millions de téléspectateurs. La cérémonie se révéla très prenante, éprouvante même. Le chanteur Matthieu Chedid interpréta « Je te promets », la comédienne Carole Bouquet prononça un appel à la prière, l'actrice Marion Cotillard lut la lettre de saint Paul Apôtre aux Thessaloniciens, Jean Reno fit de même avec la « Chanson des escargots qui vont à l'enterrement » de Jacques Prévert, un texte qui avait été choisi par les filles de Johnny, Jade et Joy. Dans son discours, Line Renaud s'adressa directement à l'Idole : « Jamais notre amour pour toi ne mourra. »

À la sortie, j'ai croisé quelques connaissances, dont Estelle Lefébure ou André Boudou, le beau-père de l'artiste. J'ai félicité Patrick Bruel pour son bel hommage. Puis je suis reparti seul. Sur le chemin du retour, d'innombrables souvenirs me sont revenus en mémoire. Des souvenirs heureux pour la plupart, mais ce jour-là ils me brisèrent le cœur. J'ai repensé à tout ce que nous avions vécu ensemble, tous ces moments que je n'oublierai jamais.

Chapitre I

Où il est question de salles de sport
Paris, 1982-2007
Où je retrouve Johnny à Santa Monica,
octobre 2013, avril et octobre 2014, avril 2017

Sept ans ont passé depuis notre dernière rencontre. Sept ans durant lesquels nous ne nous sommes pas adressé la parole…

En cet automne 2013, je suis amené à travailler avec un cabinet d'avocats de Los Angeles pour des clients français, qui sont nombreux dans cette ville. J'ai pris mes habitudes à Santa Monica. Comme tous les matins, je repars du Gold's Gym de Venice, à deux pas de la maison que je loue sur Wadsworth Ave, lorsque je l'aperçois repartant au volant de sa Bentley décapotable bleu métallisé qui sied bien au climat local. Je me dirige vers lui pour le saluer. Le moment de surprise réciproque, tant cela fait longtemps que nous ne nous sommes vus, se dissipe en une seconde. Je lui adresse un signe amical, auquel il répond aussitôt. Il s'arrête à ma hauteur et me demande de mes nouvelles comme si l'on s'était quittés la veille :

« Salut Jacques. Que fais-tu ici ? Tu vis là maintenant ?

— Oui, de plus en plus je partage mon temps entre Paris et Los Angeles.

— Super, tu as bien raison, à bientôt », me dit-il d'un air approbateur, lui qui a choisi de vivre à l'américaine depuis près de cinq ans.

Je ne m'attarde pas mais je ne manque pas de lui glisser que c'est un réel plaisir de le revoir. « Plaisir partagé », me répond-il en affichant le sourire avec lequel je l'ai si souvent vu charmer ses interlocuteurs.

Six mois plus tard, au printemps 2014, nouvelle rencontre au Gold's Gym. Je suis dans la salle du haut réservée au « fitness » tandis qu'il travaille ses biceps au rez-de-chaussée. Lorsque nos regards se croisent à travers la baie vitrée, il m'adresse un clin d'œil un peu ironique qui semble signifier « Nous en sommes toujours là à en baver trente ans après… ».

Peu après, le 21 avril 2014, je suis convié au festival du film français Colcoa à Hollywood, pour la présentation du dernier film de Claude Lelouch, *Salaud, on t'aime*, dans lequel Johnny excelle. Lors de la soirée d'ouverture, Laeticia et lui me réservent le meilleur accueil. Ils m'expriment leur gratitude pour ma contribution significative en faveur de l'association La Bonne Étoile, que Laeticia vient de créer avec son amie Hélène Darroze et qui leur tient à cœur. Johnny est très impliqué dans les œuvres humanitaires de sa femme. Laeticia me montrera de nouveau sa reconnaissance au printemps 2019, lors de l'inauguration de l'école Maison Chance à Dak Nong (Vietnam), en faisant figurer mon nom sur un mur de l'établissement aux côtés d'autres donateurs, dont Johnny Hallyday. Je suis fier d'avoir laissé une modeste trace de ma contribution en faveur des enfants lourdement handicapés accueillis dans cette école spécialisée, grâce à l'initiative de Laeticia sans qui rien n'aurait pu être réalisé.

Trois jours après Colcoa, j'assiste avec grand plaisir au premier show de la tournée américaine de Johnny au Fonda Theatre de Los Angeles. Je ne peux m'empêcher de me remémorer la multitude de ses concerts auxquels j'ai été convié pendant vingt-cinq ans, ce qui me donne l'impression de tout connaître du spectacle malgré la présence d'une nouvelle équipe de jeunes musiciens.

Johnny n'aimait pas chanter certains titres sur scène. C'était le cas de « J'ai oublié de vivre ». Il disait qu'il s'ennuyait quand il l'interprétait alors que les paroles de ce succès lui collaient pourtant à la peau. Dans son répertoire, j'ai toujours eu une affection particulière pour « L'Envie ». C'est sans aucun doute la chanson qui le représentait le plus. Ce morceau, c'était lui.

Johnny bodybuilder

Croiser Johnny dans une salle de sport est devenu une véritable routine au fil des années. La première rencontre de ce type eut lieu en 1982 dans une salle des Champs-Élysées, rue de Ponthieu, grâce à notre ami commun Pierre Billon, qui était son producteur artistique. Cette année-là, avec la complicité de Johnny, il avait notamment concocté la première partie du spectacle du Palais des Sports intitulée *Le Survivant*, avec une esthétique tirée du film *Mad Max*, alors très en vogue.

Amateur de « musculation », comme on disait à l'époque, Billon réussit l'exploit improbable de convaincre Johnny de faire de la « gym », jusqu'à modeler son corps tel un vrai « bodybuilder » ! En ce temps-là, Johnny était pourtant à des années-lumière de la pratique du sport. Pendant vingt ans, de 1960 à 1980, il a mené une vie débridée de rock star, constamment en tournée, déphasé par rapport à la vie normale, « oubliant qu'il y a la société », comme il le chante avec lucidité dans « J'ai oublié de vivre », justement écrit par Billon. Jusqu'alors, sa seule activité physique consistait à se produire sur scène chaque soir en transpirant plus que de raison. Mais dès qu'il s'initia à cette nouvelle pratique, Johnny s'y astreignit avec une farouche volonté, comme il le fera en toute matière par la suite.

Cette activité se transformant vite en passion pour tout le monde, je décide de suivre le mouvement en me rendant quotidiennement à l'entraînement vers 12 h 30, lors de la pause déjeuner dans le cadre de mon activité de jeune avocat. Je préfère nettement cela aux « repas d'affaires » qui m'ennuient profondément. La salle étant située au deuxième étage, je vois souvent Johnny repartir au volant de sa Jeep Laredo « rouge pompier » en m'adressant un salut amical. Ce n'est que le début d'un long périple qui nous mènera au fil du temps dans tous les endroits de la capitale où l'on s'entraîne sérieusement, de préférence avec de « vrais » professionnels, Johnny étant, comme à l'accoutumée, très exigeant sur les équipements qui ne doivent surtout pas relever de l'amateurisme. Au lieu de céder à la facilité et au luxe de certaines salles ouatées qui commencent à fleurir dans la capitale, il recherche sans cesse celles où la fonte et la sueur règnent en maîtres.

L'exemple le plus significatif étant le célèbre Weider Gym animé par le grand champion Didier Cabrol, vainqueur de nombreux concours de musculation. Cette excellente salle, située rue Sedaine, a pourtant l'inconvénient pour nous d'être située près de la Bastille, ce qui nous contraint à traverser Paris tous les jours.

C'est d'ailleurs à cet endroit qu'un matin, à ma grande surprise, Johnny me remet un cadeau : un lecteur DVD, un vrai luxe à l'époque car ceux-ci commencent seulement à être commercialisés en France et coûtent une fortune. Sans ruban ni paquet cadeau, l'appareil est dans un simple sac plastique du magasin de l'avenue Victor-Hugo où il se fournit régulièrement. Une petite carte manuscrite l'accompagne : « Tu avais besoin d'un lecteur DVD pour passer tes films, celui-ci est un cadeau de Laeticia et moi pour te remercier pour tout ce que tu fais pour nous. Ton ami Johnny. » Que pouvais-je ajouter… sinon rentrer dans la salle faire cinq séries d'abdos ensemble !

Même lorsque Johnny aura fait construire sa salle de sport dans sa maison de Marnes-la-Coquette, nous continuerons régulièrement à nous rendre dans des salles parisiennes. Il lui faudra un certain temps pour réaliser qu'il était bien plus commode de s'entraîner chez lui sans contraintes.

J'avais déjà connu le même phénomène à Ramatuelle : bien que sa superbe propriété, la Lorada, fût équipée des meilleurs appareils, cela ne l'empêchait nullement d'aller s'entraîner à la salle locale au milieu des videurs de boîtes de nuit de Saint-Tropez qui revenaient de leur travail nocturne le matin…

Combien de fois l'ai-je ainsi croisé sur la route des Plages, lui sur sa Harley et moi trottinant sur le bas-côté pour faire mon jogging sous le soleil tropézien !

Cette addiction au sport s'explique certainement par l'émulation et la convivialité qui règnent dans les salles, l'entraînement quotidien étant bien plus ennuyeux si l'on n'est pas en bonne compagnie ! C'est pourquoi, même à Marnes-la-Coquette, il convie certaines de ses relations qui sont prêtes à transpirer avec lui sur ses appareils de musculation qu'il a fait venir des États-Unis. Je vois ainsi Paul Belmondo venir de temps à autre en voisin parfaire sa forme de grand champion sportif.

Je ne suis donc pas le seul à pratiquer le sport avec Johnny mais nous ne sommes guère nombreux. J'ai le privilège d'y être invité chaque jour si le cœur m'en dit, même si nos emplois du temps ne coïncident pas toujours.

Il m'arrive d'ailleurs de repartir de sa salle au moment où Johnny y descend. S'étant couché bien plus tardivement que moi, il entonne inévitablement en me voyant le refrain de l'une de ses chansons : « Je la croise tous les matins… »

Chez Johnny, l'accueil de l'ensemble des personnes présentes est toujours très chaleureux. J'ai chaque fois droit à une anecdote ou un café, une parole gentille de Fatima ou Neisha, les intendantes de la grande demeure qui secondent la maîtresse de maison, Laeticia. Je découvre à l'époque les talents de cordon-bleu de cette dernière, que j'apprécie beaucoup au quotidien. Lors d'une absence de son mari, parti durant deux mois pour tourner le film de Patrice Leconte *L'Homme du train*, elle me propose spontanément de continuer à venir chez eux chaque matin pour « faire mon sport », comme elle le dit si gentiment. Je préfère tout de même décliner cette proposition, ne souhaitant pas abuser de leur hospitalité. Bien m'en a pris car c'est à cette occasion que Johnny m'apprend un peu penaud qu'il s'est fait « prendre en flag » par sa femme sur les lieux du tournage en galante compagnie…

J'ai eu le flair ou la chance de ne pas devoir compatir à cette situation avec sa charmante épouse qui, très amoureuse, devait vivre difficilement la situation.

Des coachs qui l'accompagnent au quotidien

J'ai continué la pratique du sport avec Johnny durant de nombreuses années. Peu importe l'endroit du monde où nous nous trouvions et les contraintes extérieures, l'entraînement quotidien est un impératif. Même aux Bahamas, où Johnny me fait découvrir le Gold's Gym de Nassau pour quarante-huit heures. Même en vacances à Bali, point d'exception ! Nous nous rendons chaque jour dans la luxueuse salle de l'immense complexe hôtelier du *Four Seasons* en bord de mer. Et à Miami, alors que nous logeons sur son yacht dans le port, il me fait découvrir la salle sur Washington Ave avec son excellent coach personnel, Daniel dos Reis, qui deviendra mon ami.

Depuis 1982, j'ai vu se succéder beaucoup d'entraîneurs physiques auprès de Johnny. Ils étaient tous très sympathiques, mais Dan restera le dernier. Depuis 1997, il a presque constamment accompagné l'artiste au quotidien, en France comme aux États-Unis.

Ancien champion de culturisme qui a fait ses preuves, Daniel dos Reis est la fidélité incarnée. Johnny savait qu'il pouvait compter sur lui à tout moment en dehors des activités sportives. Il prend soin de la forme de l'artiste quelles que soient les circonstances. Ce qui n'est pas toujours facile selon les périodes… Il restera dévoué jusqu'au bout, y compris dans les moments les plus difficiles. Il recueillera le dernier souffle de l'artiste, au sens propre du terme. Johnny, après avoir levé les yeux une dernière fois dans son bureau, qui lui servait de chambre d'hôpital, mourra pratiquement dans ses bras et ceux de Carl, son ange gardien en plus d'être son fidèle chauffeur et garde du corps lors des dernières années. Celui-ci s'occupe toujours avec dévouement de Laeticia lorsqu'elle est de passage à Paris. Tous trois, nous sommes à jamais liés par ce que nous avons vécu avec l'artiste.

Même si la pratique sportive nous prenait beaucoup de temps, celle-ci n'était pas le ciment de ma relation avec Johnny. Il s'agissait d'un « à-côté » de nos rapports professionnels et amicaux. Revenons à l'automne 2013. Après notre rencontre fortuite, chacun reprend sa vie sous le soleil de Californie, mais sept ans de silence n'en avaient pas moins été brisés.

Chapitre II

Los Angeles, avril 2017
Carcassonne, juillet 2017
Où je découvre Johnny
à l'Olympia en 1961
Où l'on évoque quelques spectacles
Hallyday Bercy, 1990 – Midem, 1995 – Sceaux, 2000
Tournée 2003

Le 26 avril 2017, je suis une nouvelle fois invité en tant qu'avocat au festival du film français Colcoa, qui se tient au théâtre de la Directors Guild of America sur Sunset Boulevard. Le film de Claude Lelouch *Chacun sa vie* est présenté au public avec au casting un Hallyday en acteur talentueux et désopilant, tout en autodérision dans son propre rôle.

J'aperçois Johnny arriver dans le hall encombré de spectateurs. Lorsqu'il me repère à son tour, il fend la foule pour venir m'embrasser. Comme si j'étais la seule présence qui comptait au milieu de cette multitude de gens.

Il ne s'attarde pas, attendu au point presse où Patrick Bruel est déjà en interview avec la presse américaine.

Nous rentrons ensuite dans la salle. Johnny et Claude Lelouch montent sur scène pour un petit discours d'introduction avant la projection du film. Très à l'aise en anglais,

Johnny déclare au public qu'il est ravi d'être venu en voisin de sa maison de Pacific Palisades.

Une fois que les lumières s'éteignent et que Johnny regagne sa place, je remarque qu'il est venu sans Laeticia, ce qui n'est pas de bon augure. Peu après, il se lève discrètement et sort de la salle dans laquelle il semble mal à l'aise.

Par le plus grand des hasards, je l'avais croisé le matin même sur Sunset Boulevard, alors que j'étais arrêté à un feu rouge. Au volant de sa Rolls décapotable, il est venu se ranger à côté de moi. Sur le siège passager, son épouse, très préoccupée, semble-t-il, se démenait au téléphone en me saluant d'un geste de la main. L'ambiance ne semblait pas au beau fixe. J'apprendrai plus tard qu'ils faisaient alors le tour des médecins et des hôpitaux pour faire face à un traitement extrêmement invasif… Johnny me fit un signe d'un air un peu las, mais stoïque, avant de reprendre sa route.

Contraint de rentrer à Paris dès le lendemain, je laisserai un message sur le téléphone de Laeticia avant de quitter Los Angeles. Je ne voulais pas me montrer intrusif en leur rendant visite alors qu'ils étaient si préoccupés par l'état de santé de Johnny.

Ma dernière rencontre avec Johnny

En juin, alors que la tournée des *Vieilles Canailles* se poursuit à Paris, la production me fait parvenir une invitation à la demande de Johnny pour la première des représentations à Bercy, le 24 juin. J'apprécie évidemment l'attention. Le spectacle est absolument impeccable. Johnny, plus fringant que jamais, ne laisse rien paraître de son état. Il semble au firmament de la maîtrise de son art, de son métier et de la scène. Dans les coulisses, je redécouvre avec plaisir cette ambiance que je connais si bien. Je me retrouve à papoter innocemment avec Laeticia, qui ne laisse rien percevoir de ses préoccupations. Je n'ose évidemment poser aucune question précise sur l'avancement du traitement de son mari.

Nous sommes une dizaine de proches collaborateurs à nous retrouver à cette occasion, dont Roger Abriol, le directeur de production des spectacles de Johnny depuis trente ans, que j'ai connu au *Golf Drouot* en 1966. L'ambiance est amicale et bienveillante.

Je vois brièvement Johnny sortir de sa loge et quitter les lieux avec un peignoir sur les épaules. J'avoue que j'ai scrupule à aller vers lui pour lui parler car ceux qui y sont allés me disent qu'ils l'ont trouvé fatigué... Le défilé a dû être incessant, avec un mot pour chacun. Je ne vois pas l'intérêt de m'ajouter à la sempiternelle valse des fâcheux.

Le 5 juillet suivant, je vais en revanche revoir Johnny bien plus longuement à l'issue du spectacle de Carcassonne. Dans les *backstages*, cette fois encore une multitude de gens est présente. Cela n'empêche pas Johnny de fendre la foule pour venir me saluer avec le meilleur accueil, tout comme Laeticia qui est à son bras.

Il commence par me demander si j'apprécie à sa juste valeur la beauté des remparts de Carcassonne, qui semble être la seule chose qui compte à ses yeux à cet instant. Devant mon manque d'enthousiasme, il me répète trois fois de suite : « Tu as vu comme c'est beau ! » Il en profite pour me demander si j'ai toujours son numéro de téléphone personnel car il souhaiterait que nous nous revoyions lorsqu'il sera rentré à Los Angeles en septembre.

Il me fait remarquer que son numéro n'a pas changé et que c'est le même que celui de Laeticia, à l'exception du dernier chiffre, pour que ce soit facile de le mémoriser. Une bonne dizaine de fans l'entourent alors et suivent la conversation avec grand intérêt... Ses deux petites filles, Jade et Joy, qu'il a tenu à faire monter sur scène ce soir-là avec lui avec la prémonition qui le caractérise, sont également présentes. Je le trouve même assez fringant pour quelqu'un qui vient de passer deux heures sur scène. Nous nous quittons, car un dîner l'attend avec des proches de Laeticia, mais nous sommes convaincus que nous allons nous revoir en septembre. Je ne sais pas à cet instant que c'est la dernière fois où j'aurai l'occasion de lui parler.

Personne n'imagine alors qu'il ne pourra jamais rentrer chez lui à Los Angeles et qu'il se retrouvera ainsi coincé à Paris à son retour de ses vacances à Saint-Barth et n'effectuera plus d'autres déplacements que ceux nécessaires pour aller subir des traitements de la dernière chance dans des hôpitaux parisiens.

Souvenir de son premier Olympia

En septembre 1961, pour le premier passage à l'Olympia de Johnny, j'ai 12 ans et il en a 18. À cet âge-là, un tel écart est un abîme. Je viens d'assister à la revue menée par Line Renaud au Casino de Paris où mes parents m'ont emmené. Deux semaines auparavant, le 8 septembre, j'ai regardé l'émission culte de la télévision française *Cinq Colonnes à la une* de Pierre Desgraupes, qui m'a mis en transe lorsque j'ai découvert un personnage qui allait vite devenir un étendard pour la jeunesse de l'époque.

Il me faut attendre le 20 septembre pour le voir enfin monter sur la scène du music-hall parisien en costume lamé or et nœud papillon. Un look qui tranche avec ses précédentes prestations durant lesquelles il était entouré de « blousons noirs ». Johnny vient alors de quitter la maison de disques Vogue pour Philips et il fait sa rentrée parisienne en cassant son image. Dans cette optique, il interprète pour la première fois une chanson d'Aznavour intitulée « Il faut saisir sa chance », enregistrée à Londres sous la direction de Lee Halliday avec le grand Big Jim Sullivan à la guitare.

Je sens alors le parfum si caractéristique des coulisses de l'Olympia. Une odeur que je reconnaîtrai entre mille à l'avenir, en tant que spectateur, puis musicien. Subjugué par les plus grandes stars qui passent dans cette salle, je ne raterai aucune prestation des Beatles, des Rolling Stones, d'Otis Redding, de Jimmy Hendrix, de James Brown ou de Cliff Richard et les Shadows.

J'aurai tout vu, absolument tout, de cette scène mythique grâce à mon pote Jean-Claude, qui gérait le contrôle des guichets de l'Olympia. Comme je n'avais pas un sou pour m'offrir des places, il me faisait profiter de billets exonérés en matinée. En cette année 1961, j'ai donc eu le privilège d'assister aux concerts de géants de la chanson comme Jacques Brel et Édith Piaf. En voyant à quel point ils irradiaient la scène du music-hall, une idée un peu folle s'est emparée de moi : je voulais être des leurs !

Je me délecte de tous ces spectacles, souvent même depuis les coulisses où il est extrêmement facile de se faufiler en ce temps-là. Au printemps 1963, je tombe nez à nez sur Johnny, alors que je suis venu faire dédicacer par Sylvie Vartan la caisse claire du batteur du groupe dont je suis le guitariste solo. Profitant de cette rencontre impromptue, je le félicite pour son dernier titre, « Les bras en croix », qui vient de sortir. Il me regarde d'un air dubitatif. Un peu refroidi, je ne sais comment interpréter sa réaction du haut de mes 14 ans…

Entre janvier 1964 et juin 1965, j'ai vu plusieurs fois les Beatles sur la scène de l'Olympia, du Palais des Sports de Paris et du Palais des Expositions de Nice. Je m'étais rendu à ce dernier concert en train avec mon ami d'enfance Jean-François Leroi, le futur batteur du groupe Martin Circus. Comme nous n'avions pas les moyens de nous payer une chambre d'hôtel, nous avions dormi sur la plage, ce qui nous permit de saluer John Lennon à 2 heures du matin alors qu'il rejoignait sa suite au *Negresco*.

L'époque des Beatles et de Jimi Hendrix

Je garde un souvenir indélébile de la toute première fois où j'ai vu les Beatles sur scène : le 17 janvier 1964 en matinée alors qu'ils se produisaient en première partie de Sylvie Vartan, Trini Lopez étant la vedette du spectacle ! Cette situation ne dura que le temps de quelques représentations car l'engouement qu'ils provoquèrent mit la chanteuse dans une situation inconfortable lorsqu'elle devait passer après eux. Je vis même Johnny faire le coup de poing avec des fans qui invectivaient sa fiancée dès le deuxième ou troisième jour. Bruno Coquatrix, le directeur de l'Olympia, intervint en professionnel avisé pour la tirer de ce mauvais pas. Les Beatles finiront les trois semaines suivantes en passant après Sylvie, qui restait en vedette américaine en début de seconde partie. Trini Lopez, vedette internationale, n'ayant plus rien à prouver terminant alors la première partie en vedette anglaise et tout rentrant ainsi dans l'ordre à la grande satisfaction des trois têtes d'affiche.

En 1966, je découvre lors d'un *Musicorama*, organisé par Europe 1, Jimi Hendrix en première partie de Johnny, qui l'a emmené auparavant avec lui pour une courte tournée. Son tour de chant comportait seulement trois titres, auxquels nous n'étions pas préparés. Un genre musical totalement novateur que je n'étais pas suffisamment prêt à recevoir à ce moment-là. Je revis Hendrix l'extraterrestre l'année suivante sur cette même scène de l'Olympia, se produisant cette fois en vedette avec Noel Redding et Mitch Mitchell, un trio qui méritait alors tous les superlatifs à nos oreilles aguerries.

J'accompagne Johnny sur scène pour un soir

En matière de spectacles, je passerai personnellement au stade supérieur en 1990 : à son invitation, je me retrouve sur scène avec Johnny à Bercy. Je suis en osmose avec tous les musiciens, bien que la scène soit immense et que parvenir à y trouver son chemin ne soit pas une mince affaire pour le néophyte.

Erick Bamy, le fidèle choriste, me guide gentiment à travers tous les *flight cases* qui jonchent les couloirs. J'atteins enfin les claviers de l'excellent Michel Amsellem, pianiste en titre de Johnny, pour démarrer un « Blue Suede Shoes » dithyrambique devant quinze mille personnes ! Johnny se retourne vers moi, visiblement fier que j'aie tenu ma promesse de la veille lorsque nous en avions parlé lors du dîner au *King Club*. À ma descente de scène, je remarque des regards étonnés. Aux yeux des proches et collaborateurs de l'Idole, je suis un avocat, point barre. Tous ignorent évidemment mon passé de musicien.

En 1994, je suis invité à La Cigale, où le nouvel album de Johnny en anglais sera intégralement joué sur scène avec de nouveaux musiciens. Je découvre ainsi l'arrivée d'un nouveau guitariste, le talentueux Robin Le Mesurier qui a précédemment joué avec Rod Stewart et Ron Wood des Rolling Stones.

En 1995, je reçois une invitation pour une soirée spéciale au Midem à Cannes, à l'ancien *Palm Beach* où a été tourné *Mélodie en sous-sol* avec Jean Gabin et Alain Delon trente ans auparavant. Johnny va s'y produire pour un concert unique à 21 heures qui donnera lieu à un tour de chant époustouflant devant seulement quelques centaines de spectateurs du métier triés sur le volet. Un moment exceptionnel.

Seul problème : à Cannes, sans moyen de transport, il est délicat de repartir du *Palm Beach* en pleine nuit pour rejoindre l'hôtel *Carlton* pour le dîner organisé par le Midem à l'autre bout de la Croisette à 23 heures précises. Avec Jacqueline, l'une des fidèles cuisinières de Johnny qui a fait également le déplacement, nous hélons une voiture avec un gyrophare sur le toit qui est sur le point de démarrer. Les deux policiers en civil qui sont à bord acceptent gentiment de nous déposer devant le *Carlton* en cinq minutes chrono ! Pour une raison qui m'échappe, cela agace le producteur que nous croisons dans le couloir qui mène à nos chambres avec un Johnny épuisé. Encore transpirant sous un peignoir, ce dernier, en revanche, me lance un regard amical.

De concert en concert

Dix ans plus tard, j'arrive à Sceaux avec mon épouse et mes enfants pour le fameux concert du 15 juin 2000 à l'occasion de ses 57 ans. L'artiste avait laissé des instructions pour que je puisse accéder sans difficulté aux coulisses et au dîner d'après-concert. Cette fois, Camus, le producteur qui veille à tout avec efficacité, me fait bénéficier du meilleur traitement.

Une fois qu'il a fait part de ses souhaits pour accueillir au mieux ceux qu'il veut voir traités avec égard, Johnny délègue cette tâche à ses personnes de confiance. À ses concerts, il indique toujours à sa garde rapprochée ceux des invités qu'il souhaite voir, selon son état d'esprit du moment.

Il sait aussi faire savoir lesquels ne seront pas les bienvenus, impossible alors aux malheureux frappés par la disgrâce de passer outre. Combien de fois ne l'ai-je vu donner des indications très précises en ce sens…

À Sceaux, je retrouve avec plaisir des amis dans l'orchestre ou le staff, dont Roger Abriol, devenu directeur de production après avoir débuté à la sonorisation. Lorsque Roger était encore guitariste, nous avons fait ensemble les beaux jours du *Golf Drouot* trente-cinq ans auparavant avec notre groupe de rhythm'n'blues au nom trompeur Les Rockers.

Trois ans après, à la suite de la colossale tournée estivale des stades, à l'hiver 2003, Johnny me demande de me rendre aux concerts de sa tournée de temps à autre. Il n'insiste pas : nous savons tous les deux qu'en raison de mon activité professionnelle très prenante, je ne peux pas le suivre sur les routes trop longtemps.

À cette époque, j'ai de plus engagé la procédure contre Universal à sa demande. J'accepte tout de même de le rejoindre en toute fin de tournée, le 18 décembre, deux jours avant la série de concerts prévus à Bercy. Johnny me prie de le rejoindre chez lui à Marnes-la-Coquette pour que nous partions ensemble au Zénith de Clermont-Ferrand à bord de l'avion qu'il utilise pour certaines dates en province.

Nous partons donc tous les deux avec son chauffeur-garde du corps, Patrick, en direction de l'aéroport de Villacoublay où le jet privé nous attend. Surprise : Jean-Claude Camus, le coproducteur, et Jean-François Stévenin, l'acteur, nous attendent déjà dans le carré quatre places réservé aux passagers dans la carlingue. Johnny ne dit jamais rien à l'avance, il adore laisser découvrir les situations et observer les réactions des uns et des autres du coin de l'œil.

Le vol aller se déroule parfaitement, hormis pour le responsable de sa sécurité rapprochée, qui le suit comme son ombre depuis plus de dix ans avec une grande efficacité. Placé à côté du pilote, pratiquement dans le cockpit, il semble un peu stressé par le voyage dans les airs.

Après notre arrivée à Clermont-Ferrand, les motards de la police nous attendent comme à l'accoutumée pour escorter nos véhicules. C'est donc toutes sirènes hurlantes que nous arrivons au Zénith local, qui affiche comme toujours complet. Au moment de monter dans les véhicules, Stévenin me demande si je verrais un inconvénient à lui céder ma place dans la voiture de Johnny pour qu'il soit à ses côtés, prétendant que j'y suis tous les jours…

J'accepte de bonne grâce.

Même si cela fait plus de vingt ans que j'assiste aux mêmes scènes, cela continue de me surprendre : dès que Johnny arrive quelque part, une foule se rue aussitôt sur lui. Derrière lui, ceux qui l'accompagnent le suivent en jouant des coudes pour être au plus près de la star. Très vite, j'ai compris que les collaborateurs du premier cercle – sauf évidemment si leur présence est sollicitée – devaient se tenir à l'écart. Nous avons le privilège de voir Johnny tous les jours, il est donc inutile de le marquer à la culotte. Il me confiera lui-même un jour qu'il détestait par-dessus tout qu'on le colle au plus près d'une façon ou d'une autre, même quand il s'agissait de proches. Il étouffe, ne respire plus, il veut donc garder sa liberté de mouvement où qu'il soit et quoi qu'il arrive.

Au restaurant *backstage*, Johnny est comme chez lui. Il se promène à travers les tables de cette « cantine » où toute la troupe peut se restaurer avec des mets de qualité testés et contrôlés par Johnny lui-même. Il prend des nouvelles de chacun, on sent que tout le monde l'aime et le respecte. Pas seulement parce qu'il est leur gagne-pain et leur patron, mais parce qu'ils l'aiment vraiment pour l'humanité qu'il dégage.

La fréquentation des voyous de haut vol

Je retrouve dans l'équipe un certain Pierrot[1], un ami que j'ai bien connu dans les années 1970. Celui-ci était aussi un ami fidèle d'un client que j'ai défendu devant les tribunaux lorsqu'il était affilié au clan des Zemour, qui défrayèrent la chronique judiciaire et marquèrent l'histoire du grand banditisme. Pierrot fait partie de ces hommes sur qui on peut compter. Il avait radicalement changé de vie et n'a plus aucun lien direct avec la pègre.

L'un de ses meilleurs amis, qui était l'un de mes clients en prison, m'a raconté l'histoire qu'à cette occasion Johnny a vécue à ses dépens, en séduisant la compagne de celui qu'on qualifiait de « beau gosse » dans le milieu. L'artiste ne savait alors pas où il mettait les pieds. Le matamore amoureux Hallyday, qui risquait réellement sa vie, tenta de

1. Le prénom a été modifié.

se racheter de son « faux pas ». Décidé à prouver la sincérité de ses sentiments, il proposa tout simplement le mariage à sa dulcinée. La noce aura lieu à Los Angeles en 1981.

Pour se sortir définitivement de ce mauvais pas, Johnny offrit également à son rival éconduit de somptueuses vacances dans un paradis exotique. La jeune femme se prénommait Babeth et le mariage ne durera que deux mois.

Pierrot est devenu un collaborateur consciencieux au sein de l'équipe technique de la production. Il est de toutes les tournées, à un poste technique qui consiste à suivre l'Idole sur scène avec un projecteur puissant pour le mettre en lumière dans les meilleures conditions. Chaque fois qu'il me voit arriver, il me réserve un accueil chaleureux, même si nous restons longtemps sans nous voir. D'autant que j'ai répondu présent le jour où il fut arrêté par erreur à son domicile au petit matin par la brigade des stups. À sa demande, je vins lui rendre visite à Fleury-Mérogis pour le réconforter en ami en attendant que je le sorte de cette mauvaise passe en tant qu'avocat. Il sortira de cette affaire lavé de toute accusation.

Mon client, Prosper, est quant à lui de l'époque où la rivalité entre les clans Zemour et Zampa battait son plein. Il était également connu de Johnny car il fréquentait le même milieu interlope. Le chanteur conservera cependant toujours une certaine distance avec les membres du grand banditisme. Johnny passait de temps à autre chez ce personnage hors du commun au rez-de-chaussée du 96 avenue Henri-Martin, en face de ce qui sera plus tard mon cabinet au 109 de la plus prestigieuse avenue de Paris. Mon client n'avait rien trouvé de mieux que de mettre dans le vestibule à l'entrée de son superbe appartement une immense coupe destinée à rafraîchir le champagne en remplaçant les glaçons par des « Pascal » (des billets de 500 francs). Chacun pouvait se servir selon ses besoins lors des soirées...

Au fil du temps, je serai amené à défendre le malchanceux Prosper dans des affaires qui avaient mal tourné. Je ne peux que constater, hélas, qu'il tomba de Charybde en Scylla malgré toute l'énergie que je déployais pour le faire sortir des geôles où la justice l'envoie régulièrement. Le pire survint un jour alors que je suis assis sur le banc d'une salle d'audience correctionnelle lugubre du Palais de Justice à attendre avec lui le jugement après avoir plaidé devant des magistrats aussi imperturbables qu'implacables. Je sais que l'affaire est mal engagée : elle fait suite à un braquage qui a mal tourné, avec détention de stupéfiants et d'arme prohibée, heureusement sans mort ni blessé. Je suis tout de même abasourdi lorsque la condamnation tombe : malgré mes efforts, la cour d'appel de Paris le condamne à sept ans de réclusion. Une peine considérable ! Sept ans pendant lesquels je serai amené à le suivre régulièrement en allant lui rendre visite, ce qui n'est pas une sinécure mais fait partie des devoirs de l'avocat. Voir partir quelqu'un entouré de gendarmes dans le box des accusés pour sept ans d'enfermement est une chose difficile à vivre pour son défenseur. On se sent parfois inutile face à la machine judiciaire lorsqu'elle broie ainsi des individus quelle qu'en soit la raison.

Être avocat ne signifie pas seulement suivre ses clients jusqu'au jour de l'audience, cela implique parfois de continuer à s'occuper d'eux une fois qu'ils sont enfermés dans des conditions souvent précaires et pénibles. À la centrale de Liancourt, située à soixante-dix kilomètres de Paris, j'allais le visiter au « parloir avocat » pendant plusieurs années.

J'étais son seul lien avec l'extérieur, hormis son épouse et sa fille. Cela crée d'incontestables liens sur le plan humain et il était devenu un ami que je finirai par retrouver à sa sortie de prison.

Nous croisions parfois Johnny par hasard. Celui-ci lui réservait toujours un bon accueil. Chaque fois que je rencontrais Pierrot, il me demandait fidèlement des nouvelles de son ami Prosper. Bien évidemment, après toutes ces années, les liens se distendirent.

Prosper était, comme Johnny, un grand fumeur de Gitanes. Il finira par souffrir d'un cancer du poumon, qui l'emportera en l'espace de six mois en lui infligeant les pires souffrances. Impuissant, j'ai assisté à son déclin. Je lui ai rendu visite à l'hôpital deux semaines avant son décès. Je savais que je ne le reverrai pas. N'ayant plus la force de supporter la vision apocalyptique d'un être décharné, relié par des tuyaux à une table chirurgicale, dont la survie dépendait de multiples instruments de tortures, je lui ai dit adieu.

Aujourd'hui encore, l'évocation de Pierrot fait rejaillir en moi toute une époque. Celle où je fréquentais le monde de la nuit et ses règles. Le duo que formaient Pierrot et Alan, le secrétaire et garde du corps de Johnny à l'époque, avait fait les beaux jours du Rock'n'Roll Circus au début des années 1970.

Je les ai souvent vus faire très efficacement « le ménage » à l'encontre de clients trop agressifs à l'entrée de la boîte pour donner un coup de main à notre ami Sam Bernett, le directeur de l'établissement. La plupart de ces gens ont aujourd'hui disparu ou se sont retirés du circuit. Je suis certain qu'aucun d'eux ne regrette d'avoir vécu de telles aventures dans ce milieu interlope. Un peu grâce à – et à cause de – Johnny qui, toujours fidèle en amitié, aimait s'entourer pour ses virées nocturnes.

Un coup de cœur

Le fidèle Alan, je le voyais souvent à la fin des années 1970 ou au début des années 1980 au *Martine's* et à l'*Élysées Matignon* avec le « Grand », comme Alan l'appelait, qui était souvent accompagné de Catherine Deneuve. Ces deux-là me paraissaient s'entendre comme larrons en foire. Ils me donnaient l'impression non d'être des amants, comme on a pu le raconter par la suite parce qu'ils avaient vécu une belle histoire purement platonique, mais plutôt de noctambules invétérés profitant de la nuit. Je les voyais repartir bras dessus, bras dessous après de joyeuses libations. La belle actrice s'épuisait parfois physiquement à vouloir suivre Johnny, véritable force de la nature.

Un soir, à force de tirer sur la corde, nous avons été contraints d'aider Johnny à l'emmener en pleine nuit chez le médecin personnel du chanteur, rue de Longchamp, après qu'elle se fut quelque peu « évaporée » dans une boîte de nuit. Il fallut la requinquer avec quelque fortifiant... Elle mit peu de temps à reprendre le dessus, mais elle avait visiblement une constitution plus fragile que celle de Johnny, une force de la nature. Le duo put ensuite reprendre ses périples nocturnes pour quelque temps encore.

Leur belle histoire d'amour platonique du temps des *Parisiennes*, concrétisée ensuite au gré des « circonstances de la vie », avait bel et bien existé, comme l'a confirmé son ami

Long Chris qui en fut témoin[1]. Certains en ont ensuite fait des gorges chaudes à travers un tapage médiatique lucratif, alors que cette liaison avait cessé depuis fort longtemps, bien que les intéressés aient conservé d'excellentes relations.

Dans les années 1980, Johnny disait trouver une oreille attentive en cette confidente pour ses peines de cœur successives. Elle aussi se confiait à lui. Il l'évoquait lui-même dans son autobiographie *Destroy*, qu'il me dédicacera le jour de sa sortie en juillet 1996 en me remettant un exemplaire en mains propres lors d'un dîner à la Lorada. Il écrivit à cette occasion avec un clin d'œil amical sur la page de garde : « À mon cher ami (et *lawyer*) Jacques Verrecchia. » Depuis, tout a été dit sur le sujet dans la littérature de trottoir, les publications à l'eau de rose et les livres à sensation. Leur rencontre sur le tournage du film *Les Parisiennes* en 1962 alors que l'idole des jeunes lui chantait « Retiens la nuit », leurs retrouvailles par la suite... Même Roger Vadim, qui partageait la vie de Catherine Deneuve, relatera dans ses mémoires une anecdote qui se déroula à Lyon après un gala de Johnny.

Sans entrer dans les détails, je peux donc évoquer ce que Johnny me racontera bien plus tard à ce sujet, amusé d'avoir vécu une scène digne d'un vaudeville à cette occasion.

Sylvie Vartan n'était alors pas encore son épouse mais connaissait déjà peut-être le tempérament de son fiancé. Elle était accourue à Lyon faisant irruption en pleine nuit dans la chambre d'hôtel de Johnny, alors qu'il jouait la sérénade à l'actrice dont il était tombé fou amoureux sans que rien ne puisse se concrétiser. Ivre de colère, la fiancée officielle lui intima de choisir entre les deux jeunes femmes.

1. Long Chris, *Johnny à la cour du roi*, Filipacchi, 1986.

On connaît la suite... Sylvie avait gagné la partie et la jeune actrice dut rentrer à Paris précipitamment.

C'est ainsi en tout cas que Johnny me narrait la scène en riant.

Vouloir faire croire à une histoire d'amour secrète entre Catherine Deneuve et Johnny Hallyday qui aurait duré cinquante ans est une galéjade qui ne correspond en rien à la réalité. D'autant que la célèbre actrice était, comme j'ai pu le constater dans mon activité d'avocat, très opposée à évoquer publiquement cette prétendue relation. Bien des années plus tard, Deneuve, pour des raisons qui lui appartiennent, ne supportait pas que l'on évoque quoi que ce soit à cet égard, notamment l'utilisation du pseudonyme « Lady Lucille » que le chanteur avait abondamment utilisé à son endroit dans son autobiographie et qui l'agaçait au plus haut point.

Bien qu'il fût dévoilé avec élégance dans l'esprit de Johnny lorsqu'il écrivit *Destroy*[1], les deux stars ne se voyaient officiellement plus désormais. Si l'on n'est pas obligé de croire sur parole tout ce qu'il avait raconté dans son livre, il n'en est pas moins vrai qu'il attribuait à la comédienne des vertus thérapeutiques en indiquant qu'elle fût pour lui un grand soutien lors de toutes les crises, tous les chagrins sentimentaux et toutes ses descentes aux enfers jusqu'en 1994 qui sonnera le glas de leur grande proximité. Ce qui fera dire à juste titre à son épouse Laeticia qu'il rencontrera l'année suivante que cette liaison secrètement entretenue pendant plus de cinquante ans n'était qu'une affabulation sans fondement.

1. Johnny Hallyday, *Destroy*, Michel Lafon, 1996.

Mon propos n'est pas innocent, puisqu'en 2003, je reçus en effet un appel de l'avocat de l'actrice m'informant qu'elle réagissait de plus en plus mal à l'évocation de cette histoire et qu'il fallait y mettre un terme dans les meilleurs délais. Au même moment, comme par hasard, je reçois également un appel de mon client Hallyday qui affirme être désormais gêné par son livre, avec comme seule justification : « Ça suffit ces histoires maintenant, il est temps de passer à autre chose… » Ce que je m'emploie aussitôt à faire, non sans avoir assigné en justice l'éditeur pour lui faire savoir officiellement que Johnny souhaitait, en sa qualité d'auteur, que l'ouvrage soit purement et simplement retiré de la vente.

Ce que l'éditeur, intelligent et fort aimable, accepta de bonne grâce. Il fut donc inutile d'aller jusqu'au procès : une simple rencontre en présence de son avocat suffit pour que l'ouvrage litigieux ne soit plus commercialisé, pour un certain temps du moins…

Johnny me fit comprendre à demi-mot qu'il revivait plus ou moins une séquence qu'il avait déjà connue auparavant. Son épouse, Laeticia, dont il prenait le plus grand soin, lui aurait fait savoir en substance que tout ce qui concernait ses liaisons passées dans ce livre l'agaçait elle aussi.

L'histoire se répète souvent pour Johnny et il en tire toujours les leçons nécessaires.

Dans ces conditions, celui-ci me rappelait, comme il l'avait écrit, que son précédent mariage s'était sérieusement effiloché, avant de finir par un divorce fin 1980, en raison des incartades que l'époux volage reconnaissait lui-même. À cette époque, les circonstances de la vie lui avaient donc permis de retrouver l'actrice librement. Je les voyais d'ailleurs régulièrement ensemble de façon très ostensible dans les endroits parisiens que je fréquentais à ce moment-là avec notamment nos amis Alan et Sam Bernett.

Je l'évoque brièvement aujourd'hui sans trahir de secret, simplement pour expliquer la procédure qu'il m'était demandé d'engager puisque cela a été dévoilé publiquement dans un certain nombre de publications et que Johnny lui-même a confirmé cet état de fait sans ambages dans une interview télévisée de façon peut-être un peu péremptoire.

C'est donc une fois le rideau définitivement déchiré, à la fin des *seventies*, que ces fameuses « circonstances de la vie » permettront que le jeune couple du film *Les Parisiennes* vive enfin la véritable histoire débutée en 1962. C'est ce que Johnny du moins m'indiquait en quelques mots en 2003 pour justifier paradoxalement sa demande de supprimer tout ce qu'il avait écrit sur « Lady Lucille » dans son autobiographie huit ans auparavant.

Je ne fus donc pas vraiment surpris quand ce dernier me confirma toujours pudiquement l'attirance fusionnelle qui avait lié les deux stars depuis leurs 20 ans. Ce qui fera dire à Sylvie Vartan que les deux complices en leur prime jeunesse avaient sans doute eu un simple « crush », alors que Catherine Deneuve déclarait avec son élégance habituelle qu'elle avait « beaucoup d'affection pour lui, un peu plus que de l'affection d'ailleurs. Un vrai attachement… ».

« Mon avocat ne boit pas »

Cette parenthèse refermée, je me remémore le concert à Clermont-Ferrand où la production a bien fait les choses à mon égard. En tant qu'avocat de la star, je reçus un laissez-passer « toutes zones », me permettant de déambuler n'importe où. Jean-Claude Camus m'avait même attribué un garde du corps pour me déplacer en toute quiétude au milieu de la foule. Une délicate attention de sa part.

Le vol retour se passe aussi bien que possible. Johnny est serein et ne compte pas les bières qu'il sort de sa glacière personnelle pour faire passer les verres de vodka qu'il a commencé à boire dans sa loge après le show. Il m'en propose une, que je refuse sans hésitation, car il y a bien longtemps que je ne bois plus, surtout avec lui ! C'est en effet mauvais pour ma réputation. À cette époque, son entourage m'a même accusé d'entraîner Johnny à boire de l'alcool à la suite de quelques soirées avec lui. Or Johnny n'a besoin de personne pour cela quand il l'a décidé.

Seule la star a droit aux pires excès. Ceux qui l'accompagnent, quel que soit leur statut, sont nombreux à en avoir fait les frais. J'en ai vu certains être écartés du jour au lendemain sans un mot ! Johnny, qui ne rate jamais une occasion de remettre les pendules à l'heure, lança à Camus : « Tu vois, je te l'avais bien dit que mon avocat ne boit pas. »

Patrick, le chauffeur de Johnny, toujours fidèle au poste, nous attendait à l'aéroport du Bourget à 3 heures du matin. Dans la voiture, Jean-François Stévenin, qui s'extasiait sur le concert, regrette cependant qu'il n'y ait pas eu de machine à hot-dogs dans la salle ! Il n'en faut pas plus à Johnny pour partir au quart de tour, faisant mine de prendre la remarque au sérieux comme un reproche personnel, il joue les outragés en se répandant en excuses auprès de l'acteur.

Dans un vrai numéro d'acteur, il se lance dans une longue tirade en signifiant à Stévenin qu'il ne peut pas être partout en même temps, sur scène pour chanter et veiller au grain dans la salle pour que les machines à hot-dogs soient correctement mises à la disposition de son ami. Le tout sur un ton extrêmement sérieux, qui décontenance son interlocuteur. Je hurle de rire intérieurement !

Nous roulons à très vive allure dans les rues de Paris en direction de l'*Amnésia*, la discothèque dont il est le récent associé avec son beau-père, André Boudou. Ce dernier tient les rênes de l'établissement de main de maître, fort de son expérience acquise avec succès à Miami. Dotée d'un concept créé aux États-Unis, la boîte de nuit a été inaugurée deux mois auparavant au pied de la tour Montparnasse, avec le prestige du nom Hallyday. Johnny est très heureux d'avoir enfin « sa boîte de nuit », comme il est ravi de détenir « son restaurant », *Le Balzac*, depuis trois ans. Avec son bon sens habituel, il déclara un jour à un journaliste en ma présence : « J'ai passé une bonne partie de ma vie dans les boîtes jusqu'à 6 heures du matin et une autre à déjeuner ou dîner dans les restaurants, alors autant qu'aujourd'hui ce soit chez moi lorsque j'en ai envie ! »

L'*Amnésia* sera rachetée rapidement par un concurrent. Dans les meilleures conditions pour Johnny, qui doublera en deux ans son modeste investissement initial de 5 % du capital. Contrairement à ce que l'on a pu entendre ici ou là dans les médias sur une prétendue mauvaise affaire…

Nous rentrons à Marnes-la-Coquette à 5 heures du matin, avec un Jean-François Stévenin un peu dépité qui me dit : « Alors, c'est tout ? On s'arrête comme ça ? On se dit salut et on rentre chez nous ? »

Je rechigne un peu à le décevoir puisqu'il a l'air de vouloir prolonger la nuit mais je lui réponds tout de même : « Oui, la journée est close, c'est tous les jours comme ça cher ami ! » Johnny nous a d'ailleurs visiblement déjà oubliés. Il est déjà en train de se rouler dans la pelouse enneigée de son jardin en jouant amoureusement avec son chien blanc Isaac, visiblement heureux de se retrouver enfin chez lui. Sur la route pour rentrer chez moi à Boulogne, je me dis que je viens d'assister à une belle prestation finale de l'artiste après un show, comme à l'accoutumée, édifiant.

En décembre 2006, j'ai le plaisir de me retrouver à la place d'honneur au spectacle de La Cigale, placé aux côtés de Laeticia au premier rang du balcon avec la petite Jade entre nous. Je suis évidemment honoré de cette marque de reconnaissance publique pour assister à ce concert exceptionnel qui restera dans toutes les mémoires.

Chapitre III

Où je découvre une vocation
Les années musicales, 1961-1980

Comme je l'ai déjà indiqué, le 20 septembre 1961, le jour de la première, je découvre l'Olympia sous un autre jour. Quelques mois auparavant, j'ai vu la petite dame en noir s'y produire en chantant « Non, je ne regrette rien ». Un titre prémonitoire s'il en est pour Johnny, puisqu'il le reprendra quarante ans plus tard lors du concert de la tour Eiffel. Pour moi, le choc est violent. Johnny incarne alors toute la jeunesse d'après-guerre. Je suis né à peine quatre ans après l'armistice de 1945, ma mère bénéficiait encore de tickets de rationnement pour acheter le lait de mes biberons. Cette jeunesse à laquelle j'appartiens aspire à d'autres horizons, elle veut faire sa révolution. Elle a déjà « vibré » différemment depuis 1959 en écoutant « Rock Around the Clock » de Bill Haley et « King Creole » d'Elvis Presley. Ce soir de septembre 1961, j'ai décidé qu'un jour moi aussi je monterai sur scène, je serai un artiste.

En 1970, cela fait déjà sept ans que je joue des claviers en amateur, de groupe en groupe, de tremplin en tremplin du *Golf Drouot*, des Rockers en rhythm'n'blues, de « Blue Suede Shoes » en « House of the Rising Sun ». Après une solide formation musicale commencée à l'âge de 6 ans, je quitte le lycée sans passer mon bac pour prendre la route et accompagner les vedettes de la chanson française, seule façon de gagner sa vie à peu près décemment pour un musicien digne de ce nom à l'époque. En 1963, je suis le guitariste soliste de mon premier orchestre de lycéens. Les Shadows sont à la mode et je n'ai d'yeux que pour la guitare électrique qui fait alors fureur sans que ce ne soit vraiment sérieux. Par ma formation classique du conservatoire, je me redirige naturellement vers le piano que j'ai commencé à pratiquer à l'âge de 6 ans pour intégrer mon premier groupe semi-professionnel en 1966 : Les Rockers. Cette formation comprenait déjà Roger Abriol, le futur directeur de production de Johnny pendant trente ans, et Jacques Mercier, qui sera choriste d'Hallyday pendant plusieurs tournées dans les années 1970. Au *Golf Drouot*, nous jouions du rhythm'n'blues de qualité. Notre répertoire était constitué des morceaux de James Brown, de la Stax, de Wilson Pickett, d'Otis Redding ou de Sam & Dave. Au programme se trouvaient pêle-mêle « Knock on Wood », « Midnight Hour », les mêmes titres que Johnny reprenait pour son public en français, sauf que nous les interprétions en anglais comme de vrais puristes.

Au *Bus Palladium*, nous jouions du rhythm'n'blues avec les frères Labacci, qui feront ensuite les chœurs pour des vedettes comme Renaud ou Eddy Mitchell. Chaque nuit, nous effectuions cinq passages d'une demi-heure pour 10 francs le set, soit 7,60 euros par nuit avec deux consommations incluses. Ce qui était extraordinaire pour des musiciens à l'époque et permettait de vivre très correctement. J'y suis resté six mois d'affilée.

Le show-biz de l'époque

J'accède au professionnalisme en rejoignant l'orchestre accompagnant le chanteur Antoine. C'est Pierre Fanen, l'immense guitariste de Chuck Berry et Ronnie Bird, qui m'avait proposé la place au *Golf Drouot*. Nous passons alors six mois d'affilée en tournée en Italie, où Antoine était une immense vedette. À l'époque, nous faisions des galas huit mois sur douze, tout comme une dizaine d'autres artistes, tous sur les routes en même temps. Une période extraordinairement riche pour la musique de variétés, durant laquelle je commence à croiser Johnny à partir de 1967 au fil des tournées à travers la France. Nous n'étions pas amis, mais nous nous voyons régulièrement comme des « collègues de travail », dans les restaurants et les hôtels où les gens du spectacle avaient leurs habitudes. Depuis son ouverture en juin 1969, nous sommes, comme tous les soirs, à notre QG du Rock'n'Roll Circus, tenu avec succès par notre ami Sam Bernett. Un soir, Micky Jones, alors leader de l'orchestre de Johnny, les Blackburds, avec son *alter ego* Tommy Brown, me sollicite pour prendre la suite de mon ami Raymond Donnez à l'orgue Hammond et accompagner Johnny en tournée. Après avoir suivi l'artiste pendant des années comme pianiste, Raymond avait d'autres projets, qu'il mènera à bien. Il connaîtra le succès en étant l'un des premiers à réaliser des tubes internationaux dans le disco. Mais ma réponse à Micky Jones méritait réflexion…

Trois jours après, je l'appelle alors qu'il vient de produire le premier album des Martin Circus et qu'il créera sept ans plus tard le groupe Foreigner avec le succès planétaire que l'on sait. Je lui annonce que je ne peux malheureusement pas donner suite à sa proposition flatteuse, étant alors engagé par Antoine, avec lequel je viens de passer deux ans de tournées dans un tourbillon effréné. Le chanteur avait révolutionné la France avec ses « Élucubrations », et gentiment fait vaciller Johnny de son trône avec la connivence cachée des deux intéressés, qui me le confirmeront l'un et l'autre plus tard. J'ai d'ailleurs par la suite passé plusieurs soirées avec Antoine et Johnny réunis, constatant le respect réciproque qui existait entre eux. Lorsque nous nous étions produits à l'Olympia avec Antoine pendant trois semaines en 1969, Johnny venait assister au spectacle et passait dans la loge du chanteur pour le saluer chaleureusement.

Une photo mémorable, que j'ai conservée, en témoigne, avec Antoine en smoking-nœud papillon et Johnny en tenue hippie !

Lorsque je décline la proposition du chef d'orchestre de Johnny Hallyday, ma destinée est scellée. Je viens de repousser une offre qu'on ne peut pas refuser et qu'aucun musicien français n'a sans doute jamais écartée. Dans mon esprit, ma route était tracée : je ne jouerai jamais avec l'idole des jeunes ! J'aurais dû savoir que la vie avait davantage d'imagination que moi.

D'Antoine à Dick Rivers

L'aventure avec Antoine, qui m'avait fait découvrir le métier de musicien avec un statut professionnel durant quatre ans, s'était terminée en 1971. Une autre aventure débuta à ce moment-là avec un autre chanteur de renom : Dick Rivers. J'ai rencontré le leader des Chats sauvages à l'occasion d'un concert. Le courant est immédiatement passé entre nous. Il était plus âgé que moi et me prit un peu sous son aile, tout comme sa charmante compagne, la bien nommée « Mouche ». Nous passons beaucoup de temps ensemble, pour la musique mais aussi pour des vacances. Dick n'ayant pas son permis de conduire, il est ravi de profiter du jeune conducteur que je suis au volant de ma Renault R16 à boîte automatique. Le rocker ne jure que par les voitures à l'américaine.

Nous sillonnons les routes à son rythme tranquille. Nous séjournons souvent en Camargue avec la fille de Mouche, Natala, âgée d'une dizaine d'années. La Camargue est le lieu de prédilection de Dick, qui aime monter à cheval comme au Texas. Grâce à lui, je m'initie au plaisir de la monte camarguaise au milieu des manades de taureaux et des flamants roses.

Je commence donc à répéter avec l'orchestre qui l'accompagne à l'époque. Du pur rock'n'roll ! Nous nous retrouvons au studio Condorcet de Toulouse, puis à Londres en 1972, au célèbre Olympic Studio avec les Rolling Stones comme voisins. Nous enregistrons pour Dick un album qui deviendra une référence du genre : « Rocking along ». Celui-ci est consacré à des œuvres originales en anglais. Les titres sont en grande partie écrits par des auteurs-compositeurs britanniques, comme Tommy Brown, le batteur de Johnny. Deux de mes compositions sont acceptées à cette occasion : « Take a Chance on Me » et « Girl ». Avec son talent habituel, Rivers chantera ces titres avec les paroles adaptées en français par Michel Bernard.

Un autre jeune compositeur du nom d'Alain Bashung collabore à l'album. Ce dernier n'a pas encore rencontré le succès, qui viendra un peu plus tard. Je l'avais déjà accompagné durant une semaine en 1967 lors d'un radiocrochet à la foire de Melun. Il y a également Pierre Billon, que je découvre à cette occasion. Il ne fait alors pas partie du clan habituel des musiciens que nous formons depuis plusieurs années. Il avait passé toute sa jeunesse aux États-Unis et n'avait pas connu l'essor du rock'n'roll français, ni l'épopée du *Golf Drouot*. Il se fait sa place dans le milieu au début des années 1970, bien qu'il ait déjà écrit les paroles de titres à succès pour son ami d'enfance Michel Sardou. Plus tard, Pierre me présentera sa mère, l'exquise Patachou dont je deviendrai ponctuellement l'avocat dans l'avenir pour régler quelques petits problèmes. Lorsqu'elle nous invitera à dîner à son domicile de Neuilly, elle me fera découvrir son charme et son humour, parfois féroce mais jamais méchant. Il valait cependant mieux compter parmi les amis de cette femme de caractère...

Avec Pierre aux percussions et aux chœurs, nous participions à de nombreux galas de Dick Rivers lors de tournées en France et en Belgique. Il s'agissait surtout de « galas galères », comme on les surnommait à l'époque. Dans une ambiance très rock'n'roll, sans grands moyens, nous voyagions en voitures de location ou avec des Combi Volkswagen, mais l'amour de la musique était plus fort que tout.

Dick me proposa alors de continuer à travailler plus étroitement avec lui. Il souhaitait produire mes propres 45 tours en ma qualité d'auteur, compositeur et interprète. Il devient ainsi mon producteur pour trois singles : « Avec toi »/« Plénitude » (1973) ; « On ne vit pas de souvenirs »/« C'est notre histoire » (1974) ; « Je n'ai pas besoin de toi »/« Hey Marie » (1973). Antoine avait déjà été mon premier producteur en 1970 chez Vogue pour deux titres pop : « Il faut vivre d'amour » et « Les Acteurs ». Ces morceaux étaient plutôt de qualité, avec de belles réalisations sur le plan musical. Nous avions notamment enregistré au célèbre château d'Hérouville, qu'affectionnait Elton John, avec aux manettes Dominique Blanc-Francard, le preneur de son qui enregistrera les plus grands artistes dans les quarante années à venir. N'ayant pas obtenu de succès commercial suffisant pour poursuivre une carrière, après quatre 45 tours, ma production artistique s'arrêtera là.

Dans l'orchestre de Michel Delpech

D'aventures en aventures, je suis contacté de nouveau par Pierre Fanen, mon ami guitariste, pour intégrer l'orchestre de Michel Delpech. Le chanteur jouit alors d'une grande popularité, avec des tubes comme « Chez Laurette », « Pour un flirt » ou « Que Marianne était jolie » que toute la France a fredonné. À l'été 1974, Delpech est au firmament avec le succès de son titre « Les divorcés », qui se vend à plus d'un million d'exemplaires en peu de temps. Nous sillonnons la France avec la légendaire tournée d'Europe N° 1. Entre dix ou quinze mille spectateurs sont présents chaque soir pour un concert gratuit. La station de radio avait pour habitude de déployer d'importants moyens techniques, avec une cinquantaine de camions pour le matériel. Nous nous déplacions de ville en ville un peu comme la caravane publicitaire du Tour de France. L'après-midi, des animateurs radios et des disc-jockeys enthousiasmaient un public friand de ces moments conviviaux avant de retrouver leurs vedettes préférées sur le podium en soirée.

Je rencontre à cette occasion Pierre Papadiamandis, qui a composé plusieurs morceaux pour Delpech. J'effectuerai avec lui une tournée de deux semaines au Canada sur le circuit traditionnel des chanteurs français.

Au programme : le théâtre de la Place des Arts à Montréal bien sûr, mais aussi Chicoutimi, Trois-Rivières, Rimouski, Bâton Rouge et Ottawa, la province canadienne profonde qui s'étend sur des milliers de kilomètres enneigés.

Quitter le rock pour devenir avocat

Une fois la parenthèse Delpech refermée à la rentrée 1974, Dick me recontacte pour partir en tournée avec lui au Québec à l'automne. Je lui annonce que j'ai l'intention de me marier en décembre avec la femme de ma vie, que j'ai rencontrée peu avant ! Je lui indique à sa grande surprise que j'ai également décidé d'entamer des études de droit pour devenir avocat et que je suis par conséquent contraint de refuser sa proposition.

Le rocker, désireux de me garder sous sa coupe, le prend très mal. J'ai néanmoins bien fait de ne pas céder puisque ce mariage était bien avec la femme de ma vie et dure depuis près de cinquante ans…

Avec Dick, notre relation professionnelle ne se termine donc pas très bien. Nous ne nous verrons presque plus durant les quinze ans qui suivront, jusqu'au jour où, alors que je serai enfin devenu avocat, il viendra me solliciter pour quelque conseil. Avant cela, alors que les ponts étaient hélas coupés, je recroiserai Dick le 22 mai 1975 lors d'un gala de variétés à Gonesse, auquel devait participer un certain Johnny Hallyday. Ce dernier, visiblement irrité ce soir-là par Dick, qui avait débuté le spectacle et s'éternisait un peu trop à son goût sur scène, démarre son tour de chant sur le podium voisin, avec une sono deux fois plus puissante qui couvre celle de son collègue. Pire : Johnny choisit comme morceau d'entrée sur scène « Dégage ! ». Au micro, il déclare sans ménagement, à plusieurs reprises, qu'il est le meilleur chanteur de rock français. L'ambiance est parfaite : rock haine roll !

Je pars ensuite le temps d'une tournée d'été avec Nicole Croisille, le talent fait femme. Étant au clavier synthétiseur, j'apprends beaucoup de Georges Arvanitas, un pianiste virtuose dans le jazz connu dans le monde entier. Puis je me retrouve à accompagner le chanteur contestataire occitan Joan Pau Verdier, digne héritier de Léo Ferré. Nous partageons souvent l'affiche avec Bernard Lavilliers ou Jacques Higelin, qui suivaient un peu la même trajectoire en obtenant un succès plus populaire.

Grâce à cet artiste occitan, j'ai enregistré trois albums de qualité avec des musiciens haut de gamme, dont Dominique Bertram à la basse, qui deviendra le fidèle accompagnateur de Véronique Sanson. Ce fut surtout pour moi l'occasion de vivre une expérience unique en pouvant me produire sur la scène principale de la fête de l'Humanité en 1977 devant cent mille personnes.

Au début de l'année 1978, mon ancien complice Claude Arini, que j'avais connu pianiste avec Dick Rivers et Michel Delpech, me demande si je serais disponible pour partir avec Sacha Distel pendant deux mois et demi en tournée au Brésil et en Angleterre. Une telle proposition ne se refusant pas, je suis contraint de me faire remplacer chez mon ami Verdier par un jeune pianiste prometteur, Jean-Yves D'Angelo, qui deviendra bien plus tard le talentueux pianiste du spectacle des Vieilles Canailles avec Johnny.

Sacha Distel me fera vivre des expériences extraordinaires. Au carnaval de Rio, où nous visiterons les fameuses écoles de samba et assisterons à un match de football au stade Maracana avec cent quarante mille spectateurs déchaînés ! Puis à São Paulo, Belém, Manaus et bien sûr la capitale

Brasilia, où nous nous produirons devant le président de la République.

Nous parcourrons ensuite l'Angleterre pendant deux mois, avec un concert chaque soir dans des clubs de trois mille personnes. Des ambiances sans équivalent en France, avec un public essentiellement féminin pour lequel Sacha est alors la star absolue ! Sacha Distel m'aidera beaucoup à finaliser la dernière ligne droite de mes études de droit pendant cette tournée. Au Brésil, j'étais en pleine révision. La tête dans mes livres de droit, je ne suis pas sorti des chambres d'hôtel pour visiter Copacabana ou d'autres sites touristiques. Lors de la tournée anglaise, j'ai connu une sorte de dédoublement de la personnalité : musicien le soir et étudiant la journée. Je passais mes journées à Paris pour mes derniers examens à la Sorbonne en vue d'être reçu au barreau de Paris, et le soir je partais à Londres ou à Sheffield. La Rolls très *british* de Sacha m'attendant au pied de l'avion pour me faciliter le trajet jusqu'à la salle de concert. Sacha semblait impressionné par ma volonté. Il avait lui-même envisagé de suivre des études d'avocat quand il était jeune avant de devenir un guitariste de jazz du plus haut niveau et reconnu comme tel par ses pairs. Curieusement, nous nous sommes perdus de vue par la suite…

De retour en France, je reprends ma place au sein de la formation de Joan Pau Verdier, avec qui je partage les succès d'estime des connaisseurs qui écoutent France Inter, notamment le soir lorsque nous jouons au *Pop Club* de José Artur ou aux Francofolies de Lancelot et Jean-Louis Foulquier. Je quitterai ces émissions nocturnes en février 1980, lorsque je prête enfin serment auprès de l'Ordre des avocats de Paris après six ans d'études. Un événement qui clôt ce cycle de musicien professionnel, commencé une quinzaine d'années plus tôt.

Chapitre IV

Les premiers pas en tant qu'avocat
1980-1990

Après avoir décidé de mettre fin à mon activité de pianiste, hélas aléatoire, pour devenir avocat, je décide de me spécialiser dans la défense des artistes en général et des musiciens en particulier, dont je constate depuis trop longtemps à quel point leurs droits sont bafoués. Particulièrement les musiciens qui étaient considérés comme de vulgaires saltimbanques. À l'époque, ceux qui exerçaient ces métiers étaient exploités par de gentils voyous ou des amateurs incompétents. Même les grandes vedettes n'y échappaient pas. Johnny Hallyday, pas moins qu'un autre, s'est fait avoir à de multiples reprises ! La loi de la jungle régnait souvent pour les galas en province : non-paiement des prestations, conditions de travail épouvantables, absence de loges... J'ai alors envisagé pour la première fois de défendre ces professions artistiques si peu protégées. J'ai à cet égard étudié ce qui se pratiquait outre-Atlantique, les Américains ayant beaucoup d'avance sur nous. Aux États-Unis, les musiciens, les auteurs, les acteurs ou les écrivains avaient leurs propres syndicats. En France, il n'existait qu'un très modeste syndicat professionnel qui ne faisait hélas pas grand-chose pour ses adhérents musiciens. Mes études classiques me permettaient d'allier la technique musicale et l'harmonie avec le droit, notamment dans le cadre d'expertises lors des procès pour plagiat et contrefaçon. Il était nécessaire de parler le même langage que les experts désignés par le tribunal, ce qui me donnait un avantage sur les confrères avocats que j'affrontais dans un dossier. Ayant par ailleurs toujours aimé argumenter, je me suis vite pris au jeu de l'éloquence. J'aimais convaincre en trouvant les arguments qui faisaient mouche. Quarante-trois ans après, j'ai conservé le même enthousiasme.

Du haut de mes 22 ans, je me fixe donc l'objectif de devenir le spécialiste en la matière. Fort de mes connaissances techniques musicales et du milieu éditorial, je souhaite devenir à partir de cet instant le meilleur expert du droit en matière artistique, rien que cela...

Un premier client nommé Johnny

Avec le recul, il est étonnant que le premier client important à m'avoir fait confiance en tant qu'avocat soit Johnny Hallyday lui-même. Un premier dossier me fut confié par son entourage sur ses instructions, par l'entremise notamment de Billon son producteur que je n'avais pas revu depuis Dick Rivers dix ans auparavant, peu avant son spectacle au Palais des Sports d'octobre 1982. Il me demandait de rédiger un contrat pour préserver ses intérêts et ceux de son ami Claude Mulot, cinéaste chargé de tourner un court-métrage intitulé *Le Survivant*. Ce petit film sera projeté avant le spectacle pour annoncer la mise en scène postapocalyptique du concert, très éloignée des critères habituels d'un concert de rock. Le tournage s'était déroulé sur la plage du Touquet et il fallait désormais que l'exploitation commerciale de cette vidéo soit conforme aux intérêts du réalisateur et de l'artiste.

Je rédige donc un contrat dans lequel chacun y trouvait son compte et je le soumets à Johnny et Claude Mulot pour connaître leur sentiment. Je me rends compte que les négociations, menées par mon intermédiaire, n'avancent pas très vite : chacun possède des prétentions trop éloignées de celles de l'autre.

J'essaie sans succès de jouer le médiateur entre eux pour les faire parvenir à un compromis. C'est d'autant plus fâcheux que la date du spectacle se rapproche de plus en plus.

À ma grande surprise, je reçois un matin un coup de téléphone de Johnny qui me dit : « Écoute, on ne va pas se compliquer la vie. Pour ma part, je n'ai besoin de rien en ce qui concerne l'exploitation de cette vidéo. Je suis ravi du travail réalisé par mon ami Claude et je n'ai pas l'intention de compliquer la situation. Tu peux lui dire de ma part que je lui fais cadeau de tous les profits qui seront générés par les droits d'auteur de la vidéocassette. Mais je tiens à ce que ses enfants en soient les bénéficiaires. Maintenant, il faut qu'on passe à autre chose, ce sera mieux pour tout le monde, surtout pour notre amitié... » Une façon élégante de trancher le litige, comme seul Johnny en était capable. Je découvrais pour la première fois cette facette de sa personnalité, une caractéristique que je remarquerai bien souvent par la suite. Lors de situations qui semblaient inextricables, il était capable de proposer une solution à laquelle personne n'avait pensé et qui permettait à tout le monde de trouver son intérêt.

C'est après cet épisode que Johnny m'accorda définitivement sa confiance. Il me reçoit dès les premiers temps à son domicile de Neuilly, dans une charmante petite maison, avenue Pergolèse. C'est là qu'un jour il me demande de lui rendre visite pour me restituer une vidéocassette du film *E.T.* que je lui avais prêtée. À l'époque, où les magnétoscopes étaient encore rares, il n'y avait pas d'autre moyen que de se procurer des copies pirates pour visionner les films à l'affiche. J'avais réussi à m'en procurer une du film de Spielberg pour Johnny, qui souhaitait le regarder tranquillement afin d'éviter une émeute s'il se rendait dans une salle de cinéma. Lorsque j'arrive, vers 16 heures, il est seul. Il me reçoit tel un gentleman en me proposant un thé ou un café. À l'époque, il était en couple avec Nathalie Baye. Il me demandera peu de temps après de régler un différend qui l'opposait au propriétaire irascible de cette maison. Celui-ci lui demandait de payer le coût du remplacement de la moquette, qui avait été un peu tachée par des traces d'urine du chien, au moment où le couple quittait les lieux pour emménager à l'Étang-la-Ville.

La confiance de l'Idole

J'étais donc reçu avec les meilleurs égards chaque fois que je lui rendais visite. Il avait très vite compris que ma conception de mon rôle d'avocat était de me battre pour défendre ses intérêts personnels sans m'attacher à rester auprès de lui coûte que coûte. Je voulais préserver ma liberté, mais, surtout, je cherchais à innover par rapport aux pratiques des avocats qu'il avait connus depuis le début de sa carrière. À mes yeux, il n'était pas encore question que je rivalise avec les confrères chevronnés qui s'étaient succédé auprès de lui, et dont certains s'occupaient encore de ses dossiers. Je souhaitais seulement qu'il comprenne que ce qui m'importait, c'étaient ses intérêts et rien que ses intérêts. Un challenge en soi car il était d'un naturel extrêmement méfiant à l'égard de tout le monde.

En réalité, Johnny n'accorde son entière confiance à presque personne, y compris parmi ceux qui travaillent avec lui et avaient contribué à son succès. Il avait été échaudé plus d'une fois par l'entremise d'aigrefins ou de prétendus hommes d'affaires plus ou moins véreux. À chaque fois qu'il avait un doute sur le comportement d'une personne de son environnement professionnel, il prendra l'habitude de m'appeler pour connaître mon opinion. Connaître mon sentiment semblait lui importer. Il concluait immanquablement la conversation en me disant : « Tu comprends, je me méfie, je préfère que tu vérifies pour moi. »

Je me rendrai compte assez vite qu'il tenait le même langage à d'autres de ses proches. Il demandait toujours plusieurs interventions sur le même sujet de façon à être rassuré. De mon côté, j'accomplissais ma tâche le plus consciencieusement possible sans en prendre ombrage. Je n'ai d'ailleurs jamais éventé sa méthode d'investigation, qui donnait plutôt de bons résultats.

La confiance de Johnny s'est fortifiée au fil du temps car il semblait avoir compris que mon intérêt passait après le sien. J'avais alors encore tout à prouver en tant qu'avocat et je ne me mettais jamais en avant. Je ne cherchais à tirer aucun profit immédiat en termes d'image de notre collaboration, je fuyais même toute représentation mondaine à ses côtés. Même s'il me sollicitait, en tant qu'avocat je n'acceptais aucune sortie officielle avec lui. À cette époque, je n'apparaissais pas en photo avec mon célèbre client, alors que d'autres ne s'en privaient pas.

Lors d'un dîner chez moi en tête à tête, il me posa cette question d'un air faussement naïf en plantant ses yeux bleus dans les miens : « Si tu as le choix entre te rendre à une soirée avec des gens célèbres ou rester à la maison avec un ami, qu'est-ce que tu préfères ? » Lui répondre que je préfère rester avec l'ami plutôt que participer à une soirée mondaine ne me coûtait rien puisque cela correspondait à la vérité, mais son sourire entendu m'indiqua qu'il était rassuré.

Scène de ménage chez Johnny

L'une des premières sorties que je fis seul avec lui à son initiative se termina d'ailleurs assez mal. Après un spectacle à Orléans, lors de la tournée de 1982, il me demanda de le suivre en boîte de nuit une fois de retour à Paris. Mal m'en a pris... Nous avons prolongé la nuit dans la discothèque à la mode le *Rose Bonbon*, tenue par notre vieil ami Sam Bernett. Au moment de partir, pour une raison qui m'échappe, Johnny s'adresse à moi de façon péremptoire : « Verrecchia, viens avec moi à la maison ! » Son ton ne tolérait aucune contradiction. Lorsque nous arrivons devant sa grande demeure de l'Ouest parisien, où je n'étais encore jamais allé, il passe son bras autour de mon épaule pour que je l'aide à marcher. Soudain, j'entends une voix féminine, visiblement courroucée, qui hurle à Johnny en voyant sa démarche vacillante : « Tu as encore picolé ! » Sa réponse fuse : « Mais pas du tout ! C'est ma jambe qui me fait mal. D'ailleurs demain je vais me la couper ! » C'est la première fois que je me retrouve confronté à pareille situation. Tout cela est ridicule et je me dis en moi-même que l'on ne m'y reprendra plus. Lâchement, je bats en retraite et regagne précipitamment la grosse Volvo grise dans laquelle le chauffeur nous attend. À l'intérieur, son médecin personnel fait semblant de dormir sur l'épaule de sa compagne choriste, pour se dédouaner au cas où... Je retrouve dans ma poche la carte de visite que Johnny m'a glissée en partant et que j'ai chiffonnée en sortant de la boîte de nuit. Alors que nous étions en train de boire le dernier verre au bar, Johnny était en grande discussion avec un superbe mannequin qui le dévorait des yeux. Elle lui écrivit ses coordonnées sur un joli petit bristol. Pour toute réponse, il se leva et prit congé. Nous sommes ensuite remontés à l'air libre, puisque la discothèque est située au deuxième sous-sol de l'Olympia. Sur le trottoir, Johnny me tendit tout de suite après le petit carton en me disant : « Tu n'auras qu'à l'appeler toi parce que j'ai d'autres choses à faire ! » Machinalement, je prends la carte de visite. En mon for intérieur, je suis interloqué par une telle proposition et je me vois mal appeler cette charmante jeune fille, présente à Paris pour participer à un défilé de mode. D'autant qu'elle serait extrêmement déçue de m'entendre lui dire que Johnny Hallyday m'avait demandé de l'appeler à sa place pour lui tenir compagnie. Tout cela ne me paraît pas sérieux, et même extravagant. C'est pourquoi je me débarrasse de ce bristol inutile, d'autant qu'il est bien tard et que mon épouse m'attend à la maison.

Un terrible drame évité

Le lendemain midi, Johnny m'appelle pour savoir si tout va bien malgré la cocasse fin de soirée. Amusé, il ajoute à ce sujet qu'il vaut mieux avoir comme lui un sac dans sa voiture au cas où il faudrait fuir précipitamment son épouse et son domicile. « C'est toujours mieux que de sortir son fusil », comme il a déjà songé à le faire, conclut-il. Ce que je ne peux qu'approuver…

Une vingtaine d'années après, voulant sans doute me faire plaisir car il sait que je fréquente des hommes armés dans l'exercice de mon métier, Johnny prend sur une étagère de son bureau de Marnes-la-Coquette une petite mallette de laquelle il sort un superbe pistolet automatique qu'il me tend. Il m'apprend qu'un de ses amis le lui avait offert, de façon tout à fait illicite puisqu'il n'est détenteur d'aucun port d'arme officiel pour ce type de revolver. Afin de couper court à toute discussion, je lui indique de manière ferme que j'ai horreur des armes à feu et que je ne veux même pas la prendre en main. Et pour cause : je sais par expérience les dégâts que cela peut occasionner. Il n'insiste pas mais se montre un peu déçu. Il remet le calibre dans sa boîte et nous passons à autre chose. J'ai ainsi évité un terrain glissant, sachant que je venais précisément de défendre un homme du milieu condamné pour port d'arme prohibé.

Cela me rappelait également un très mauvais souvenir. Un matin de 1994, son garde du corps, Jo, m'avait appelé pour me raconter que la veille au soir il avait surpris son patron sur le canapé de son salon une arme à la main, prêt, disait-il, à se tirer une balle dans la tête. Le *bodyguard*, qui logeait à demeure Villa Molitor, avait donné un coup de pied dans le revolver pour l'envoyer au loin. Vérification faite : une balle était bien enclenchée dans le canon… Le fidèle employé lui avait certainement sauvé la vie. Je ne tenais pas du tout à revenir sur ces épisodes traumatisants, ni même à glorifier quoi que ce soit à l'égard de mon ami.

Au début des années 1990, Johnny faisait face à des crises épisodiques révélant un profond mal-être. Jusqu'à son mariage avec Laeticia en 1996, ses échecs sentimentaux successifs le plongeaient dans une profonde détresse, aux antipodes de la lumière trompeuse du succès qu'il rencontrait auprès du public. Chaque rupture était pour lui un drame, il semblait désespéré. Le scénario était toujours le même : il tombait très vite amoureux, proposait le mariage au bout de quelques semaines et se séparait peu après. Lorsqu'il était au plus mal, il picolait jusqu'à tomber par terre, se mettait dans des états pas possibles, mais il se livrait peu sur ce qu'il ressentait. Il laissait échapper une ou deux phrases, parfois pour constater à regret, un peu gêné mais avec une certaine lucidité, l'état de sa situation sentimentale. Pas davantage.

Johnny n'aime pas le play-back

Après cet intermède, nous nous remettons à regarder la télé dans son bureau. Johnny, confortablement installé sur son canapé en cuir, dans sa position habituelle avec un coussin sur le ventre, tandis que j'étais dans le seul fauteuil à côté. Nous regardions une émission de variétés qui, ce jour-là, diffusait une rétrospective de certains de ses passages télévisés ! Il observe tout cela d'un air détaché, sans dire un mot. Je me garde bien de rompre le silence, jusqu'à ce qu'il fasse remarquer qu'il avait porté des tenues assez improbables tout au long de sa carrière. Il sous-entendait ainsi qu'il n'adhérait pas forcément aux costumes dont on l'avait affublé. Il est vrai que nombre de ses costumes paraissent ridicules aujourd'hui, surtout ceux des années 1970. Il s'agaçait aussi de se voir chanter en play-back, ce qui était obligatoire dans les émissions de l'époque. C'est ce qui l'amènera, me dit-il, à suspendre toute activité à la télévision pendant plusieurs années. Lorsque je m'en étonne, lui indiquant l'avoir souvent vu à l'écran, il me répond cinglant : « Tu dois confondre avec Dick Rivers ! » Johnny avait accepté de participer de nouveau à des émissions de variétés lorsque le « play-back orchestre » fut enfin autorisé pour des raisons syndicales et grâce à l'évolution technique. Le « PBO », comme on l'appelait, consistait à diffuser la bande musicale préenregistrée tandis que l'artiste chantait réellement, sans avoir à mimer les paroles de façon ridicule. Le play-back exaspérait d'autant plus Johnny qu'il était incapable de chanter deux fois de suite de la même façon. À l'époque de l'ORTF, les syndicats interdisaient à un chanteur de tenir un micro dans une émission dans le cadre d'un play-back. Il faut bien reconnaître que le play-back était justifié compte tenu des piètres qualités sonores des studios de télévision en France. Il était impossible d'obtenir un son correct par rapport à l'enregistrement sur disque, auquel les oreilles du public étaient habituées. J'ai vu de mes propres yeux des artistes comme Michel Polnareff ou Claude François quitter le plateau du Studio 101 de la Maison de la radio, tant ils étaient insatisfaits du son du grand orchestre censé les accompagner.

Une vingtaine d'années plus tard, le play-back fut de nouveau une épine dans le pied de Johnny mais pour des raisons différentes. Des journalistes peu scrupuleux, ou ignorant sa façon de travailler, l'accusaient de chanter en play-back sur scène, notamment au Stade de France en 1998. Un article innommable du *Parisien* en avait fait état. Johnny mit avec brio un terme à la polémique le soir même sur scène en prenant le public à témoin : il fit la démonstration sans contestation possible qu'il chantait bien en direct. Un moment d'anthologie ! Cela ne l'empêchera pas d'engager une procédure judiciaire à l'encontre du quotidien. Une condamnation pour diffamation sera prononcée en juin 1999, l'honneur de la star étant ainsi lavé officiellement par le tribunal !

Quelques années auparavant, nous avions eu à gérer un problème plus stupide encore, lors du *Lorada Tour* à la rentrée 1995. Une émission de la chaîne M6 avait détourné des images de Patrice Gaulupeau, le caméraman qui suivait l'Idole dans les coulisses à cette époque pour chaque événement professionnel ou privé, faisant croire à tort qu'il chantait en play-back. Les journalistes avaient tiré cette conclusion sans aucune vérification après avoir vu les images tournées pour illustrer une répétition à Bercy. Cette séquence montrait Johnny assis dans la salle alors que l'on entendait une voix interpréter sa chanson, accompagnée de son orchestre et de ses choristes. En réalité, Johnny avait simplement souhaité se rendre compte par lui-même de l'effet ressenti par un spectateur en écoutant un morceau depuis la salle. Il avait chargé son choriste préféré Erick Bamy de le remplacer en tant que « voix témoin » afin que l'effet et la restitution sonores soient identiques. Le préjudice était d'autant plus grave qu'il s'agissait d'une émission de grande écoute. Patrice Gaulupeau, le dirigeant de la société audiovisuelle qui filmait le chanteur, fut très contrarié par cette situation. Il me demanda lui-même d'attaquer en justice la chaîne et les responsables de ces affirmations malhonnêtes pour obtenir réparation. Sentant le vent du boulet judiciaire, ceux-ci entreprirent de nous proposer une négociation amiable. Une proposition repoussée par Gaulupeau. Je fis donc lourdement condamner M6 en faveur du réalisateur et de sa société, lavant ainsi son honneur et celui de Johnny. J'ai démontré au tribunal qu'il était techniquement inenvisageable que Johnny puisse chanter en play-back sur une scène de la dimension de Bercy !

La fin des vaches maigres

Entre 1982 et 1987, je m'évertuais à mériter la confiance de Johnny en lui apportant ce qu'il attendait de moi. En premier lieu, trouver des moyens d'exploiter financièrement sa notoriété, puisque sa situation économique n'était pas au mieux après un passage à vide au début des années 1980. Sa carrière se relança en 1985, avec l'excellent album *Rock'n'roll Attitude* réalisé et produit par Michel Berger. À cette époque, mes contacts avec Johnny sont encore relativement empreints de formalisme, mais je le découvre chaque jour un peu plus. Son école aura été celle de la vie, il se comporte comme s'il avait reçu une excellente éducation. Chaque fois qu'il m'adresse un courrier, je constate qu'il possède une écriture élégante et une orthographe irréprochable.

Quand il s'agit de signer un document officiel, n'étant pas encore aussi proche de lui que je ne le serai plus tard, je lui demande très officiellement de passer à mon bureau et il s'acquitte de cette démarche de bonne grâce. Je suis alors installé dans un cabinet d'avocats cossu du 16e arrondissement, rue de la Faisanderie. Il y passe le plus souvent en fin de journée. Il en profite pour aller saluer Loulou, son ami médecin, installé juste à côté. Nous avons aussi de multiples contacts téléphoniques, toujours à son initiative. Il m'appelle en général vers 13 heures, son horaire fétiche, pour me demander des nouvelles et discuter des affaires en cours.

Nous échangeons sur ce que j'entreprends pour l'exploitation de son image et de son nom. Je travaille beaucoup sur ce dossier, qui l'intéresse au plus haut point pour arrondir ses fins de mois parfois difficiles. Personne d'extérieur ne peut imaginer qu'une célébrité de cette dimension puisse avoir des problèmes d'argent. Son coproducteur, Jean-Claude Camus, sans doute intrigué par ce que je faisais, accompagna Johnny à l'un de nos rendez-vous, alors que je venais de m'installer avenue Henri-Martin. J'imagine qu'il voulait vérifier si j'étais quelqu'un de sérieux…

« Tu vois, je peux te trouver n'importe où ! »

À cette époque où les portables n'existaient pas, les incessants appels de Johnny pouvaient donner lieu à des situations cocasses. Ce fut le cas lors de la naissance de ma fille, le 1er janvier 1985. Alors que je rendais visite à mon épouse à la maternité, sans avoir prévenu personne de l'endroit où je me trouvais, le téléphone se mit soudain à sonner dans la chambre. La jeune maman décrocha et entendit à l'autre bout du fil : « Bonjour, c'est Johnny… Johnny Hallyday, félicitations pour la naissance ! »

Cette façon de s'annoncer en deux temps était caractéristique chez lui, de peur sûrement que l'on ne sache pas à quel Johnny on avait affaire ! J'étais estomaqué parce que je ne lui avais jamais donné le numéro de l'hôpital.

Je pris alors le combiné et je l'entendis me dire d'une voix amusée : « Tu vois, je peux te trouver n'importe où ! Je suis très heureux pour vous et je voulais te souhaiter une bonne année. » Il raccroche juste après. C'est dans ces situations un peu hors du commun que l'on réalise combien il est facile pour une personne de sa stature d'obtenir des choses inaccessibles à monsieur Tout-le-monde. Au cours des trente années qui suivront, j'aurai l'occasion d'observer à maintes reprises la faculté de Johnny d'obtenir à peu près tout ce qu'il voulait. Avec la notoriété qui est la sienne, la plupart des gens étaient prêts à lui rendre n'importe quel service, même les plus improbables. À cette époque, Johnny n'était pourtant pas encore la star absolue qu'il allait devenir. Il était certes l'artiste de variété « numéro un » en France, mais il allait prendre une dimension encore supérieure au fil des années.

Isabelle Adjani m'ignore totalement

En tant qu'avocat, j'aurai l'occasion de parfaire ma connaissance des artistes lorsque je m'occuperai un peu plus tard de dossiers liés au milieu du cinéma avec mon associé, Jacques-Georges Bitoun. La réputation de celui-ci est telle dans ce domaine qu'en travaillant avec lui je serai amené à croiser les principales personnalités de la production du septième art et de la télévision ainsi que de nombreux comédiens. Tous sont un jour ou l'autre confrontés à des difficultés suffisamment importantes pour qu'ils s'adressent à nous.

Avec ou sans mon associé, j'ai ainsi eu l'occasion de recevoir épisodiquement les talentueux Gérard Lanvin, Richard Berry, Valérie Kaprisky, Marisa Berenson ou Isabelle Adjani. Cette dernière m'a laissé une impression très particulière : elle semblait ne pas me voir lorsqu'elle posait un œil sur moi, comme si j'étais transparent à ses yeux.

Les comédiens de cette époque qui connaissaient une grande notoriété ne brillaient pas toujours par leur comportement exemplaire. Ils se montraient souvent caractériels et hautains. Ils avaient une fâcheuse tendance à prendre leurs interlocuteurs de haut en leur faisant sentir qu'ils ne valaient pas grand-chose à leurs yeux. J'ai rencontré beaucoup de gens très sympathiques et de grand talent dans le milieu du cinéma, notamment des producteurs, des scénaristes ou des réalisateurs, mais ceux qui tenaient le haut de l'affiche ne l'étaient en général pas vraiment.

Nous avons aussi reçu à plusieurs reprises Roman Polanski. Un réalisateur très talentueux qui comprend toujours très vite les raisonnements que nous lui exposons concernant un dossier financier à l'encontre d'une banque. Un domaine qui était pourtant très éloigné de son champ de compétence habituel.

Ces rencontres avec Polanski m'amenèrent aussi à m'intéresser à titre personnel à l'affaire judiciaire américaine qui va le poursuivre en France. Il nous en parle très peu mais évoque tout de même le sujet au détour d'une conversation… Après une étude juridique des pièces, je me rends compte que les graves accusations portées contre lui sont en réalité infondées.

De toute évidence, Polanski a été victime de la malhonnêteté de certains magistrats américains et de l'étrange système judiciaire en vigueur aux États-Unis. Une fois lancé, celui-ci devient un rouleau compresseur difficile à arrêter.

Ce dossier ne dispose d'aucun élément qui permette de le traiter de violeur pédophile, comme l'ont fait des militantes féministes françaises des dizaines d'années après sans rien connaître de l'affaire. Lors d'une cérémonie des César, certains (prétendus) humoristes n'ont pas hésité à le clouer au pilori par des propos inappropriés et humiliants sans aucun rapport avec la réalité judiciaire établie par le tribunal de Santa Monica, où je consulterai les archives du dossier lors de l'un de mes déplacements en Californie. Il eût pourtant été facile de lire les quelque soixante-dix pages des *Mémoires* de Polanski, publiées trente-cinq ans auparavant. Il y expliquait les faits en détail, sans nier ses responsabilités. Je n'ai jamais revu Roman Polanski depuis. Lorsque je repense à lui, je ne peux qu'être admiratif devant tant de résilience.

Durant cette période, je reçois à mon cabinet un producteur audiovisuel, que je présente à Johnny. Celui-ci lui proposa un projet de film sur la vie d'un chauffeur de *trucks*, ces énormes camions américains que l'on voit tant sur les autoroutes d'outre-Atlantique. Le scénario avait l'air de plaire au chanteur qui souhaitait davantage tourner pour le cinéma. Comme beaucoup d'autres, ce projet n'aboutira malheureusement pas. D'autant que le film *Terminus*, dans lequel Johnny interprétait un rôle similaire, avait fait un bide. Il faudra attendre encore quelques années pour que le talent de Johnny en tant qu'acteur soit incontestablement reconnu, grâce notamment aux rôles qu'il obtiendra à partir des années 2000.

« Monsieur Delon au téléphone »

L'anecdote liée au cinéma qui m'a le plus marqué survint un soir de novembre 1998. Alors que je raccompagne Henri Salvador à la porte de mon cabinet après un rendez-vous, en croisant la pétillante et talentueuse Liane Foly que je dois recevoir juste après, ma secrétaire m'indique qu'un appel est en attente de la part d'un certain M. Delon. Je ne connais personne de ce nom et je ne peux imaginer qu'il s'agisse d'Alain… C'est pourtant bien l'immense star qui s'annonce à moi en toute simplicité à l'autre bout du fil ! Sans doute sous la recommandation de Johnny, le comédien se livre à moi. Il se montre très affable et d'une courtoisie exemplaire en sollicitant mes conseils au sujet d'une biographie non autorisée qui allait sortir sur lui. Il craignait que celle-ci révèle des secrets inavouables le concernant.

Après Hallyday, je me retrouve donc à échanger avec Delon. Je suis très surpris que deux stars de cette dimension puissent faire appel à mon modeste talent d'avocat. Il est des jours où l'on se dit que si l'on ne côtoie pas deux vedettes de cette dimension en une seule journée à 50 ans, c'est que l'on a raté sa vie ! Pourtant, une seule idée me taraude à ce moment précis : mener à bien une procédure de confirmation par la cour d'appel de Paris pour mon ami Johnny et son épouse. Je les défends depuis trois ans bec et ongles avec un certain succès face aux multiples atteintes à la vie privée et au droit à l'image dont ils sont l'objet par la presse people, qui s'est développée à une vitesse hallucinante en France dans les années 1990.

Chapitre V

Les affaires courantes
Les dossiers de presse

Dès 1982, je réfléchis donc à la meilleure façon de jouer mon rôle d'avocat auprès de Johnny pour défendre ses intérêts de manière différente de ce qui se faisait par le passé. Un jour, je lui demande s'il rencontre souvent son avocat habituel. Il me répond sans hésiter dans son langage fleuri : « Non, seulement quand j'ai une grosse merde... » J'en prends acte. Ce n'est donc pas un suivi quotidien pour anticiper les difficultés qui est en place, comme je conçois le rôle d'un conseil à l'américaine, à l'image de ceux qui s'occupent des grands artistes anglo-saxons. Je me dis qu'il serait pertinent d'évoluer en ce sens sans pour autant dénigrer mes illustres confrères qui se sont occupés de ses intérêts depuis les années 1960. Tels l'excellent avocat Gilles Dreyfus, ou le renommé Pierre Hebey, qui prendra d'ailleurs ombrage de mon arrivée en 1982 et me le fera vertement savoir...

Faire de « Johnny Hallyday » une marque

En m'interrogeant sur la meilleure façon de développer son image, je m'aperçois avec stupéfaction que personne n'a jamais songé à déposer son nom patronymique à titre de marque. Cette démarche est pourtant nécessaire pour empêcher toute autre personne de développer un produit commercial au nom de « Johnny Hallyday », « Johnny », « Hallyday » ou « Smet ». Ce qui se pratiquera couramment vingt ans plus tard lorsque des commerciaux auront réalisé à quel point ils pouvaient gagner des fortunes avec le merchandising.

Il suffit d'observer les stands de vente dans les concerts des Rolling Stones ou de Madonna pour se convaincre de l'engouement des fans dans ce domaine. Je m'attelle donc à déposer auprès de l'Institut national de la propriété intellectuelle toutes les appellations possibles pour protéger l'utilisation de son nom. En parallèle, je travaille pour que des sociétés payent pour utiliser son célèbre patronyme. Johnny m'avait missionné en ce sens, au grand dam de son entourage qui ne supporte pas mon intervention dans ce registre. Sa maison de disques ou son tourneur ont l'impression que je marche sur leurs plates-bandes et me traitent de « VRP », insulte suprême pour un avocat digne de ce nom ! Selon eux, mes interventions vont dénaturer l'image de l'artiste auprès des fans par la juxtaposition de produits commerciaux. On verra trente ans plus tard qu'ils auront changé d'avis, avec notamment des campagnes de publicité bien connues pour des parfums ou des lunettes…

Fort du dépôt de la marque « Johnny Hallyday », je commence à travailler sur les utilisations que nous pourrions en faire. Johnny m'a laissé carte blanche. Il voit en moi un jeune avocat ambitieux et déterminé qui veut le faire sortir du système dans lequel il se sent enfermé depuis plus d'une vingtaine d'années. Il a le sentiment d'être trop dépendant d'une maison de disques toute-puissante et d'avocats qui ne lui demandent pas suffisamment son avis. À l'aube des années 1980, le merchandising n'en est qu'à ses balbutiements mais il laisse déjà présager des perspectives exceptionnelles.

Johnny m'a expliqué son objectif à maintes reprises : il souhaite obtenir d'importantes sources de financement en complément de celles des ventes de disques et des tournées. En plus clair : il veut avoir du cash à sa disposition pour pouvoir « flamber » sans compter. Après réflexion, je travaille aussitôt sur la possibilité de commercialiser une belle guitare qui porterait son nom. Je me rapproche d'un des meilleurs fabricants, Ibanez, pour décliner de beaux instruments conçus à partir de guitares japonaises. Johnny avait longtemps joué sur les incomparables Gretsch, l'un de ses modèles préférés qui servira de déclinaison haut de gamme à partir de laquelle le luthier travaillera. Je reçois son feu vert et les techniciens conçoivent spécialement pour lui un très bel instrument à tirage limité en 1983. Dans un premier temps, il s'agit de sortir un modèle unique, que Johnny utilisera à maintes reprises, tant l'instrument lui plaisait. Ce modèle spécial FG-100 JH sortira dans le commerce au début de l'année 1984 en édition très limitée : quelques dizaines d'exemplaires seulement au prix de 5 490 francs, ce qui n'est pas donné à l'époque. Les amateurs en font aussitôt un instrument de prestige, qui le restera au fil du temps. Les touches sont en palissandre avec pour les repères du manche des incrustations de nacre en forme d'étoile, à l'exception de la 19e – case frappée du sigle « Johnny Hallyday ». La plaque de protection et la tête du manche sont gravées des initiales « JH ».

Johnny est très satisfait : non seulement l'instrument est de très belle facture, mais il n'a eu besoin, pour en faire la publicité, que de poser pour une ou deux photos, récoltant au passage une somme de 100 000 francs que je lui avais obtenue à titre de défraiement pour deux heures de prise de vues en studio.

Johnny est tellement ravi qu'il demande au distributeur, par mon intermédiaire, de décliner deux autres modèles de la même guitare. L'un en bleu et l'autre en blanc, la seule différence étant les repères du manche remplacés par une inscription « J. Hallyday ».

Une guitare devenue collector

Une anecdote cocasse survint au sujet du modèle original rouge, qui lui a été remis en ma présence. Fin octobre 1984, il m'appelle un peu catastrophé pour m'apprendre d'un air contrit qu'il a fracassé la belle guitare sur la scène du Zénith la veille, en la prenant par mégarde à la place de l'instrument spécialement prévu à cet effet… Ne doutant de rien, il me demande si je peux lui procurer un nouvel exemplaire similaire dans les plus brefs délais afin qu'il puisse l'utiliser pour son spectacle du lendemain soir ! Je me rends donc chez le fabricant, qui se trouve dans la zone industrielle du nord de Paris. J'obtiens la fabrication d'un modèle strictement identique sous quarante-huit heures. Je remets moi-même à Johnny, dans sa loge avant le show, le précieux instrument qu'il me promet de ne plus jamais casser sur scène. Il tiendra parole, mais sans tenir compte des deux modèles, l'un bleu et l'autre blanc, qui subiront le même sort sur la scène du Zénith au mois de décembre… À ma grande surprise, il utilisera cependant le seul modèle original rouge qui lui restait – sur les quatre fabriqués spécialement pour lui – jusqu'en 1996 à Las Vegas, tant il l'appréciait. Ce qui démontrait la qualité technique et esthétique de l'instrument.

Tout le monde était finalement ravi de cette petite opération promotionnelle. En premier lieu le fabricant Ibanez, qui la considérerait comme une action de prestige sans en faire une affaire purement commerciale. Je gagnais donc définitivement la confiance de Johnny pour continuer dans cette voie.

Johnny avait bien sûr déjà fait des publicités dans les années 1960, pour des marques comme le magasin Caddy sur les Grands Boulevards, qui l'habillait gracieusement au moment de son premier Olympia, ou le constructeur automobile Triumph, lorsqu'il reçut sa première TR3 blanche décapotable de son impresario Johnny Starck, mais de façon un peu amateure. Toujours est-il que je fus approché de façon inattendue par un styliste de prêt-à-porter, qui fabriquait des chaussures dont les modèles semblaient correspondre à ce que Johnny portait lui-même. Je préparais aussitôt un contrat, que Johnny signa. Ce commerçant avait l'avantage, comme beaucoup d'autres dans les années 1980, d'avoir beaucoup d'argent liquide à sa disposition, pour des raisons que je n'approfondirais pas, mais qui nous convenaient très bien. C'était tout à fait l'esprit dans lequel Johnny voulait collaborer avec des marques. D'autant que sa situation financière était des plus déplorables depuis les années 1970, avec des disques qui étaient loin de se vendre tous à un million d'exemplaires durant cette période. Son banquier lui avait même retiré sa carte bleue et il roulait en Golf Volkswagen, un véhicule identique à celui que conduisait la mère de sa fille, Nathalie Baye, qui lui avait fort justement conseillé de réduire son train de vie. Pour l'anniversaire de son ami Sam Bernett, il a demandé à Miky, l'épouse de celui-ci, de l'accompagner au marché aux puces pour lui trouver une paire de bottes de cow-boys. Arrivés sur place, au moment de payer, il n'avait pas un centime en poche et s'excusa platement. C'est donc Miky qui régla gentiment le cadeau de Johnny pour l'anniversaire de son ami.

Ses tournées, qui représentent la seule source de revenus importante par rapport aux ventes de disques, ne remplissent pas toujours les salles. À cette époque, j'ai régulièrement vu des concerts où le public était clairsemé. La production coûtait cher et à l'heure des comptes les bénéfices n'étaient pas mirifiques. À ce moment-là, Johnny voit donc dans l'exploitation de son nom et de son image une rétribution qu'il trouve parfaitement normale en raison de son incontestable notoriété. Malin comme il est, il compte en tirer le meilleur profit immédiat. Il a une haute idée de ce qu'il représente et considère que personne n'en tire suffisamment avantage pour lui. « Celui qui s'appelle Johnny Hallyday, c'est moi et personne d'autre… », me lance-t-il un jour.

Johnny prend une liasse de billets et s'en va…

Pour la signature de ce nouveau contrat plutôt avantageux, je le convoque en fin d'après-midi. Un horaire qui, je le sais, lui convient le mieux pour les rendez-vous. À mon cabinet, il se retrouve en présence de Joël Devouges, son « homme d'affaires », comme Johnny l'appelle. Je leur remets en main propre la contrepartie financière que j'ai obtenue, compte tenu de l'importance de la somme qui est de l'ordre de 400 000 francs (65 000 euros). Johnny opère aussitôt un prélèvement pour lui-même d'une épaisse liasse, qui représente un montant équivalent à 5 000 euros. « Pour [sa] soirée », nous dit-il euphorique. Il fourre ainsi dans sa poche les billets de 500 francs et quitte mon bureau sans attendre la fin du rendez-vous. Juste avant de nous planter là, il nous lance qu'il avait l'intention de passer un bon moment avec cet argent. Je n'en saurais pas plus sur la suite...

Il m'appelle dès le lendemain pour s'excuser de sa conduite un peu cavalière : « Désolé, j'étais speed dans ton bureau, j'avais un peu abusé de poudre blanche... » Je n'en crois pas un mot mais je ne cherche pas à approfondir. D'instinct, je sais que c'est peine perdue avec Johnny : il est un infatigable inventeur de bobards plus gros les uns que les autres et se réjouit toujours quand son interlocuteur le croit. Le pauvre Daniel Rondeau en fera les frais en 1998 lors de la fameuse interview du journal *Le Monde* qui émoustillera toute la planète médiatique. Le talentueux écrivain va se faire gentiment berner en révélant une confidence de Johnny qui lui avait fait croire qu'il aurait été accro à la cocaïne et qu'il ne pouvait fonctionner sans l'apport d'une petite ligne dès le réveil ! Sa consommation de poudre blanche était en réalité épisodique, et surtout festive, comme je l'ai parfois constaté... Mais la manipulation de Johnny, volontaire ou non, a atteint son but et elle est encore aujourd'hui gravée dans les mémoires. Très *rock'n'roll attitude* !

Les problèmes bancaires du « Patron »

Dans les années 1980 – et parfois ultérieurement – l'argent que récoltait Johnny avec ses tournées et ses ventes de disques ne suffisait pas à couvrir son train de vie. Il n'était pas milliardaire mais il vivait comme tel. Bien que n'étant pas en charge de sa comptabilité, je savais qu'il rencontrait des difficultés avec sa banque. Et pour cause : il outrepassait allègrement les facilités qui lui étaient accordées. Il ne remboursait pas ses crédits à l'échéance prévue, ce qui se traduisait, très classiquement, par des interdictions bancaires.

Dans les années 1990, le grand public s'étonnait de lire dans la presse people que l'Idole était soi-disant « ruiné » alors qu'il venait de faire construire sa somptueuse résidence de Saint-Tropez, la Lorada. En réalité, les banques lui avaient accordé des prêts pour ce projet immobilier mais il n'avait, une fois de plus, pas respecté les échéances. J'ai vu des entrepreneurs très remontés débarquer à la villa pour le menacer : « Si vous ne réglez pas nos factures de livraison, nous allons reprendre tous les arbres que nous avons plantés dans votre parc ! »

J'ai pu constater qu'il vivait une situation similaire à Paris. Des huissiers placardaient régulièrement des affiches sur les murs de la Villa Molitor en vue de vendre la maison pour non-remboursement de prêts. L'un de ses employés, censé s'occuper de ses finances, décollait les affiches dès qu'elles étaient apposées pour qu'il ne les voie pas.

Ces démêlés économiques ne l'empêchaient pas de continuer à mener une existence de star sans regarder à la dépense. Son mode de vie glamour, relayé par les médias, donnait le change auprès du public.

Johnny n'avait pas conscience des sommes qu'il pouvait dépenser, il ne se posait même pas la question. Il était convaincu que tout ce qu'il déboursait serait un jour ou l'autre couvert par ses futures rentrées. Comme il travaillait beaucoup et qu'il était la plus grande vedette française, il estimait qu'il n'avait pas à s'en faire.

Sa situation économique connaîtra une réelle embellie à partir des concerts au Stade de France de 1998. Au fil des années qui suivront, grâce à son travail acharné, il remboursera l'intégralité de ses dettes. Ses concerts géants des tournées des années 2000 et les succès commerciaux de ses albums lui apportèrent d'importantes rentrées financières. La nouvelle équipe en charge de mettre de l'ordre dans ses affaires, dont je faisais partie suite à l'intervention de son beau-père, permit aussi au Patron d'obtenir de nouvelles sources de revenus. En 2005, au moment où je lui ai fait signer son contrat très avantageux chez Warner, il a pratiquement fini de rembourser ses prêts suite aux ventes de ses biens immobiliers de Paris et de Saint-Tropez. Ce qui lui permet d'acheter notamment sa demeure de Marnes-la-Coquette et son luxueux bateau.

Pour avoir un ordre d'idées, si l'on considère les revenus officiels lissés sur les trente-cinq dernières années de son activité professionnelle, ceux-ci s'élèvent en moyenne à 2,5 à 3 millions d'euros par an pour la production musicale (disques, droits d'auteur et éditions) et à 8 à 15 millions d'euros selon les années et le nombre de concerts pour les tournées. Johnny restant parfois une ou deux années de suite sans faire de scène, notamment dans les années 1980-1990, ce qui n'est pas négligeable. Ce sont des rentrées conséquentes certes, mais qui sont loin d'être comparables à celles d'une rock star planétaire comme Elton John ou Paul McCartney, qui engrangent des centaines de millions de revenus non seulement sur les ventes de disques et de billets, mais aussi en leur qualité d'auteurs-compositeurs de leurs titres joués dans le monde entier…

Dans les moments prospères comme dans les périodes plus difficiles, il conservait cependant le même état d'esprit. Au cours des années 2000, durant lesquelles il multipliait les succès, et par conséquent les rentrées financières, il s'étonna un jour que sa carte American Express soit refusée chez un commerçant de Los Angeles où il achetait des meubles pour aménager sa nouvelle maison avec son épouse Laeticia. Il avait simplement oublié qu'il existait un plafond de dépenses, qu'il avait allègrement explosé en effectuant plus de 300 000 dollars d'achats au cours de cette journée. Furieux, il téléphona aussitôt à son avocat américain et à sa banque pour se plaindre de ce blocage. Il ne comprenait pas que même une carte Platinum n'était pas un puits sans fond...

Pour en revenir aux opérations commerciales, j'obtins fin 1988 une autre rémunération ponctuelle à son profit de 100 000 francs en espèces. Je lui apportai les billets chez lui, Villa Molitor, dans une mallette juste assez grande pour contenir les liasses de billets de 500 francs bien rangés. Lorsque Johnny ouvre la mallette, un grand sourire illumine son visage. Il prend tous les billets et les lance en l'air comme dans une scène de film. Les Pascal nous retombent sur la tête alors que nous sommes seuls sur le canapé de son salon. Il part le lendemain à l'île Maurice et cet argent ne peut mieux tomber, me dit-il. Il n'oublie pas de me demander gentiment si j'ai prélevé les honoraires correspondant à mon intervention. N'en ayant jamais évoqué le montant préalablement, il prend ainsi l'initiative, toujours appréciable, de m'épargner la désagréable tâche d'avoir à solliciter des honoraires auprès d'un client, mais néanmoins un ami, comme il se plaît à le répéter. Je réponds par la négative car je n'aurais jamais osé le faire de moi-même. Il s'empresse alors de prélever une liasse de billets correspondant aux 10 % auxquels j'ai droit, me déclare-t-il, car cela correspond au tarif habituel. Il pourra donc partir tranquille passer les fêtes à l'île Maurice avec sa compagne Leah, son fils David et sa fiancée Estelle. Quant à moi, je repars avec, dans ma poche, de quoi offrir des cadeaux à ma femme et mes enfants pour Noël comme il le souhaitait.

De nouvelles sources de revenus

À la fin des années 1990, j'ai une révélation qui pourrait se transformer en coup de génie... Je rangeais alors dans le bureau de Johnny les papiers relatifs à ses chansons éditées depuis qu'il avait commencé à composer. Il convient de rappeler que le chanteur est aussi un auteur-compositeur dûment déclaré à la Sacem et qu'il dispose du statut de créateur auprès de cette vénérable maison créée pour protéger les auteurs par le célèbre Beaumarchais quelques siècles auparavant. Je m'aperçois que sur plus d'une centaine de morceaux composés et signés officiellement par lui, environ une quinzaine de titres sont inexploités sur le plan éditorial par l'éditeur original des années 1970, Tanday Music. Cette structure avait été fondée à l'origine pour éditer les chansons de Sylvie Vartan et de Johnny Hallyday, d'où la dénomination commerciale « Tan-Day ». Je découvre que le problème réside dans le fait que cette société a été mise en « liquidation judiciaire ». Un syndic du tribunal de commerce a été désigné il y a un certain temps sans que rien ne se soit passé depuis. Ce qui porte un grave préjudice à Johnny en sa qualité de compositeur. J'assigne donc ledit syndic devant le tribunal en résiliation de tous les contrats d'édition concernés, de telle sorte que les auteurs-compositeurs puissent reprendre la jouissance de l'intégralité de leurs droits. Il faut rappeler qu'un éditeur musical, en contrepartie de son travail souvent très utile, perçoit 50 % des droits générés par l'exploitation des chansons.

J'obtiens satisfaction devant les juges et l'ensemble des droits de l'éditeur Tan-Day est ainsi restitué aux ayants droit, notamment pour le titre emblématique « La Musique que j'aime », dont Michel Mallory est l'auteur et Johnny Hallyday le compositeur. Les droits d'auteur générés par l'exploitation de cette chanson seront désormais versés par la Sacem/SDRM à 100 % en faveur de leurs deux créateurs originaux, sans partager avec un éditeur. Ce qui représente évidemment un avantage considérable pour un tube tel que « La Musique que j'aime », qui passe constamment sur les ondes et est joué régulièrement sur toutes les scènes de France ainsi que dans les bals de campagne. Un peu étonné de la manœuvre, Johnny me félicite vivement.

Problèmes de famille

Quelques années plus tard, en 2003, Johnny m'envoie par fax une assignation qui vient de lui être délivrée par huissier à la demande de Desta Halliday, sa cousine, l'ex-épouse de Lee Hallyday. Ce dernier s'est occupé de Johnny durant les vingt premières années de sa carrière avec grand succès. Il se montre lui-même catastrophé face aux revendications de Desta, qui se répand dans la presse avec un sentiment injustifié d'avoir été délaissée depuis quelque temps par Johnny et sa famille. Elle a confié ses états d'âme, notamment aux magazines *VSD* et *France Dimanche*, se plaignant de n'être plus invitée aux spectacles, ce à quoi le coproducteur Jean-Claude Camus s'inscrit en faux en lui répondant par voie de presse sur le même ton. Elle reproche aussi à Johnny de ne plus avoir les mêmes attentions pour elle qu'auparavant, accusant André Boudou et sa fille Laeticia de « manipuler Johnny en éloignant de lui ses amis de toujours… ». Piqué au vif, Johnny me demande de réagir vigoureusement en me confirmant qu'il s'est toujours occupé correctement de sa cousine, surtout depuis qu'elle n'a plus la possibilité de travailler comme avant. Elle était danseuse dans sa jeunesse. L'âge et sa santé chancelante ne lui permettent plus de vivre sans le soutien financier de son cousin Jean-Philippe, qui ne s'est jamais dérobé. J'engage donc des poursuites à l'encontre de tous les journaux qui avaient publié les propos de Desta, y compris le plus lu d'entre eux, le quotidien *Le Parisien*, que je ferai condamner pour diffamation avec une publication judiciaire rectificative.

Même le fils de Desta, Michaël, que je connais bien, prend parti contre sa propre mère en déclarant dans la presse qu'il est « sincèrement choqué de tout ce que [sa] mère fait et a pu faire contre Johnny, Laeticia qui est une femme merveilleuse… J'en ai le cœur déchiré, c'est un dérapage, un de plus, le dernier d'une longue série qui nous a fait à tous beaucoup de mal ».

Le jour fatidique où j'affronte Desta et son avocat au tribunal finit par arriver. Les choses sont évidemment délicates, mais je maintiens une position extrêmement ferme de n'accepter aucun compromis, qui me sont pourtant demandés. Le rôle d'avocat est parfois difficile. Les juges condamneront les propos diffamatoires diffusés dans la presse. Il n'en est pas moins vrai que, pour Johnny, c'est une solution tranchée qui ne lui convient pas. Avec lui tout n'est jamais ni blanc ni noir. Contre toute attente, il me demande discrètement d'organiser avec son comptable le versement d'une pension à Desta, comme il l'a toujours fait par le passé. Il souhaitait que personne ne le sache, d'autant que certains membres de son entourage sont totalement opposés à cette façon de faire et lui déconseillent dans l'avenir tout versement continu d'une prestation mensuelle. Une fois le climat apaisé, les choses rentreront dans l'ordre jusqu'au décès de Desta. Johnny se sera occupé d'elle jusqu'à la fin, sans jamais la perdre totalement de vue, même si les ponts étaient officiellement coupés et que, sauf erreur de ma part, ils ne se sont jamais revus.

Johnny se retrouve souvent au centre de petits litiges à cause de problèmes immobiliers. C'est ainsi qu'il me demande d'engager deux ou trois procédures contre le chanteur Richard Anthony, qui avait fait des déclarations publiques dans les magazines people comme *Voici*, que je faisais systématiquement condamner. Le chanteur de « J'entends siffler le train » ira même jusqu'à déclarer à la presse à l'issue de ces procès dans les années 2000 que « Johnny Hallyday ne sort plus qu'accompagné de son avocat et de son Code civil ! », ce qui fit jubiler l'Idole.

Celui-ci m'expliquera l'origine de cette vindicte à l'encontre de celui qui avait été son ami dans les années 1970. Le chanteur à succès hébergeait provisoirement Johnny à cette époque dans la maison qu'il louait à Los Angeles avec son épouse, qui me confirmera elle-même les faits avant que je n'engage l'action judiciaire. Le collègue de Johnny, éprouvant quelques difficultés à payer le loyer de la maison pour une « modique » somme de l'ordre de 40 000 euros, demanda à son invité s'il pouvait lui prêter l'argent nécessaire. Ce que Johnny s'empressa de faire avec la gentillesse qui le caractérise. Johnny me dit que l'emprunteur ne lui a jamais remboursé la somme, alors qu'il s'y était engagé, ce qui mit un terme définitif à l'amitié qui les liait. C'est donc presque trente ans après ces faits que Johnny se vengeait avec un certain plaisir de la déception qu'il avait subie, sans jamais rien en dire. La vengeance est un plat qui se mange froid, dit-on. Johnny Hallyday en fera bien souvent la démonstration.

Jean-Philippe Smet n'était pas du genre à réclamer, surtout lorsque cela concernait les problèmes d'argent de ses amis. Une autre fois, l'un de ses proches lui rachète une Mercedes moyennant une somme de l'ordre de 75 000 euros. Cette fois encore, l'ami-acheteur peine à respecter ses obligations... L'entourage de Johnny le presse d'agir, certains tentant d'œuvrer à sa place de façon plus ou moins coercitive. Connaissant personnellement cet acheteur depuis longtemps, je ne souhaite pas m'en mêler par délicatesse. J'assiste cependant à des conversations sur le sujet entre Johnny et sa famille ou des relations professionnelles communes aux deux amis. L'affaire dura très longtemps avant que l'ami « négligent » ne finisse par se mettre en règle. L'affaire fut classée mais Johnny en garda toujours une trace dans son esprit. L'indélicat fut définitivement écarté sous un autre prétexte quelques années plus tard, sans qu'il ne s'y attende et alors qu'il avait rendu depuis des services non négligeables à l'artiste en tant que journaliste. Lorsque quelqu'un tirait trop sur la corde, Johnny pouvait être buté.

Dans le domaine immobilier, Johnny est capable de coups de cœur intempestifs qui, hélas, peuvent lui coûter cher. En 2006, je dois ainsi résoudre un litige au Canada concernant une promesse d'achat qu'il a signée pour un ranch doté d'un immense terrain. Il avait commis cette « petite folie » alors qu'il était venu chanter pour une émission de télévision avec d'autres chanteurs français, dont Eddy Mitchell. Aucun de ceux qui l'accompagnaient n'a été capable de le raisonner et de l'empêcher de signer ce contrat. Son enthousiasme ne souffrait aucune contradiction ! Revenu à

Paris, il s'est ravisé et me demande d'annuler la transaction alors qu'il a déjà versé un acompte de 100 000 dollars, que je mettrai beaucoup de temps à récupérer auprès d'avocats canadiens particulièrement intransigeants.

Une guitare volée

Une autre de mes interventions rocambolesques consista, au printemps 2001, à récupérer une guitare de l'excellente marque Jacobacci qui avait été dérobée à Johnny quelques années auparavant. Je suis un peu circonspect lorsqu'il m'apprend par hasard le vol de cet instrument, qui était l'un de ses préférés pour des raisons sentimentales. Entretenant des contacts avec certains collectionneurs professionnels de l'Idole, je connais à peu près l'état du marché des objets ayant appartenu à l'artiste. Je découvre que l'un d'entre eux, que je connais par des relations communes, est en possession de la guitare. Après une rapide enquête, je prends contact avec lui. Ce personnage, sympathique au demeurant, connaissait sur le bout des doigts tout ce qui concernait Johnny. Il me fait savoir qu'il a acheté, tout à fait régulièrement, mais sous le manteau, l'instrument litigieux pour une somme de l'ordre de 15 000 euros. Sans aucune compassion, puisque je dois tenir mon rôle d'avocat, je lui indique qu'il aurait dû mieux vérifier l'origine de l'objet avant de se lancer dans une telle transaction ! J'ajoute que s'il ne me restitue pas l'instrument dans les plus brefs délais, je déposerai une plainte auprès du procureur de la République et les gendarmes viendront le chercher. Bien qu'il soit ébranlé par ce que je lui apprends, les choses traînent quelque peu car il ne peut se résoudre à perdre son investissement sans obtenir de contrepartie.

Je demeure implacable. Mon attitude a été payante : il finit assez vite par me remettre en mains propres la belle guitare à mon cabinet. Cette affaire fut donc close et il jura qu'on ne l'y reprendrait plus.

Peu après, je fus invité chez Johnny à la Savannah, sa maison de Marnes-la-Coquette, pour sa fête d'anniversaire. Je me présente donc chez lui avec à la main l'instrument que j'avais récupéré pour lui. La soirée organisée de main de maître par Laeticia s'annonce sous les meilleurs auspices. Dans le parc de la propriété, les invités étaient accueillis par des danseuses marocaines, entourées de chameaux. Le dîner sera somptueusement servi à une centaine de personnes, qui dégusteront un couscous sous une tente dressée pour l'occasion. De quoi rappeler des souvenirs à l'artiste, qui avait participé deux mois auparavant au rallye de Tunisie. Après le dîner les organisateurs nous projetteront de belles images de l'épreuve, avec Johnny et son copilote de beau-père, André Boudou, grand sportif devant l'éternel. Le tout sur un immense écran érigé dans le jardin, du meilleur effet, comme si nous nous retrouvions au Parc des Princes quelques années auparavant…

Pour en revenir à la guitare, fier comme Artaban, je la tends à Johnny. Celui-ci, qui semble déjà avoir un peu arrosé l'événement alors qu'il est à peine 20 heures, ne m'adresse aucun remerciement. Devant la dizaine de personnes qui l'entoure dans son petit bureau, il sort la guitare de l'étui, y plaque un accord puis, sans un regard pour moi, la donne à l'un de ses amis. J'apprendrai plus tard que ce dernier était le destinataire de l'instrument puisque Johnny lui en avait fait cadeau plusieurs années auparavant…

Le lendemain matin, lorsque je le rejoins à son domicile pour m'entraîner avec lui, Johnny revient sur l'épisode.

Il s'excuse de l'accueil qu'il m'a réservé, prétextant le stress de la soirée et me confiant qu'il avait été extrêmement déçu par certains invités, y compris parmi les plus prestigieux.

Ils n'avaient pas été, selon lui, à la hauteur en se montrant peu généreux dans leur contribution à la liste de cadeaux, déposée dans une grande maison d'ameublement de jardin pour leur toute nouvelle demeure. Certains, au compte en banque pourtant bien fourni, n'avaient même pas contribué à la hauteur du prix du dîner. À ses yeux, ce n'était pas une question matérielle mais de principe. Si un ami peu fortuné venait les mains vides, il l'accueillait à bras ouverts sans hésitation. En revanche, il ne supportait pas l'idée de se faire berner par des supposés proches. Je fus rassuré de ne pas être classé dans cette catégorie car en pareilles occasions je me montre toujours très généreux, même si ma contribution se révèle largement au-dessus de mes modestes moyens. De toute façon, il est difficile de rivaliser avec des hôtes bien plus fortunés que moi, ou avec sa maison de disques qui lui offre l'aménagement de sa salle de cinéma. Chacun son niveau…

Ce n'est pas la première fois qu'il est déçu par ses invités. Dans les années 1980, il me raconta que lors d'un anniversaire au *Martine's* des convives indélicats prenaient des mets au buffet pour les ramener chez eux. Certains avaient même quitté la soirée en emportant sous leur manteau de grands fromages d'un diamètre de trente centimètres.

Une telle attitude avait d'ailleurs incité Johnny à réduire ce type d'événement, ou du moins à en diminuer l'opulence. Toujours est-il qu'à l'occasion de toutes les fêtes auxquelles j'ai assisté par la suite, je n'ai jamais constaté pareils comportements. Les temps et les mœurs avaient, semble-t-il, changé, et c'est tant mieux !

Face à la presse people

Jusqu'à ce que je prenne en main le contentieux de la presse en 1996, l'argument principal qui faisait que les juridictions saisies rejetaient les demandes présentées par les avocats qui m'avaient précédé consistait à dire que Johnny Hallyday était particulièrement complaisant à l'égard des journaux, ne se privant pas d'utiliser les magazines depuis plus de trente ans pour divulguer sa vie privée auprès de son public. Sa vie professionnelle nourrissait sa vie privée depuis le début de sa carrière en 1960 !

Il fallait donc que je renverse la vapeur, car non seulement les demandes en justice de l'artiste étaient rejetées, mais les tribunaux saisis le condamnaient en plus à verser des dommages et intérêts pour procédure abusive ! Je considérais qu'il fallait sans doute plaider sa cause de façon plus offensive, en expliquant précisément le préjudice ressenti sur le plan humain par les intrusions insupportables dans sa vie quotidienne des paparazzis. Un argumentaire que je récitais désormais à longueur d'audience devant de nouveaux magistrats parisiens, qui savaient se montrer plus sensibilisés à ce droit si particulier en portant une oreille attentive à mes plaidoiries.

C'est ainsi que j'obtins assez rapidement des succès judiciaires de plus en plus importants au profit de « mon client préféré », selon sa formule, qui se transformèrent en à peine deux ans en des résultats financiers jamais obtenus en cette matière. Dès 1998, notamment devant la cour d'appel de Paris, confirmés plus tard par la Cour de cassation, certains arrêts de principe rendus en faveur du justiciable Jean-Philippe Smet feront jurisprudence pour un certain temps.

J'avais inversé la tendance pour mon client, qui était réputé le plus difficile à défendre sur ce terrain en France, d'après tous les avocats que j'avais consultés, mais nous nous étions en plus forgé une réputation qui permettait d'asseoir durablement ces succès. Ces résultats judiciaires imposèrent aux organes de presse de se montrer bien plus prudents à l'égard de Johnny. Ils savaient que s'ils franchissaient dorénavant la moindre ligne rouge, ils seraient systématiquement assignés dans la journée par un référé, dit « d'heure à heure ». Ces succès judiciaires nous permirent d'obtenir de tels montants en dommages et intérêts, que je suggère à Johnny d'en donner une partie aux Restos du cœur. Il avait beaucoup de sympathie pour Coluche et avait participé à la toute première tournée des Enfoirés, avec Jean-Jacques Goldman, Eddy Mitchell, Michel Sardou et Véronique Sanson. Je n'ai aucun mal à le convaincre et il me donne son feu vert dans la seconde dès la condamnation suivante contre un très célèbre hebdomadaire people du lundi matin qui tire à huit cent mille exemplaires !

Je transmets comme prévu l'intégralité de la somme obtenue, au nom de Johnny, à la présidente de l'association, Marie Dumas, qui établit une attestation officielle. Celle-ci confirme « avoir reçu de Maître Jacques Verrecchia, avocat de Monsieur Johnny Hallyday, un don d'un montant de cent mille francs correspondant à des dommages et intérêts accordés par le Tribunal à l'encontre de l'hebdomadaire *Voici* pour atteintes à l'intimité de la vie privée de Monsieur Johnny Hallyday ». Elle ajouta : « Un grand merci, cher Johnny, pour ce don en faveur des Restos du cœur. Merci pour votre générosité toujours renouvelée. Merci de votre fidélité. » Beau joueur, le magazine *Voici* reproduira cette attestation en titrant : « Ah que Johnny il a du cœur ! »

Obtenir de l'argent n'était pas la première motivation de Johnny. Il me demandait d'engager ces procédures uniquement parce qu'il y était contraint pour défendre la tranquillité de sa vie privée au quotidien.

Durant plusieurs années, je travaille presque à temps plein, à raison de quatre ou cinq audiences par semaine, pour préparer et plaider devant les tribunaux de Paris ou de Nanterre, spécialisés en matière de presse, pour la famille Hallyday, que ce soit pour Johnny et Laeticia ou pour David et Estelle. La quiétude de mes clients s'en trouve confortée. Ils se sentent rassurés, sachant qu'ils seront bien défendus et percevront des sommes non négligeables même si ce n'était pas leur but premier. Pour ma part, cette activité me permet de faire tourner mon cabinet, et de gagner ma vie, dans l'intérêt de ceux que je défends.

Les circonstances sont parfois difficiles, voire dramatiques. Dans les cas les plus ignobles, ceux qui sont victimes des atteintes à la vie privée se retrouvent blessés au plus profond de leur chair, comme j'ai pu souvent le constater.

Il ne faut pas perdre de vue que ce type de contentieux de presse, qui atteint l'intimité des relations amoureuses, vraies ou supposées, n'est pas un simple jeu mais une véritable tragédie pour ceux qui la subissent.

Lorsqu'il s'agit de faits particulièrement graves, comme la mise en danger de la vie d'une famille, certains articles sont dévastateurs. Ce fut le cas pour Johnny lorsqu'un magazine à fort tirage révéla que sa famille proche était menacée d'enlèvement par des ravisseurs en lien avec le grand banditisme, dévoilant au passage le lieu où ils habitaient, ce qui pouvait donner des idées saugrenues à des personnes malveillantes... À cette occasion, véritablement inquiet pour ses proches, il se déplaça spécialement avec moi au tribunal de grande instance de Paris. Il n'hésitait pas à être « corps présent », comme disent les avocats lorsque leur client est à leurs côtés quand ils plaident, pour renforcer mes arguments, l'émotion était palpable dans la salle. Le matin, j'étais passé le chercher chez lui, à la Villa Molitor, pour l'emmener au Palais de Justice afin d'être certain qu'il serait à l'heure. Tandis qu'il était assis à côté de moi dans ma petite voiture citadine, ma voiture était constamment suivie par un véhicule banalisé avec deux policiers en civil à l'intérieur. Je ne posais pas de question sur ce dispositif, qui était justifié par un certain nombre de menaces. Celui-ci n'était d'ailleurs pas sans avantage, puisque lorsque j'arrivais au Palais par la porte réservée aux professionnels du 36 quai des Orfèvres, la fameuse entrée de la Crim chère au commissaire Maigret, l'un des policiers descendit de la voiture suiveuse pour prendre mon volant et garer mon véhicule en double file devant ses collègues en uniforme.

Je guidais ensuite Johnny dans le dédale des couloirs du Palais par des portes dérobées, que seuls les avocats connaissent, pour arriver dans le bureau du magistrat sans avoir rencontré personne qui aurait pu le reconnaître et l'interpeller, hormis quelques gendarmes de faction.

L'audience se déroulait évidemment de la façon la plus courtoise possible. La juge, une femme très compétente, réserva le meilleur accueil à la star.

Ce n'était évidemment pas tous les jours que l'on pouvait voir un tel artiste dans le bureau d'un magistrat. Johnny détailla le harcèlement qu'il subissait en raison de son statut de célébrité dès qu'il sortait dans la rue ou se trouvait dans un lieu public.

Lorsque nous repartirons en suivant le même dédale, Johnny me dira son impression plutôt négative sur la façon dont son message était passé. Je n'en disconviens pas, ne cachant jamais rien à mon client contrairement à d'autres. Un fonctionnaire de justice ne pouvait évidemment pas se mettre à la place d'une telle célébrité dans ce qu'il vivait au quotidien. Certains prétendaient même, à tort ou à raison, que ce n'était après tout que « le revers de la médaille » !

Le résultat du jugement se révéla plutôt positif, sans être à la hauteur de ce que nous espérions. Nous n'avons pas obtenu la publication judiciaire, tant convoitée par les avocats et que j'obtenais pourtant régulièrement en première page. Cette mesure, qui occultait l'ensemble de la couverture d'un magazine, représentait la sanction suprême, la plus dure pour les organes de presse. Elle était bien plus punitive que des dommages et intérêts, qui ne pesaient pas lourd dans une trésorerie abondante. Les sommes allouées au titre des condamnations étaient de toute façon provisionnées par avance au bilan comptable, ce qui représente ainsi un avantage fiscal déficitaire pour ces sociétés.

Je compris une bonne fois pour toutes avec cette expérience que, dans ce domaine très spécifique qui consiste à faire valoir des sentiments humains devant la justice, lorsque l'intéressé est lui-même présent, ce n'est pas la meilleure façon de faire passer son message personnel auprès du juge. Lorsque la vie privée de quelqu'un est violée dans des conditions inhabituelles, l'intéressé se trouve mal à l'aise et ne véhicule pas forcément la meilleure image de lui-même. Il se révèle trop impliqué psychologiquement.

C'est ainsi que l'une de mes clientes attitrées, une mannequin célèbre, proie régulière de la presse people, pour qui j'avais de la sympathie, se confiait à moi parfois tard le soir lorsque je venais à peine de rentrer fourbu à mon domicile. Avec professionnalisme, j'écoutais ses lamentations et ses pleurs, qui n'étaient pas feints, sur la situation intolérable qu'elle subissait. La publication de photos laissait croire, à tort, qu'elle entretenait une liaison sentimentale pouvant ruiner son couple légitime. Dans ces conditions, il ne m'apparaissait ni utile, ni objectif de lui demander de m'accompagner au tribunal pour faire connaître ses états d'âme sans risquer le pire.

« Comment un musicien peut-il être un aussi bon avocat ? »

J'ai donc décidé de continuer seul mon sacerdoce devant les tribunaux, une sorte de croisade judiciaire contre la presse people. Johnny m'accompagnera à nouveau trois fois entre 2003 et 2005 pour d'autres raisons dans le cadre du procès contre sa maison de disques Universal, qui se terminera dans la plus belle salle du Palais de Justice, la première chambre de la cour d'appel de Paris, en audience solennelle devant un public fourni et toute la presse. Il viendra toujours de bonne grâce, non pas comme une star, mais comme un simple justiciable, et me verra ainsi plaider en son nom, argumenter contre les adversaires et le défendre bec et ongles pendant trois heures sans discontinuer. Je ne pouvais évidemment pas tricher devant lui, compte tenu de son expérience professionnelle. Dans un tel cadre, il se montre très attentif. Lorsque je fais par mégarde tomber une feuille de mon dossier, il se précipite pour la ramasser, me la redonne aussitôt comme s'il était l'un de mes collaborateurs. Il sort agréablement surpris de la prestation que je viens de livrer devant trois cents personnes. Johnny m'adresse un e-mail le soir même : « Tu as été très bon, merci, Johnny. » Il m'enverra peu après ce message : « Bravo encore une fois à ton talent ! Je n'arrive pas à croire qu'un musicien puisse être un aussi bon avocat !!! » Lorsque l'avocat reçoit ce type de compliments, que le client soit célèbre ou non, riche ou pauvre, peu importe, c'est qu'il a bien tenu son rôle. C'est que la mission, dont il a la lourde charge, a été remplie correctement.

L'avocat de la nouvelle génération

J'étais déjà rompu à cet exercice particulier puisqu'à l'été 1994 mon secrétariat me fait savoir qu'une certaine Madame Hallyday souhaiterait avec son mari obtenir un rendez-vous. Le nom ne m'étant pas étranger, j'avais hâte de les rencontrer... J'étais tellement débordé par d'autres dossiers à ce moment-là que je ne vois pas d'autre possibilité que de lui fixer ce rendez-vous un samedi après-midi à mon cabinet. À l'heure dite, je vois arriver le jeune couple Smet : David et Estelle. Elle, pleine de charme dans une robe à fleurs pleine de fraîcheur. Lui, séduisant et convaincant dans les explications qu'il va me fournir en vue de les défendre face à la presse qui les préoccupe terriblement.

Les deux époux m'exposent en détail les problèmes qu'ils rencontrent du fait de leur notoriété familiale. Ils me décrivent plusieurs épisodes durant lesquels ils ont littéralement été pourchassés dans la rue. Ils sont contraints de fuir constamment devant ce harcèlement, qu'ils se trouvent en France ou aux États-Unis. Ils me demandent donc de protéger dorénavant leur image afin de mettre un coup d'arrêt aux publications illicites sur leur vie privée. Je leur indique avec enthousiasme que je vais faire tout mon possible pour tenter de leur donner satisfaction.

En effectuant quelques recherches, je m'aperçois rapidement qu'ils n'ont jamais été défendus correctement jusqu'à présent sur le plan judiciaire. Je prends l'affaire très au sérieux. Dès le mois de mai 1995, j'obtiens un premier jugement significatif de condamnation en leur faveur contre un magazine people.

J'ai également réfléchi bien sûr à la possibilité d'un conflit d'intérêts, alors que j'assure la défense concomitante de plusieurs membres d'une même famille. Tenu au plus strict secret professionnel en tant qu'avocat, je ne dévoilerai évidemment rien à Johnny, à David ou à Estelle au sujet des affaires qui ne les concernaient pas directement. Je consulte tout de même mon bâtonnier, garant de la déontologie, en qui j'ai toute confiance. Il me confirme qu'il n'y voit aucun inconvénient s'il n'existe pas de contradiction d'intérêts entre les différents intervenants. Le métier d'avocat induit une forme de dédoublement, auquel je suis habitué. Je jongle quotidiennement avec le cloisonnement que m'imposent mes nombreux clients, qui exercent presque tous dans la même sphère artistique. Cela ne me gêne pas, j'y suis même habitué.

Aucun de mes clients ne m'a d'ailleurs jamais demandé quoi que ce soit sur l'un de mes dossiers qui ne le concernait pas. Même lorsque je travaillais sur le bateau de Johnny à Miami, je recevais des fax concernant des affaires de son fils et de son épouse, sans qu'il ne me demande de détails sur leur contenu, ce que j'aurais de toute façon refusé. Le patriarche est pleinement satisfait que je continue de gagner des procès, ce qui le rassure pour lui-même. L'élégance et la discrétion dont il fait preuve dans ces cas-là sont exemplaires.

Quelques mois plus tard, en octobre, Estelle vient de nouveau me trouver pour un problème qui va devenir un cas d'école juridique dans les années qui suivront. Mais nous ne le savons pas encore. Le débat ayant été largement évoqué et commenté sur la place publique, je peux sans crainte, vingt-cinq ans après, en évoquer rapidement les aspects techniques les plus significatifs. Elle m'apprend qu'un ancien proche a vendu des photos d'elle dénudée à des magazines qui se sont empressés de les publier. Ces clichés dataient d'avant son mariage et n'avaient pas vocation à être rendus publics. Je promets à ma cliente de faire le maximum pour faire disparaître l'intégralité de ces publications dans les plus brefs délais. Nous obtenons une condamnation très importante dès le 15 octobre 1995 à l'encontre d'un magazine, qui est contraint de supprimer les photos soustraites de façon illicite.

C'est hélas sans compter sur la diffusion par voie électronique, qui en est encore à ses balbutiements et demeure largement méconnue. Les photographies sont en effet très vite reprises en toute illicéité par un site internet, qui a son siège en France mais peut les diffuser dans le monde entier par ce nouveau procédé.

J'engage donc un combat sans merci à compter de 1997 contre « l'univers Internet ». Pour la première fois, je mène une bataille internationale sur l'ensemble des publications concernées. Je souhaite constituer une jurisprudence pour défendre le droit à l'image de ma cliente, qui est connue dans le monde entier par sa profession de mannequin où elle excelle depuis de nombreuses années. J'obtiens une condamnation exemplaire et inédite en France. Le 10 février 1999, la cour d'appel de Paris condamne le responsable du site internet à payer une somme de 330 000 francs (50 000 euros) de dommages-intérêts (un record absolu), avec l'interdiction de continuer à publier les photos volées à ma cliente.

Je dois aussitôt faire face à un tollé général dans le monde des internautes. J'assume quotidiennement cette contestation, sans en parler à ma cliente qui est un peu décontenancée par les proportions qu'a pris cette affaire.

Le rôle de l'avocat, là aussi, est de soutenir psychologiquement ceux qu'il défend dans tous les cas de figure.

Bien qu'atteinte dans son intimité de façon inacceptable, elle fait face avec la plus grande dignité. À cette occasion, elle exprime publiquement à plusieurs reprises sa ligne de conduite cohérente dans des interviews qu'elle accorde à la presse en fustigeant la supposée liberté d'expression que défendent les internautes, pour un accès libre et gratuit aux contenus, lorsque celle-ci empiète sur sa vie privée. Les tribunaux l'ont protégée à juste titre.

Les quelques milliers de francs que j'obtiens du responsable du site internet pour le « principe » sont versés, à la demande expresse d'Estelle, à l'association L'Enfant bleu, dont elle est la marraine. Ma cliente ne veut obtenir aucun profit de sa démarche, elle se bat uniquement pour le respect de son intimité.

Un débat juridique va cependant s'instaurer pour plusieurs années chez les spécialistes de la question. Après avoir suscité de longues discussions auprès des universitaires et des professeurs de droit, ce sujet va finalement aboutir au vote d'une loi par le Parlement français, le 21 juin 2004, transposant une directive européenne du 8 juin 2000. Il sera instauré pour l'avenir une absence de responsabilité des hébergeurs d'accès s'ils ne sont pas informés du contenu illicite qu'ils véhiculent.

Par conséquent, la difficulté que nous avions pointée du doigt avec cette première décision judiciaire obtenue en France, grâce à Estelle Lefébure, a permis de faire avancer la législation en réglementant les responsabilités de chacun pour l'accès aux contenus sur Internet.

Comme souvent, une telle victoire judiciaire instaure une certaine confiance entre la cliente et son avocat. Estelle et moi formions dans cette bataille une sorte de binôme intellectuel, pour lequel je suis constamment disponible et à l'affût de la moindre publication illicite. Un binôme qu'elle qualifie parfois avec gentillesse de *dream team*.

Durant une quinzaine d'années, jusqu'en 2008, nous continuerons de mener ensemble des combats judiciaires exemplaires pour protéger son image professionnelle et sa vie privée, quels que soient les supports.

Nous remporterons de nombreux succès de principe contre la presse people. Je n'obtiendrai pas moins de soixante-dix décisions publiques, émanant de juridictions diverses, pour assurer la défense des intérêts d'Estelle.

Elle me démontrera sa gratitude amicale à plusieurs reprises, tout comme son époux David, en m'adressant de chaleureux mots de remerciements. Ce qui est assez exceptionnel pour être souligné, tant les clients sont le plus souvent peu reconnaissants des résultats obtenus pour eux par leurs avocats. À leurs yeux, le principe est trop souvent que lorsqu'un avocat perd son procès, c'est qu'il est mauvais... S'il gagne, c'est tout à fait normal puisque le client était dans son bon droit et par conséquent le procès gagné d'avance !

Chapitre VI

Où je découvre les bateaux Saint-Tropez, la vie parisienne, 1988-1989

Au mois de juin 1988, Johnny m'informe qu'il prend ses quartiers d'été à Saint-Tropez jusqu'en septembre. Je découvre ainsi que lorsqu'il n'a pas d'impératifs professionnels, comme une tournée, il ne supporte pas de rester l'été à Paris. Il a donc coutume de partir sur son lieu de villégiature préféré dès le début du mois de juin jusqu'à la rentrée de septembre.

Pour ma part, comme tous les étés, j'ai prévu de séjourner avec ma famille à Grimaud (Var), chez mon associé qui a la gentillesse de mettre sa résidence secondaire à ma disposition. Comme à son habitude, Johnny me laisse son numéro de téléphone afin que je puisse le joindre sur son lieu de vacances.

Ce que je ne manque pas de faire peu de temps après mon arrivée à Grimaud. Dès mon premier appel, je découvre qu'il est installé à l'hôtel *Byblos* de Saint-Tropez. Il me demande aussitôt de le rejoindre pour déjeuner sur l'une des plages de Pampelonne, qu'il affectionne particulièrement, en compagnie de sa charmante compagne de l'époque, Leah, que je rencontre pour la première fois.

Johnny veut épouser Leah

Lors de ce déjeuner, Johnny me fait en aparté un panégyrique sur sa nouvelle conquête, chaque mot employé ne suffisant pas pour décrire l'intensité de son amour pour elle. Devant un tel enthousiasme, je ne peux que lui répondre que je la trouve aussi belle que sympathique.

Tout en marchant le long de la mer, pieds nus dans le sable, il me confie sans que je m'y attende qu'il a la ferme intention de se marier avec elle dans les plus brefs délais. Me fixant droit dans les yeux, et entourant mon épaule de son bras, il me demande si j'accepterais d'assister à ce mariage, qui semble déjà programmé dans son esprit. Interloqué, je me vois mal rétorquer à un ami tel que lui qu'une décision si hâtive me met un peu mal à l'aise.

Après être revenus à table auprès de Leah, Johnny semble soulagé de m'avoir mis dans la confidence. Au moment de nous quitter, il insiste pour que je le rappelle très vite pour nous revoir le plus tôt possible.

Sur le chemin du retour, je ne peux m'empêcher d'être troublé en me remémorant un dîner chez moi l'année précédente, pour lequel Johnny était venu accompagné de sa précédente fiancée Gisèle Galante, fille de la célèbre actrice hollywoodienne d'*Autant en emporte le vent*, Olivia de Havilland, avec laquelle il m'avait dit très sérieusement qu'il comptait convoler en justes noces le 15 juin 1988, date de son anniversaire… J'avais, à cette occasion, fait la connaissance de cette charmante jeune femme, qui me paraissait bien sous tous rapports. Mon avis n'eut cependant que peu d'intérêt, Johnny semblant très épris. Pour une raison qui m'échappe, et que je n'ai jamais cherché à élucider auprès de Johnny, l'aventure tourna court.

La rupture eut sans doute lieu au moment de la rencontre avec la non moins avenante Leah, avec laquelle je sympathiserais pendant les dix-huit mois que durera leur idylle.

Ne voulant pas m'imposer dans cette romance tropézienne, je laisse passer quelques jours avant de rappeler Johnny à son hôtel, où il trouve visiblement le temps un peu long. Il évolue pourtant dans un cadre idyllique : le personnel est aux petits soins pour lui, comme je vais m'en apercevoir à chaque fois que je lui rendrai visite. Avec une insistance qui ne me permet pas de m'y soustraire, il m'invite à une promenade en bateau. J'accepte avec plaisir, bien que mes enfants et mon épouse trouvent que je m'absente un peu trop souvent à leurs yeux.

Je le retrouve donc au point de rendez-vous qu'il m'a fixé sur le port, où est amarrée la Cigarette rutilante qu'il a à sa disposition, un bateau motorisé qui fait figure de véritable bolide des mers. C'est la première fois que je mets le pied sur ce type d'embarcation, qu'il a manifestement grand plaisir à me faire découvrir. Nous sommes accompagnés d'un marin qui pilote l'engin, puisqu'à cette époque ni lui ni moi n'avons encore de permis bateau.

Bien que la navigation maritime soit devenue quelques années plus tard une nouvelle passion commune, pour l'heure nous n'en sommes qu'aux prémices de cette activité. Comme pour tout ce qu'il entreprend, Johnny s'investira pleinement dans cette passion et pilotera lui-même de nombreux bateaux.

En parfait néophyte, j'avais prévu de lui offrir pour son anniversaire une paire de skis nautiques pour les arrimer à son bateau. J'ignorais alors qu'une embarcation telle que la Cigarette n'était pas du tout conçue pour une telle activité. Poussée par une motorisation de mille chevaux, et dotée en prime de deux surpresseurs de puissance, elle peut atteindre une vitesse de pointe de près de quatre-vingts kilomètres à l'heure. Ce qui, sur l'eau, représente une allure considérable. Qui aurait eu l'idée d'accrocher des skis à une Formule 1 maritime ? Un peu honteux, j'ai rangé mon cadeau dans un placard.

Quand Johnny drague les femmes des autres...

Au cours de cet été, je découvre les plaisirs de la navigation. Nous multiplions les promenades en mer avec Johnny, qui commence à s'initier au pilotage. Un marin professionnel reste cependant nécessaire aux commandes du bolide, ne serait-ce qu'en raison de la complexité à manœuvrer l'engin dans le port de Saint-Tropez qui est toujours très encombré.

Une fois en pleine mer, Johnny s'essaie néanmoins à se glisser derrière la barre en pleine vitesse, pour des moments de plus en plus longs.

De mon côté, je reste plaqué au dossier de mon siège en remerciant le ciel d'avoir de bonnes lunettes tant la force de l'air est violente et peut brûler les yeux...

Lors d'une journée passée en mer avec lui et Leah, Johnny s'étonne que mon épouse ne soit pas présente. Je lui réponds qu'il ne m'avait pas précisé de venir accompagné et que je ne souhaitais pas imposer une personne de plus dans l'embarcation en raison du nombre de places limité. Je ne fais pas encore partie du premier cercle des intimes pour me permettre une telle attitude... Il fait semblant de le prendre assez mal, me précisant qu'à l'avenir, lorsqu'il me demande de venir quelque part, ce ne peut être qu'accompagné de mon épouse sans qu'il soit besoin de le préciser.

Dès le lendemain, il nous invite à déjeuner sur une nouvelle plage de Saint-Tropez, spécialisée dans la cuisine thaïlandaise. Nous partageons un repas fort agréable, en présence de Leah qui se révèle décidément une fille facile à vivre.

À l'époque, elle exerce une activité de mannequin. C'est d'ailleurs par l'intermédiaire de sa belle-fille, Estelle, qu'il avait fait sa connaissance. Johnny me révélera en riant qu'il avait même dragué la jeune fiancée de son fils David au tout début de leur relation, sans que cela ne paraisse lui poser le moindre problème sur le moment.

J'ignore encore à cette époque que l'un des gros défauts de Johnny consiste à lorgner plus que de raison sur les femmes de ses proches. C'est ainsi que j'entendrai lors d'une soirée tropézienne l'épouse de l'un de ses amis chanteurs dire à son mari d'un ton agacé : « Peux-tu dire à ton copain qu'il arrête de me coller, c'est insupportable ! »

Je sais aussi, par mon ami Serge Koolenn, le chanteur et compositeur d'Il était une fois, que lors d'une tournée où le groupe assurait sa première partie, la relation avec Johnny s'était mal passée. Serge l'a traité de « cow-boy » suite à une OPA un peu trop poussée de l'Idole sur Joëlle, la chanteuse du groupe qui était aussi sa compagne. Johnny lui avait carrément proposé de refaire sa vie avec lui, au grand dam de Serge et de Sylvie Vartan, qui était encore son épouse ! Johnny n'a jamais oublié. Des années plus tard, lors d'un dîner chez moi auquel participait l'artiste ainsi que Natala, la fille de Dick Rivers, la nouvelle compagne de Serge, il nous lança avec le plus grand sérieux : « Je n'ai pas une grande passion pour Serge Koolenn... Il m'a traité de cow-boy ! » Je ne relevai pas mais il me confirma ainsi l'anecdote. À force de penser que son pouvoir de séduction était illimité, Johnny estimait qu'il pouvait marcher sur les plates-bandes des autres, sans faire d'exception pour ses amis. Je pense que c'était même un jeu pour lui…

J'en aurai une autre démonstration assez drôle. Un soir, où mon épouse et moi avions invité un charmant couple d'amis à dîner à la maison, Johnny s'était joint à nous. Croyant bien faire, j'ai placé l'artiste en face du couple d'amis.

Dès qu'il s'assoit, il s'aperçoit de la beauté de la femme de mon ami et commence à la draguer ouvertement. Il plante son regard bleu acier dans les yeux de l'épouse et ne la lâche plus une seconde pendant tout le dîner. Toute conversation devient alors inutile puisque seul compte le dialogue qu'instaure Johnny avec la dame. Celle-ci fait bonne figure à côté de son mari, souriant avec grâce malgré la situation inconvenante. Mon épouse, en parfaite maîtresse de maison, me jette des regards désespérés. La soirée se termine sans encombre car Johnny n'insiste jamais lorsqu'il sent qu'il n'a aucune chance, et c'était le cas ce soir. Cela n'a pas empêché le pauvre mari de passer un très mauvais moment. Depuis ce jour, nos relations avec ce couple ont étrangement pris fin…

Il arrive parfois que les choses prennent une tournure plus défavorable. Un jour de 1993, Johnny m'appelle pour me dire qu'un mari, qui se prétend cocu, vient de l'appeler pour l'avertir qu'il arrivait chez lui pour lui casser la figure. Il me jure que la supposée liaison n'est que pure invention d'un mari jaloux. L'épouse en question, que je connais bien, serait simplement venue déposer ses affaires dans un sac chez Johnny en lui demandant de l'héberger en raison d'une dispute conjugale. Cela se serait passé huit jours auparavant et Johnny n'aurait plus eu de nouvelles depuis. Par prudence, il essaie de joindre Jimmy, son garde du corps depuis peu, mais celui-ci ne répond pas. Les choses rentreront finalement dans l'ordre, mais avec un tel client le vaudeville n'est jamais loin.

Bien souvent, je constate que les épouses qu'il courtise ne se montrent guère farouches. Elles cèdent volontiers au plaisir charnel, sans que l'artiste n'ait besoin de forcer son talent pour les convaincre.

Parfois même avec l'accord tacite du mari, comme Johnny me le rapporta en souriant ironiquement.

Des soirées légèrement arrosées

Notre séjour tropézien a bien évidemment été ponctué de quelques soirées arrosées. Johnny me fit découvrir des établissements festifs qu'il connaissait bien, dont les célèbres *Caves du Roy*. Ce lieu mythique est animé par la sympathique Jacqueline Veyssière, grande amie du gratin tropézien et très proche de Johnny. L'établissement étant situé en dessous du *Byblos*, Johnny n'avait pas besoin de prendre le volant pour rentrer à son hôtel. Cela me changeait d'autres soirées, à l'issue desquelles je le raccompagnais parfois vers 4 heures du matin en l'aidant à commander le petit déjeuner qu'il souhaitait pour le lendemain.

À l'une de ces occasions, alors que nous nous trouvions devant l'employé de la réception, Johnny et moi fûmes pris d'un fou rire. Pour se faire comprendre, l'artiste se lançait dans une description dont lui seul a le secret. Il s'échinait maladroitement à faire comprendre au réceptionniste qu'il souhaiterait avoir pour son petit déjeuner quelque chose qui ressemblait à une grande assiette blanche avec deux ronds jaunes au milieu... Il avait visiblement oublié le nom du plat auquel il pensait. L'employé, de très bonne composition, essayait de deviner de quoi il s'agissait. De mon côté, je me gardais bien d'intervenir. Voyant que ce dialogue de sourds s'éternisait, une gentille employée du *room service* vint à la rescousse de son collègue et suggéra qu'il s'agissait sans doute d'œufs au plat. Johnny s'esclaffa, puis remercia mille fois la jeune femme. Il grommela au passage qu'il n'était vraiment pas aidé par les gens qui l'entouraient, tout en me jetant un regard noir.

Nous nous quittons sur ces entrefaites. Lorsque je le retrouve le lendemain, il me raconte que sa nuit a été très agitée. À 4 heures du matin, Leah avait dû faire venir une infirmière pour lui administrer une piqûre qui l'aiderait à trouver le sommeil. Un peu honteux, comme à chaque lendemain d'ivresse, mais hilare, il me confia qu'il avait effrontément tenté de draguer l'infirmière devant la pauvre Leah.

Un dîner avec Sylvie Vartan

À l'issue des vacances, je me dis que mes soirées avec Johnny allaient sans doute être moins fréquentes. À ma grande surprise, il n'en est rien. Le sieur Hallyday prend l'habitude de m'appeler régulièrement pour me proposer de nous voir rapidement. La première fois, il m'annonce que nous sommes conviés à une représentation de la nouvelle version du spectacle de *Starmania* au Théâtre de Paris. J'en suis ravi. Sans m'informer des détails de la soirée, il me demande de passer avec mon épouse chez lui pour que nous partions avec une seule voiture.

Nous prenons ainsi place dans l'Austin Mini qu'il a offerte à Leah, et qu'il m'avait d'ailleurs demandé d'aller chercher la semaine précédente au garage alors que je devais passer chez lui. Pour justifier cette demande incongrue, il m'avait indiqué que s'il y allait, il aurait sûrement été importuné par des fans. Johnny conduisait lui-même l'Austin. Il n'avait pas encore choisi la facilité de recourir aux services d'un chauffeur à temps plein. Lorsqu'il prendra cette décision quelque temps plus tard, il me vantera longuement la pertinence d'un tel choix et persuadera son fils David d'en faire de même.

Lorsque Johnny décide qu'une chose est bénéfique pour son mode de vie, il insiste toujours pour que ses proches adoptent la même approche. Un jour, il fait des pieds et des mains pour me convaincre d'engager une nurse pour élever mes enfants en bas âge. Selon lui, sans nounou mon épouse aura beaucoup trop à faire. « Et adieu la vie de couple », me prévient-il amicalement en homme avisé !

Avant d'assister à la représentation de *Starmania*. Sans que j'en sois informé, nous faisons un détour chez des amis de Johnny qu'il avait, me dit-il, connus à Saint-Tropez. Nous voilà montant par un ascenseur privé au dernier étage d'un appartement des plus bourgeois face au bois de Boulogne.

Les hôtes, dont le mari a fort bien réussi dans l'immobilier, se montrent charmants et nous offrent une coupe d'un excellent champagne. Dans le salon se trouve un superbe piano à queue, sur lequel je ne peux résister à jouer, comme toujours lorsque je vois un clavier. Je pianote quelques notes pour maintenir le contact musical avec Johnny. Je sais qu'il apprécie, en privé, ces moments-là. Nos hôtes m'apprennent alors que l'un de leurs deux enfants prend des leçons de piano. Cette fille, que j'avais aperçue enfant ce soir-là, je la rencontrerai près de trente ans plus tard, lors de l'affaire de la succession de Johnny. Elle dirige aujourd'hui, avec talent, le service Culture de la plus importante chaîne d'information.

Nous repartons ensuite en direction du théâtre, suivis par la voiture du couple d'amis. Johnny conduit vite dans les rues de Paris et nous arrivons rapidement sur place. Le producteur du spectacle, Gilbert Coullier, nous accueille avec les plus grands égards et nous fait conduire à une loge aux fauteuils de velours rouge.

Le spectacle se déroule pour le mieux et nous repartons après avoir remercié chaleureusement notre hôte. Johnny nous indique qu'il a réservé une table dans un restaurant à Saint-Germain-des-Prés. Comme à l'accoutumée, il a tout organisé mais n'a pas jugé utile de prévenir ceux qui l'accompagnent du programme de la soirée. Une façon de ménager ses effets, comme je le constaterai maintes fois. Il adore ça : c'est lui qui décide et nul autre. Nous arrivons à un restaurant de la rue Dauphine, *La Luna*. Visiblement, Johnny est bien connu de la direction. Au fond de la salle, une table est réservée à notre attention. J'ai l'agréable surprise de découvrir que Sylvie Vartan et son mari Tony Scotti nous y attendent. Comme à son habitude, Johnny place les convives. Il s'empresse de demander à Tony Scotti de se mettre en bout de table, aux côtés de Leah et lui, puis demande à Sylvie Vartan de bien vouloir se placer à côté de moi, et en face de lui, à l'autre bout de la grande table. Au passage, il dit à son ex-épouse de retirer ses lunettes de soleil, qui lui semblent incongrues au restaurant. Elle rechigne un peu, Johnny la prie de ne pas « commencer à faire des manières qui l'exaspèrent » sur un ton qui ne souffre aucune contradiction. L'intéressée obtempère alors sans discuter davantage. Un jeu qui doit remonter certainement à une époque lointaine entre les anciens époux... Johnny me présente à Sylvie comme son « avocat rock'n'roll », qui collabore avec lui en plus de l'avocat plus conventionnel Daniel Vaconsin, que je vois arriver en 1983 pour attaquer *Paris Match* qui avait publié des photos de Johnny et Nathalie Baye sur une plage d'Antigua. Parallèlement à mes domaines de spécialisation, mon excellent confrère interviendra jusqu'en 2003 suite à l'affaire du prétendu viol à Nice. Le propos de Johnny suscite une réaction mi-sérieuse, mi-amusée de la part de la chanteuse, qui répond à son ex-mari que cela lui semble faire un peu double emploi sans s'en étonner, sous-entendant qu'il ne changera jamais ! Je ne fais aucun commentaire à ce sujet.

J'engage une conversation des plus banales avec Sylvie Vartan, que je ne connais pas. Tout à fait charmante, elle m'enseigne certaines subtilités de la langue américaine, qu'elle maîtrise à la perfection. Elle m'explique comment différencier les noms des fruits de mer qui figurent à la carte sans avoir parfois d'équivalents en français... À la fin du dîner, Johnny ne traîne pas et chacun rentre chez soi. Avant de nous quitter, il m'indique qu'il est disponible toute la semaine et qu'il sera ravi de venir dîner chez moi, répondant ainsi à l'invitation que je lui avais lancée pour le remercier de cette soirée.

C'est ainsi que deux jours plus tard, mettant les petits plats dans les grands, nous nous apprêtons à recevoir Leah et Johnny à la maison pour déguster quelques *spare-ribs*/purée, marinées et grillées au barbecue, dont Johnny est un adepte. L'ambiance, comme toujours, est bon enfant. Il est difficile d'imaginer à quel point l'Idole peut faire preuve d'une grande simplicité.

Des amis communs sont également présents : son habilleuse, Lulu, et son mari, surnommé « Rock », dont je ne connaîtrai jamais le vrai prénom.

À la fin de la soirée, la conversation porte sur Jacques Brel, que Johnny apprécie particulièrement. Nous décidons de visionner l'une de mes cassettes vidéo favorites de ses adieux à l'Olympia. L'univers du célèbre artiste belge est totalement inconnu de Leah. En tant que Québécoise, elle a très peu entendu parler de Jacques Brel. Johnny, lui, manifeste une admiration touchante. Il ne cesse d'exprimer son immense estime pour la prestation scénique de son aîné. Il surveille la réaction de l'assistance face à l'interprétation à fleur de peau du chanteur de « Ne me quitte pas ». Il tient visiblement à persuader Leah de l'immense talent de Brel. J'ignorais jusqu'alors que celui-ci était l'idole de Johnny, presque au même titre qu'Elvis Presley.

JH s'ennuie aux Victoires de la musique

L'année 1988 se poursuit sous les meilleurs augures. Les attentions amicales de Johnny à mon égard ne faiblissent pas. Le 19 novembre, il m'invite à l'accompagner à la soirée des Victoires de la musique. Nous faisons une entrée très remarquée avec nos compagnes. Leah et mon épouse s'entendent bien depuis nos vacances à Saint-Tropez. Ce soir-là, Mylène Farmer remporte le trophée d'artiste féminine de l'année. Avec l'émotivité qui la caractérise, elle prononce son discours en larmes sans être capable de prononcer un mot correctement. Cela a le don d'énerver Johnny. Dans la loge, où nous sommes installés, il fait savoir qu'il ne comprend pas qu'on puisse réagir de la sorte lorsqu'on reçoit une telle récompense devant toute la profession. Ce qui ne l'empêchera pas, quelques années plus tard, d'encenser la chanteuse lors d'une émission de Jean-Pierre Foucault, au cours de laquelle il la congratulera pour son talent et l'innovation qu'elle apporte à la scène musicale. Leah tente alors de mettre un terme à ses remarques, qu'elle juge inopportunes. Par expérience, elle sait qu'il est difficile de se dépêtrer une fois que Johnny est lancé, même dans un lieu public et devant toute la presse. Nous quittons donc assez rapidement le Zénith, où a lieu la cérémonie, pour rejoindre le dîner du *Fouquet's* organisé par le producteur de la soirée, la chaîne Canal+. Une table d'honneur est évidemment réservée pour Johnny Hallyday et ses invités.

Dans ces soirées officielles, Johnny s'ennuie toujours profondément au-delà de cinq minutes, quels que soient ses interlocuteurs. Placé face à lui, je perçois ses signes d'impatience, selon les codes que nous appliquons depuis déjà quelque temps en public. La soirée avance aussi dans les libations. Johnny devenant alors de plus en plus désinhibé, je me retrouve contraint d'entreprendre de canaliser une situation, ce qui n'est guère agréable. Soudain, il décide que nous levons le camp, alors que le dessert est à peine servi. Il ne salue personne en quittant les lieux.

Une soirée entre Johnny et Eddy Mitchell

En cette année 1988, mes liens avec Jean-Philippe Smet se resserrent de plus en plus à son initiative. J'ai désormais l'impression d'être suffisamment proche de lui pour qu'il se sente en famille lorsqu'il vient chez moi. Il passe régulièrement le soir à la maison avec sa compagne pour prendre un verre dans le jardin. Il accepte avec plaisir les invitations à dîner chez moi, alors qu'il décline presque toutes les invitations chez des particuliers. Paradoxalement, j'ai pu constater qu'il était finalement assez seul lorsqu'il ne travaille pas. Ce qui était le cas durant cette période. Un soir, alors qu'Eddy Mitchell dînait à la maison avec des amis communs, j'ai suggéré à Johnny de venir nous rejoindre.

Johnny arrive vers 23 h 30, une fois le repas terminé. Mitchell m'avait prévenu qu'avec lui il fallait s'attendre à tout. Même s'il s'était engagé à venir, le connaissant j'étais loin d'être certain qu'il tiendrait parole. Je ne saurai jamais si Johnny était venu ce soir-là simplement pour me faire plaisir ou pour montrer à son ami de longue date qu'il était désormais très proche du jeune avocat qu'il avait décidé de promouvoir. D'un naturel jaloux, Johnny veillait à conserver une forme de relation exclusive avec les membres de son entourage. Peut-être n'avait-il pas envie que je me rapproche trop de son acolyte... Ce qui ne risquait pas d'arriver, tant le courant ne passait pas entre Eddy Mitchell et moi ce soir-là... Je m'évertuais pourtant à lui dire combien j'avais admiré ses prestations avec Les Chaussettes noires lorsque j'étais adolescent, quand il chantait « Noël de l'an dernier » ou « Parce que tu sais » à l'ABC, sur les Grands Boulevards, en décembre 1961. Rien n'y faisait : l'interprète de « La Dernière Séance » prenait le moindre de mes propos au pied de la lettre, alors que je me situais personnellement au troisième ou quatrième degré...

De plus, il ne comprenait pas comment mes compétences musicales pouvaient être bénéfiques à mon activité d'avocat, dans le domaine du droit de la propriété artistique. Notamment dans les expertises en plagiat ou contrefaçon, où la combinaison de mes connaissances musicales et juridiques me donne un avantage sur mes contradicteurs devant un expert chevronné qui sort du Conservatoire national de

Paris. Fort de ses trente années de carrière de chanteur de variétés, Eddy Mitchell m'assène : « Lorsque j'ai besoin d'un pianiste, j'appelle le meilleur pianiste. Et lorsque j'ai besoin d'un avocat, j'appelle aussi le meilleur ! » La messe est dite, et pas de façon flatteuse en ce qui me concerne. Johnny, heureusement pour moi, ne partagera jamais cet avis à l'emporte-pièce...

Jamais avare d'un bon mot, Mitchell, en grand expert, soutient également devant l'ensemble des convives : « Pour faire du Lelouch au cinéma, il suffit de poser une caméra sur le dos d'un chien pour obtenir les mêmes effets »... J'imagine que vingt-cinq ans après, il avait oublié ce trait d'humour lorsqu'il tourna sous la direction de Lelouch *Salaud, on t'aime* avec son pote Hallyday !

Noël chez les Hallyday

Une semaine après ce dîner, nous fêtons Noël chez Johnny, dans la nouvelle maison qu'il vient d'acheter, Villa Molitor. La soirée s'annonce festive. Lorsque nous arrivons, nous le surprenons en train de concocter lui-même des verres de margarita bien corsés, l'un de ses cocktails favoris à l'époque. Une vingtaine de convives sont réunis, dont son fils, David, qui connaît depuis l'année précédente un énorme succès avec son titre « He's My Girl ». Sa fiancée, Estelle, n'est pas présente. J'ignore si elle est retenue en famille ou si elle n'a pas souhaité venir. J'avais constaté un certain malaise quelques jours auparavant lors d'un dîner auquel j'avais assisté. À tort ou à raison, j'avais eu le sentiment que la jeune femme faisait triste mine face à son futur beau-père, qui se montrait de son côté très volubile. Peut-être que le jeune couple avait tout simplement envie de se retrouver seul, tant Estelle et David étaient fusionnels, elle la tête posée amoureusement sur l'épaule de son futur mari.

Le soir de ce fameux dîner, Johnny, ayant mené la conversation pendant tout le repas, se retira soudain sans prévenir pour aller reprendre des forces dans sa chambre. Je me retrouvai donc à table avec son chauffeur de l'époque, Rosco. Celui-ci me confia ce soir-là qu'il avait récemment perdu son fils dans un accident. Dans ces circonstances tragiques, Johnny avait su le soutenir au quotidien, aussi bien moralement que financièrement, ce dont l'artiste ne m'avait évidemment jamais parlé.

Le soir de Noël, David reçut comme cadeau de Leah une superbe housse de voyage en cuir de grande marque. Il me confia qu'il avait horreur de ces situations et qu'il n'aimait guère ces soirées de circonstance, ce que je comprenais parfaitement. Il ne fait pas d'ailleurs de vieux os, selon l'expression favorite de son père, et s'éclipse discrètement.

La solitude d'une star

L'année 1989 débute par une fréquentation amicale de plus en plus régulière avec Jean-Philippe Smet. Je passe souvent le voir en fin de journée pour échanger quelques mots avec lui. Nous sommes souvent assis côte à côte dans le canapé du salon. Ma présence semble un peu combler la solitude quotidienne dont il souffre visiblement, mais qu'il s'impose lui-même.

Parfois nous regardons la télévision, dont l'écran est constamment allumé.

Un soir, alors qu'Antoine de Caunes apparaît déguisé dans une émission de Canal+, Johnny s'irrite : « Il fait vraiment n'importe quoi maintenant. » Il n'admet aucune contradiction tant il est sérieux dans son appréciation, sans méchanceté aucune.

Quinze ans plus tard, dans la cuisine de Marnes-la-Coquette, il me fera la même réflexion à propos de son ami Florent Pagny, en regardant le dernier clip du chanteur dont il n'approuvait pas la réalisation. La vedette est ainsi faite : elle a la dent dure envers ses collègues...

Un autre jour, en lisant *France-Soir*, son quotidien favori, il tombe sur un article qui qualifie Michel Berger de « rock'n'roller », ce qui le fait grincer des dents. « Il est tout sauf rock'n'roll », me dit-il avec un sourire narquois. Il ne conteste nullement le talent du compositeur de « Quelque chose de Tennessee », loin de là, mais chacun doit tenir son rôle, selon Johnny.

À cette époque, profitant d'un moment d'accalmie, l'artiste se fait opérer d'une hernie discale à la Clinique du Sport. Dans le calme d'un dimanche après-midi, je lui rends une petite visite. En entrant dans sa chambre, je suis agréablement surpris de constater qu'il est quasiment rétabli à peine deux jours après l'opération. Cette faculté me sidérera toujours. Quel que soit son état, ou la gravité médicale, il retrouve très rapidement une forme éblouissante. Sa chambre d'hôpital me fait davantage penser à la suite d'un hôtel quatre étoiles. Elle dispose d'une grande baie vitrée insonorisée qui donne sur le boulevard. Tout sourire, Johnny m'annonce qu'il va bientôt quitter les lieux. Pour me démontrer à quel point il a retrouvé la forme, il se met à marcher de long en large dans sa chambre tout en plaisantant.

Je me remémore les dernières fois où j'étais venu lui rendre visite à l'hôpital : en juillet 1983, à Cochin, pour sa première opération de la hanche après le Palais des

Sports, puis, peu après, à la Pitié-Salpêtrière, dans une chambre lugubre pour une opération bénigne. Cette fois-là, sa chambre se trouvait au bout d'un dédale de plusieurs kilomètres à l'intérieur de l'hôpital qui constituait une véritable ville. L'aile du pavillon grisâtre ne semblait pas avoir été ravalée depuis le XIXe siècle. À l'époque, déjà, Johnny m'avait stupéfié par sa condition physique lorsque j'étais venu le voir. L'accès étant réservé pour le protéger des paparazzis, il avait fallu que je montre patte blanche.

Dans la chambre, Johnny avait pour seules compagnies son magnétoscope et la fidèle Lulu, l'habilleuse qui s'occupait de l'intendance et lui apportait des pots de confiture maison. Gu, le truculent restaurateur de Salon-de-Provence, disparu depuis, était passé la veille pour lui déposer des plats qu'il avait concoctés spécialement pour lui, effectuant l'aller-retour dans la journée : les alouettes sans tête, dont il raffolait, n'avaient aucun secret pour lui.

Johnny, n'ayant aucune trace de fatigue sur le visage, était en train de se reconstruire, comme à son habitude. Les infirmières de l'Assistance publique, toujours très compétentes dans ce service spécialisé, étaient ravies d'accueillir un patient aussi illustre. À mon arrivée, trois d'entre elles entraient dans la chambre en proposant joyeusement de trinquer à la santé du malade. Joignant le geste à la parole, elles débouchèrent une bouteille de champagne. Johnny répondit par la négative, en leur indiquant qu'il ne buvait pas d'alcool. Son ton était si catégorique que les jeunes femmes impétrantes n'insistèrent pas.

En ce printemps 1989, Johnny continuait de venir régulièrement dîner à la maison. C'est ainsi que le 12 mai, le jour de l'anniversaire de mon fils, je le convie à tout hasard, avec sa fille Laura, à venir au goûter organisé dans ma maison de Boulogne avec une vingtaine d'enfants. Je ne suis pas certain que ce soit le type d'ambiance qu'il préfère mais je pense qu'il a besoin de faire des activités avec sa fille, qu'il voit peu depuis sa séparation d'avec sa mère. Un père et sa fille ont mieux à faire que du shopping dans les boutiques de la rue de la Pompe ou de Longchamp, comme je les ai vus faire à plusieurs reprises.

Le jour dit, Johnny arrive à l'heure précise, accompagné de Leah, de notre ami Erick Bamy, son fidèle choriste, et bien sûr de Laura, qu'il tient par la main. Toute mignonne, celle-ci rejoint aussitôt la fête pour jouer avec les autres enfants dans le jardin, apparemment heureuse d'être là. De son côté, Johnny se montre très chaleureux avec mon fils Julien. Un excellent souvenir pour l'ensemble des participants.

Dès le début juin, comme à l'accoutumée, Johnny prend ses quartiers d'été à Saint-Tropez car il n'a aucune tournée prévue. Il a loué une maison pour trois mois sur la route des plages, une belle villa avec piscine baptisée « La Gentilhommière ». La saison estivale 1989 peut commencer...

Premiers pas dans la musique

1963,
je joue pour la première fois
dans l'orchestre du lycée à la guitare !

1964,
ma première guitare
professionnelle.

1967, avec les Rockers au Golf Drouot, mythique club de rock parisien où Johnny a débuté.

1969, j'accompagne le chanteur Antoine en tournée.

1969, Johnny passe nous voir à l'Olympia où j'accompagne Antoine pendant 3 semaines.

1971, sortie d'un studio toulousain avec Dick Rivers (5e en partant de la gauche) et Pierre Billon (1er en partant de la gauche). Je suis au centre (3e en partant de la gauche).

J'accompagne au piano le Maître Stéphane Grapelli, pour le show de Sacha Distel dans une émission de télévision de fin d'année.

1972, tous en costume clouté pour la couverture de l'album *Rockin' along* de Dick Rivers, un 33 tours de légende.

Je suis le 2e en partant de la droite.

1974, j'accompagne
Michel Delpech
en tournée.

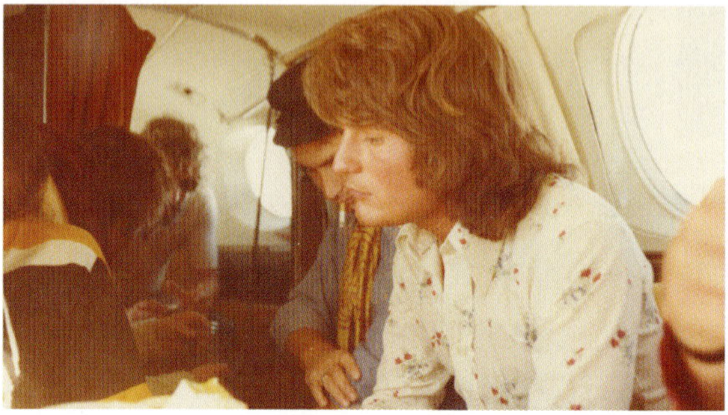

1974, ici nous sommes
dans l'avion, en direction
du prochain concert.

1977, je joue sur la scène
de la Fête de l'Humanité,
devant 100.000 personnes.

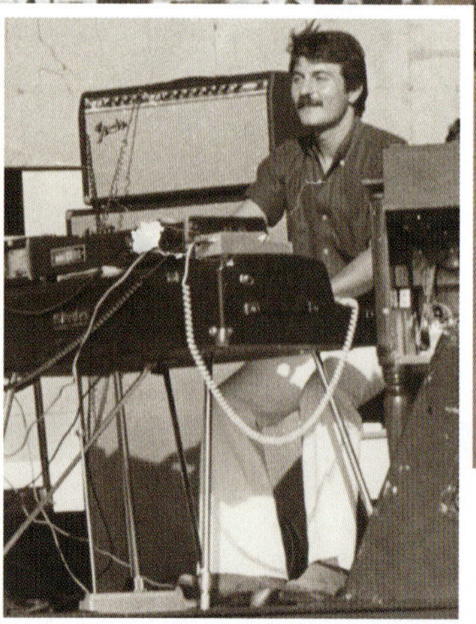

À l'aube d'une nouvelle vie

Le 20 février 1980, je prête solennellement serment devant l'Ordre des Avocats de Paris.

Sous le feu des projecteurs, le temps d'une soirée

Bercy 1990, 10 ans après mon entrée au barreau de Paris, Johnny Hallyday me demande de le rejoindre sur scène au clavier. Je redeviens l'espace d'un instant un musicien, quel grand honneur de jouer pour l'idole des jeunes !

Johnny Hallyday dans ma vie quotidienne

Johnny avec mon fils, lors d'un déjeuner sur la plage en 1988.

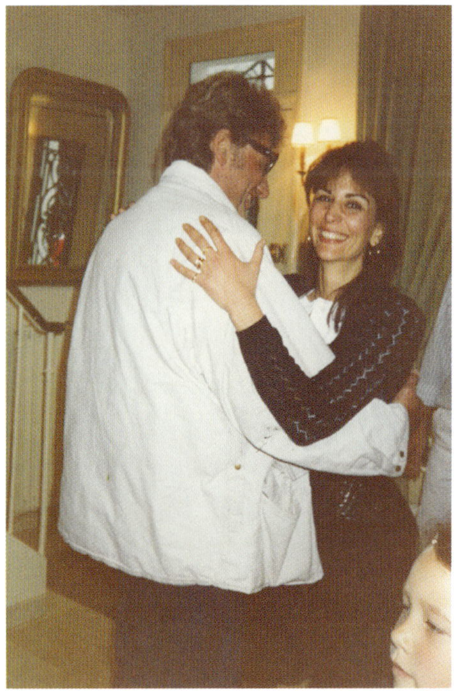

1989, Johnny Hallyday fait quelques pas de danse avec mon épouse dans notre maison familiale.

En vacances chez Johnny à Ramatuelle.

Un moment convivial un soir de 1989.

Soirée d'été à Ramatuelle chez Johnny Hallyday.

Dîner avec Johnny Hallyday, cette fois-ci dans mon jardin.

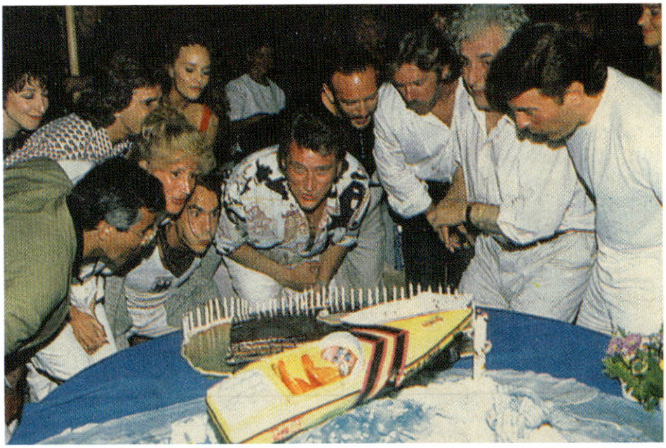

1986, Johnny fête ses 46 ans à Saint-Tropez. On peut voir Vanessa Paradis et Florent Pagny à sa droite. À sa gauche se trouvent, Pierre Billon, le parolier Étienne Roda-Gil et moi-même.

46 ans de Johnny. Photo de groupe prise sur les marches du Byblos. Devant lui, on voit Eddie Barclay, à sa droite, on retrouve Florent Pagny et Vannessa Paradis, et à sa gauche, on remarque Jacqueline Veyssière. Je suis derrière lui en blanc, plus haut sur les marches.

1993, Nous fêtons le jour de l'an à Courchevel.

Johnny avec ma fille pour son anniversaire au ski à Courchevel.

En voyage avec Johnny Hallyday

Découverte d'un temple bouddhiste à Bali.
Johnny est ravi du pagne jaune obligatoire !

Avec Laeticia à Bali en 1988.

Avec Johnny dans la forêt des singes d'Ubud.

Je partage un moment de joie avec Laeticia et Johnny en faisant du rafting à Bali.

Déjeuner sur la rivière sacrée, en pleine jungle balinaise à Sayan.

Miami 1998, sur le yatch Only You.

Avec Johnny Hallyday en direction de Daytona. Nous faisons le plein de nos Harley.

Traversée des Bahamas en 1998, de Nassau à Miami sur le yatch Only You.

En vacances à Saint-Tropez

Nous prenons l'apéritif sur la terrasse de Johnny à Ramatuelle, avant de partir pour la soirée gitane organisée tous les ans chez Tony Murray. Eddie Barclay (en haut à droite) et Carlos (assis, au centre de la photo) sont aussi présents. Je suis assis à la droite de Carlos.

Saint-Tropez, juillet 1990. Mon épouse et moi arrivons au Château de la Messardière, pour la réception du mariage de Johnny sur le thème d'Autant en emporte le vent.

Crédits photo - Pierre de Saint-Tropez

Bonne ambiance à La Voile Rouge, à Saint-Tropez en 1988.

Journée ensoleillée pour le mariage de Johnny à la mairie de Ramatuelle.

Crédits photo - Pierre de Saint-Tropez

Johnny tout sourire, entre mon épouse et moi-même à la Lorada.

Déjeuner sur la plage à Saint-Tropez.

Janvier 2019, plaque à la mémoire de Johnny Hallyday sur sa chambre d'hôtel à Mexican Hat dans l'UTAH.

Je me rends à l'exposition
JOHNNY HALLYDAY
en décembre 2023.

Johnny pose pour Ibanez, la célèbre marque de guitare. Un contrat que je lui ai trouvé pour lui confectionner un modèle à son nom qu'il utilisera sur scène pendant plus de dix ans.

Crédits photo - Dany Giorgetti

Sauf mention contraire, toutes les photos présentes dans ce cahier relèvent de la collection privée de l'auteur.

Chapitre VII

Où je continue de découvrir de nouveaux bateaux
Ramatuelle, été 1989

Comme chaque mois d'août à l'époque, j'avais prévu de passer mes vacances à Grimaud en louant une maison avec mon épouse et mes deux enfants. En discutant avec Johnny, celui-ci me dit qu'il serait ravi de m'accueillir dans la villa qu'il avait lui-même louée pour l'été, afin d'y passer une semaine de vacances ensemble au mois de juillet en attendant que la mienne soit libérée par les locataires précédents. J'acceptai avec plaisir.

Embrouille à la fête d'anniversaire

Peu avant, nous avions été happés par la fête d'anniversaire organisée pour Johnny et l'un de ses amis du moment. Une invitation commune avait été envoyée, avec une photo les représentant tous les deux. Une cinquantaine d'invités fut ainsi conviée sur l'une des plus célèbres plages privées de Saint-Tropez le dimanche 25 juin pour le déjeuner.

Je descendis donc pour le week-end afin de célébrer dignement les 46 ans de Johnny, avant de remonter travailler dès le lundi matin à Paris. Lorsque nous arrivons au restaurant du *Club 55*, tout le monde est déjà présent, à l'exception de Leah et de Johnny qui devaient arriver peu après en compagnie du couple d'amis dont le mari fêtait également son anniversaire.

Nous prenions l'apéritif avec les autres convives. À ma table, je me retrouvai avec le comédien Yves Rénier et notre pote motard Jean Basselin. Soudain, des éclats de voix se firent entendre à l'entrée du restaurant ! Nous nous rendons vite compte que Johnny et son ami étaient en train de s'écharper. Catastrophées, leurs deux épouses tentaient de les calmer. Leurs gardes du corps improvisés furent contraints de s'interposer alors que les deux protagonistes n'étaient pas loin d'en venir aux mains.

La cause de leur dispute n'a jamais été vraiment révélée et je n'ai jamais cherché à la connaître. J'ai entendu dire que l'ami se plaignait que les photographes présents n'aient d'yeux que pour l'Idole et sa compagne. Une réaction un peu ridicule…

Après ce moment surréaliste, l'ami de Johnny, « ivre de rage », comme me le décrira ce dernier, a quitté les lieux avec ses propres invités pour éviter toute tension supplémentaire. Le repas d'anniversaire a pu débuter en présence, par conséquent, d'un seul des impétrants. Après ce déjeuner mouvementé, chacun rentra se reposer chez soi avant les festivités du soir. Car, piqué au vif et ne souhaitant pas que sa fête en reste là, Johnny avait entre-temps battu le rappel de ses troupes par l'intermédiaire de son secrétaire et de quelques amis chargés de l'intendance. Ceux-ci informèrent l'ensemble des invités qu'une nouvelle fête allait être organisée au pied levé pour faire bonne figure et faire oublier cette situation rocambolesque.

Johnny a donc planifié une réception le soir même dans le restaurant situé en contrebas du *Byblos*. Un moment qui sera immortalisé par un cliché, réalisé par son photographe officiel, regroupant le « clan Hallyday » sur les marches de l'établissement.

Parmi la trentaine d'intimes qui posèrent se trouvaient Jacqueline Veyssière, la patronne des lieux voisins ; Eddie Barclay et son épouse Caroline ; Sacha, l'ancien ange gardien de Johnny, et son épouse Sylvia ; Jean-Claude Camus ; Claude Chirac ; Gil Paquet ; le président d'Universal Paul-René Albertini ; Florent Pagny et Vanessa Paradis ; Étienne Roda-Gil ; Jean Basselin ; Pierre Billon ; le coach Hervé Lewis ; ou encore le réalisateur Hervé Palud aux côtés de mon épouse et moi-même. Toute cette petite troupe se dirigea ensuite vers le carré VIP de la boîte de nuit. À cet instant, l'ancien compère de Johnny avec lequel il devait partager sa fête apparut dans la discothèque, entouré de quelques amis… Une tension palpable se fit aussitôt sentir parmi les invités. Johnny, lui, semblait parfaitement détendu et n'y prêtait aucune attention. Je remarquai tout de même que son ami garde du corps, Sacha, se rapprochait de lui, prêt à intervenir en cas de friction.

La suite de la soirée se déroula pour le mieux, malgré l'abondance de libations, comme pour n'importe quelle fête d'anniversaire digne de ce nom. Johnny se montra très satisfait de la tournure des événements à son avantage. Il fit remarquer à chacun qu'il ne laisserait personne troubler la façon dont il souhaite célébrer son anniversaire.

Les choses ne s'arrangeront pas entre les deux anciens acolytes, qui resteront hélas fâchés. Johnny me dira des années plus tard qu'il avait recroisé son ancien ami, qui avait superbement réussi dans l'immobilier, sans toutefois évoquer cette vieille histoire. La star passait vite à autre chose, sans jamais se retourner une fois que les liens étaient rompus. Je l'ai souvent constaté…

Chez Eddie Barclay

Le lendemain de la fête, en fin de matinée, Johnny me prend en aparté pour me dire que nous devions nous rendre chez Eddie Barclay récupérer un cadeau qu'il avait oublié. Il me presse un peu et je m'installe rapidement dans une Mini Moke décapotable, dont il prend le volant. Nous roulons dans cette voiture inconfortable jusqu'au cap Camarat, empruntant les petites routes sinueuses de la presqu'île. Sentir le vent sur nos visages nous fait du bien pour nous remettre des excès de la veille et Johnny semble en pleine forme en arrivant à la villa. Lorsque la gardienne vient nous ouvrir le grand portail, Johnny lui demande des nouvelles de son mari malade. C'est l'un de ses traits de caractère de se montrer très empathique lorsqu'il le souhaite, même avec des étrangers. Je constate ainsi qu'il a ses habitudes chez Barclay. Nous arrivons dans le patio et il se met en quête de son fameux cadeau. J'apprends qu'il s'agit d'une belle paire de boules de pétanque pour professionnels, rangées dans un superbe étui de cuir. Sans doute pour jouer sur la place des Lices avec les champions locaux, dont Eddie Barclay est un pilier avec Carlos et d'autres aficionados. Une fois dans le jardin, nous apercevons l'un des convives présents la veille, un DJ renommé que je connais bien, qui tient le cadeau de Johnny entre ses mains, et joue une partie de boules avec d'autres personnes.

Johnny est aussitôt pris d'une rage folle contre l'imprudent et se met à le traiter de tous les noms pour avoir osé ouvrir son cadeau en son absence. L'intéressé se confond en excuses et lui propose de lui racheter une paire neuve. Johnny ne veut rien entendre. Il récupère ses boules en serrant la mâchoire et tourne les talons en m'entraînant dans son sillage.

Parmi les défauts de Johnny que je découvre au fil du temps, celui-ci est sans doute l'un des plus étonnants. Il peut se mettre dans une colère disproportionnée si l'on touche à ses affaires personnelles sans son autorisation. J'aurai l'occasion de le constater à d'autres reprises. Le chemin du retour se fait en silence. Johnny roule à très vive allure et je regrette que la Mini Moke ne dispose pas de ceinture de sécurité.

Séjour estival chez Johnny

Lorsque nous revenons dans le Sud fin juillet, comme prévu je me présente avec mon épouse devant la grille de la villa de Johnny. Nous tombons nez à nez avec lui. Il se montre désolé de ne pouvoir nous faire lui-même les honneurs de la résidence car il doit filer pour un rendez-vous important avec l'architecte qui travaille sur sa future maison.

D'autres invités sont également présents : Ruthy, l'une de ses proches amies ; son habilleuse Lulu et son époux ; Micky, le petit-cousin de Johnny, fils de Desta et de Lee Halliday. Leah nous fait visiter la villa en bonne maîtresse de maison. Elle nous octroie l'une des plus belles chambres, située dans une aile en forme de pigeonnier, avec une baie vitrée donnant sur des vergers provençaux et la piscine.

Dès le premier soir, Johnny donne le ton en annonçant que nous devions nous préparer pour aller dîner dehors. Il avait réservé une table dans un restaurant à côté de la place de la Mairie de Saint-Tropez. Une fois sur place, nous tombons sur Elton John à l'entrée de l'établissement.

En l'apercevant, Johnny ne trouve rien de mieux à faire que de l'embrasser sur la bouche, ce qui ne semble pas du tout plaire à l'intéressé. Si Johnny a l'habitude de ce genre de plaisanterie, Elton John, dont nul n'ignore l'orientation sexuelle, ne partage visiblement pas ce type d'humour à la française, prenant peut-être la blague de Johnny au premier degré. Après le départ de la star anglo-saxonne, nous prenons place à notre table.

Le dîner se déroule pour le mieux, avec des spécialités provençales au menu.

Comme tous les soirs qui suivront, nous passons faire un tour rapide au carré VIP du *Byblos*. Nous tombons sur Eddie Barclay. Johnny en profite pour me présenter à lui. Juste après s'être entretenu un instant avec lui en aparté, JH me demande si je suis libre pour déjeuner le lendemain chez le célèbre producteur. J'accepte avec enthousiasme. De son côté, Barclay, avec la classe qui le caractérise, a la politesse de me dire qu'il sera ravi de me recevoir.

Le lendemain, je me rends donc avec Johnny et nos compagnes à la villa du cap Camarat. Nous prenons place autour d'une immense table ronde. Alors qu'Eddie Barclay indiquait sa place à chacun de ses invités, Johnny lui dit alors discrètement qu'il souhaitait que je m'assoie à côté d'Eddy Mitchell, qui venait de faire son apparition. C'est avec un plaisir très relatif que je me retrouve ainsi au côté du chanteur de « Couleur menthe à l'eau », que je n'avais plus revu depuis notre conversation un peu tendue lors du dîner chez moi six mois auparavant. Le déjeuner, concocté par un grand chef et servi par un maître d'hôtel, est un délice pour les papilles.

Au cours du repas, il me paraît de bon aloi d'interroger mon voisin de table sur son dernier titre sorti, n'étant pas très au fait de son actualité musicale. Il m'indique avec une certaine satisfaction que son dernier 45 tours s'intitule *M'man*. Je réalise que j'ai déjà entendu ce titre à la radio sans que celui-ci ne retienne vraiment mon attention. Il poursuit en me vantant les mérites de l'immense pianiste Count Basie, que l'on entend en fond sonore. Tel un chef d'orchestre en grand professionnel de la scène, Mitchell fait mine de diriger une formation de cuivres. Je découvre à quel point le rocker est aussi un grand connaisseur de ce type de musique. Nous passons ensuite au jardin pour le café et les digestifs. D'autres invités sont déjà sur place, des habitués de la maison apparemment. Ils s'affairent autour de la table de ping-pong. Je repère tout de suite que l'un des joueurs surclasse de très loin les autres. L'un de mes voisins me dit qu'il s'agit de Jacques Secrétin, le champion du monde de tennis de table. Aucun des autres convives ne se risque à le défier, à l'exception de Caroline Barclay, qui résiste plutôt bien aux assauts de son adversaire.

Après avoir longuement remercié nos hôtes pour leur accueil, nous prenons congé et retournons à La Gentilhommière pour faire quelques brasses dans la piscine avant une sieste bien méritée.

Des sorties animées

Au cours de la semaine, le rite est immuable : chaque matin nous nous rendons au port de plaisance pour prendre un bateau qui nous conduit vers l'un des multiples restaurants de plage dont Johnny est friand. Chaque fois, nous sommes rejoints par certains proches de l'artiste, dont sa fille, Laura. À chacune de nos virées, je ne manque jamais de remercier Johnny pour ses largesses. Chaque soir, à 19 heures, l'intendante de la villa dresse la table du salon pour l'apéritif. Nous dégustons alors des bouteilles de rosé de la meilleure cuvée locale, le Domaine d'Ott. À 20 heures, deux ou trois bouteilles sont déjà vidées, surtout lorsque Carlos ou Barclay passent saluer Johnny.

Nous dînons fort tard, à l'instigation de Johnny qui prend un malin plaisir à planifier les festivités, tel un moniteur de colonie de vacances. Le plus souvent, nous sortons en ville. Ce soir-là, Johnny tient absolument à me faire découvrir un restaurant qui fait figure d'institution locale : *Lou Pinet*. Pour une fois, seuls les huit invités de la villa sont présents au dîner. Lorsqu'il se sent bien entouré, le Grand ne souhaite pas élargir le cercle.

Dès la fin du repas, je m'empresse de sortir de table pour aller au bar régler l'addition. Je prends ainsi les devants afin que Johnny ne paye pas encore une fois pour tout le monde. En me voyant faire, l'artiste me rejoint au bar. Nous commandons un verre de Peppermint, un alcool censé aider la digestion que je lui fais découvrir. Cette boisson semble bien moins lui convenir que le whisky ou la vodka qu'il a l'habitude de descendre cul sec dans des verres bien remplis. Je lui dis tout de même de se méfier de ce type de consommation. La veille au soir, lors d'une réception chez Eddie Barclay, Johnny semblait apprécier les alcools proposés, j'avais entendu l'un de ses proches, un chanteur de rock, dire à l'oreille de Barclay sur un ton sarcastique : « Tu vois que Johnny sait boire normalement… Il ne siffle pas toujours tous ses verres cul sec ! »

Nous partîmes une fois de plus faire la tournée des boîtes de Saint-Tropez, avec les *Caves du Roy* comme point d'orgue. Johnny avait parfois des accrochages avec d'autres clients. Dans ces cas-là, il monte vite dans les tours et agonit son adversaire d'injures imagées. Il m'est arrivé de devoir m'interposer, le plus souvent nous étions heureusement accompagnés du robuste Hervé, le coach sportif de l'artiste. Lorsque l'une de ces bagarres éclate, la maîtresse de maison, Jacqueline Veyssière, implore littéralement Johnny de se calmer et de ne faire aucun scandale dans son établissement. L'artiste s'exécute, mais en ronchonnant. Dans ces cas-là, nous quittons rapidement les lieux pour prendre l'air avant de rentrer à la villa.

Le matin, tout le monde se retrouve au salon dans les confortables canapés en cuir pour prendre un thé ou un café. Johnny a souvent du mal à émerger, puis il passe d'incontournables coups de téléphone en faisant profiter tout le monde de ses conversations. À cette époque, il n'y avait qu'un seul téléphone dans toute la maison, chacun étant logé à la même enseigne il fallait attendre que la ligne se libère pour téléphoner. Comme il n'y avait qu'un unique poste de télévision.

Durant ces vacances, nous ne regardions jamais de film et nous n'écoutions pas de musique. Je découvris d'ailleurs qu'en dehors de ses obligations professionnelles, Johnny n'écoutait presque jamais de musique pour le plaisir.

Cela fait partie de notre métier, Johnny et moi en avons tellement entendu depuis trente ans que nous n'en éprouvons nul besoin… Nous sommes en vacances ! Chaque tentative en ce sens que je ferai timidement auprès de l'Idole se soldera par un manque d'intérêt total de sa part, quel que soit le style de musique.

Le soir, après dîner, il nous arrivait de jouer aux cartes entre « colocs » de la villa. Nous faisions des parties de « sept et demi », un jeu qui semblait passionner Johnny. Chacun jouait très sérieusement, y compris moi malgré mon peu d'intérêt pour les jeux de société. Les parties étaient interminables mais donnaient lieu à de franches rigolades. Nous étions très loin du show-business…

Un matin, Ruthy, que le Patron avait chargé de gérer les contacts avec le monde extérieur, nous apprend que le milliardaire Tony Murray organise, dans sa somptueuse villa des Parcs de Saint-Tropez, sa traditionnelle fête « gitane » costumée. Être convié à cet événement très prisé signifiait que l'on faisait partie de « l'élite tropézienne ». Tony Murray avait fait savoir qu'il souhaitait accueillir l'artiste mais celui-ci ne l'entendait pas de cette oreille. Johnny Hallyday se formalise d'emblée de sa façon de faire et répond à Ruthy qu'il est hors de question qu'il se rende à cette soirée s'il ne reçoit pas un carton d'invitation en bonne et due forme à son nom. Une réaction étonnante lorsqu'on sait que l'Idole n'a pas besoin de bristol pour se présenter où que ce soit et avec qui que ce soit à Saint-Tropez, puisqu'il sera reçu comme un roi n'importe où. Il en fait cependant une affaire de principe, buté comme il peut l'être.

L'affaire dure quarante-huit heures et le suspense va croissant jusqu'au moment où le staff de Tony Murray, qui a fait fortune dans le commerce des extincteurs, fait en sorte que Johnny Hallyday reçoive officiellement le fameux carton d'invitation pour lui et sa compagne. Comme à son habitude, cela n'empêche pas l'artiste de se rendre sur place avec une bonne quinzaine d'amis.

Nous passons le barrage de sécurité sans difficulté. Il est vrai que nous comptons parmi nous Eddie Barclay, l'actrice Fiona Gélin ou le chanteur Carlos, tous déguisés comme il se doit. Alors que nous sommes magnifiquement reçus dans l'immense villa, Johnny, l'impatient chef de meute, se lasse très vite. Au bout d'une heure, il fait signe à sa petite troupe qu'il est l'heure de partir. Nous voilà repartis vers de nouvelles aventures dans le *Saint-Tropez by Night*…

Le mois de juillet se termine de façon idyllique. Le petit groupe d'invités de La Gentilhommière se montre de plus en plus soudé. Johnny semble très heureux lui aussi. N'ayant aucune obligation professionnelle, il se consacre pleinement à ses vacances et profite de ses proches. Pour répondre aux nombreuses invitations, il décide d'organiser un grand dîner sur la terrasse en conviant une vingtaine de personnes. L'intendante et son fils, chapeautés par Ruthy et Lulu, préparent la soirée durant l'après-midi. Il faut bien l'avouer : nous ne levons pas le petit doigt pour leur prêter main-forte. Tandis qu'ils s'affairent, Johnny et moi sommes installés sur des transats au bord de la piscine. JH garde néanmoins un œil sur les opérations et donne quelques instructions. Eddie Barclay et son staff tropézien sont mis à contribution pour fournir les nombreuses chaises pliantes nécessaires. Le producteur fit même preuve d'une grande classe en faisant livrer à la villa deux caisses de Château Latour, l'un de ses crus préférés. Le dîner fut une grande réussite. Les invités repartirent peu après minuit, un horaire étonnamment raisonnable chez les amis de Johnny. Ce qui ne nous empêcha pas, Johnny et moi, de continuer à refaire le monde au bord de la piscine jusqu'au petit matin. Alors que nous profitions du chant des cigales, nos compagnes nous attendaient depuis fort longtemps. Pour une fois, Johnny fut le premier à aller se coucher. Je restai encore quelques instants à méditer devant le magnifique paysage.

Une seule fois au cours de la semaine, nous resterons déjeuner à la villa en vue de récupérer des excès de la veille.

Encore dans la force de l'âge, il en fallait pourtant beaucoup pour nous abattre, surtout Johnny, une force de la nature à la constitution hors du commun. Ce jour-là, il demanda à Lulu, sa complice dans les tâches culinaires, de confectionner des frites à la belge, c'est-à-dire cuites à la graisse de bœuf, avec des steaks hachés façon tartare.

Fièrement, Johnny fit remarquer à l'assemblée que nous étions tous à l'eau minérale. Il se lança ensuite dans un long plaidoyer sur les bienfaits d'un repas sans alcool, invitant chacun à se tenir à cette ligne de conduite. Sans doute parce qu'il est né sous le signe des Gémeaux, Johnny dévoile souvent un double visage. Je l'ai souvent entendu affirmer le contraire de ce qu'il venait de dire à un interlocuteur cinq minutes avant. Avec un aplomb déconcertant, il soutient dur comme fer chacune de ses affirmations. Lors d'une conversation, il est aussi capable de soutenir une thèse qui va à l'encontre de ce qu'il m'avait dit une heure avant sur le même sujet. À chaque fois, il utilise un argumentaire cohérent et emporte l'adhésion de ceux à qui il s'adresse. Je me demande souvent s'il est conscient d'un tel trait de caractère ou s'il le fait sans s'en rendre compte.

Johnny tombe de nouveau amoureux

En cette paisible fin du mois de juillet, nous ne savons pas encore que les murs de la maison s'apprêtent à trembler. La vie paisible de la petite communauté va évoluer en raison de la tournure des événements qui vont modifier la vie de Johnny pour les mois et les années à venir.

L'un des plus vieux potes de l'Idole, Christian Blondieau, dit Long Chris, venait d'arriver à Gassin accompagné de sa femme et de ses enfants, Adeline et Alexandre. Je retrouverai ce dernier des années plus tard au barreau de Paris, lorsqu'il sera devenu un brillant avocat.

La famille Blondieau ne séjourne pas à la villa mais dans une maison louée à proximité. Christian et les siens viennent nous rendre visite quotidiennement. J'assiste ainsi à ce que d'aucuns appelleront plus tard un « coup de foudre réciproque ».

Un après-midi, je me retrouve seul dans la piscine avec Johnny. Il me pose une question à laquelle je ne m'attends absolument pas : « Dis-moi Jacques, qu'est-ce que tu penses d'Adeline ? Je crois que je suis vraiment amoureux d'elle ! » Je ne peux rien répondre de très intelligent, mais je comprends que son amour semble sincère et me garde bien d'intervenir. Adeline a alors 18 ans. Johnny la connaît depuis de nombreuses années, d'autant qu'il avait trouvé refuge chez Long Chris au moment de sa séparation d'avec Nathalie Baye.

Sous mes yeux, c'est un véritable vaudeville qui va se jouer entre les murs de la villa. Pour Leah, la comédie ressemble davantage à une tragédie puisqu'elle va en subir les conséquences. Johnny commence par lui reprendre la casquette de motard en cuir qu'il lui avait offerte pour, sans états d'âme, l'offrir à la nouvelle élue de son cœur.

Souvent, un petit geste peut mettre le feu aux poudres. Je me trouvais en face de Leah lorsque l'incident se produisit. Je vis son visage se décomposer. Par chance, la villa que j'ai louée pour ma famille à Grimaud est désormais disponible. Nous investissons les lieux sans tarder pour retrouver un peu de calme. Face à ce qui se tramait dans la villa de Johnny, je préférerais me tenir éloigné de cette histoire qui, de toute façon, ne concernait que les protagonistes directs.

Première fâcherie

Mon séjour chez Johnny se termina d'ailleurs assez mal. Le dernier soir, celui-ci évoquait avec les quelques rares personnes présentes à la maison son dernier album, *Cadillac*, produit et réalisé par Étienne Roda-Gil. Sans doute un peu agacé par l'ambiance du moment, j'émets sans ambages un avis négatif sur le disque. Aucun des titres ne me plaisait et je considérais cet album comme du « sous-Hallyday » en comparaison des précédents, produits par Berger et Goldman. Ce qui n'empêchera pas ce disque d'être vendu à plus de six cent mille exemplaires et d'être apprécié du public. Il ne s'agissait que d'un point de vue personnel mais je n'avais pas l'habitude de cacher mes opinions au chanteur, ce qui habituellement lui convenait très bien. Il aimait bien que je ne le caresse jamais dans le sens du poil, contrairement à la plupart de ceux gravitant autour de lui et craignant de tomber en disgrâce à la moindre incartade.

Contrairement à d'autres, je peux subvenir à mes besoins sans Johnny, je ne dépends pas de lui. J'ai un métier qui me permet de gagner confortablement ma vie avec d'autres clients. Johnny le sait et n'a pas de moyens de pression à mon égard, si ce n'est l'amitié qui nous lie. Ce soir-là, je ne fais cependant pas preuve d'une grande intelligence en affirmant de façon lapidaire devant plusieurs de ses proches, dont la famille Blondieau : « Cet album, c'est de la merde ! » Je prends congé juste après, laissant Johnny un peu décontenancé et la mâchoire serrée.

Pour moi, le sujet était clos. J'estime qu'il était de mon devoir de l'alerter sur la qualité de son travail, malgré l'avis de son entourage professionnel du moment en qui je n'avais guère confiance.

Une semaine après, mon téléphone n'avait toujours pas sonné. Alors que Johnny avait l'habitude de m'appeler très souvent, cela faisait huit jours que je n'avais plus de ses nouvelles. Afin de dissiper le malaise, je décide de lui téléphoner pour l'inviter à dîner dans ma maison. Le jour prévu, il arriva chez moi très en forme et entouré d'une petite bande, avec laquelle il revenait de la fête foraine du rond-point de la Foux, dont il connaît bien le patron chez qui nous allons parfois déguster d'excellentes pâtes aux oursins que Johnny affectionne particulièrement. Nos amis qui l'accompagnent m'expliquent que l'artiste avait profité de l'occasion pour inaugurer la fameuse attraction du saut à l'élastique, qui vient d'être importée en France. Celle-ci consiste à se jeter dans le vide d'une hauteur de quatre-vingts mètres attaché à un harnais. Tel un trompe-la-mort, Johnny s'est fait fort de surmonter ses appréhensions en récoltant au passage une énorme dose d'adrénaline. Ce qui aurait dû me mettre la puce à l'oreille... Il n'est pas arrivé depuis cinq minutes qu'il me demande de le suivre dans le jardin. Il me prend alors par l'épaule en me disant : « La prochaine fois que tu dis des conneries sur mon album, je te pète la gueule ! » Je constate qu'il n'est pas vraiment à jeun, ce qui ne m'incite pas à poursuivre la conversation, ce qui d'expérience serait peine perdue. Je n'ai d'autre choix que de battre lamentablement en retraite, en lui disant qu'il a raison. Pour faire retomber la pression, j'ajoute même que je suis peu de chose face à une star telle que lui. Je n'ai pas à me forcer ni à jouer les hypocrites de circonstance, puisque je suis parfaitement sincère, sans avoir pour autant changé d'avis sur l'album de l'excellent Roda-Gil. Ce qui finit par le convaincre, puisqu'il me sourit à nouveau comme si rien ne s'était passé.

Ainsi s'acheva la première algarade. Lorsque je le revis quelques jours plus tard, il me lança : « T'es vraiment con parfois mais je t'aime bien quand même… ! » C'était sa façon de me dire qu'il ne m'en voulait plus. Cela ne m'empêchera pas de continuer à lui faire savoir ma façon de penser lorsque j'étais en désaccord avec lui.

Nous connaîtrons d'autres brouilles au fil des années, parfois suivies de périodes de silence.

Mon séjour tropézien se poursuit. Si je passe moins de temps à La Gentilhommière, mon épouse et moi sympathisons avec la famille Blondieau. Une relation de confiance s'établit entre Chris et moi. En tant que père de famille, il ne me cache pas que la tournure que prend la relation entre sa fille et Johnny ne l'emballe pas outre mesure. Il est vrai que tous deux ne dissimulent pas leur idylle, s'affichant même ouvertement en public. Une attitude qui donne parfois à Chris l'envie de réagir violemment envers son vieil ami. J'en fais part à Johnny, en abordant le sujet sur le ton de la plaisanterie. Il me répond sur le même ton : « Si Chris me met son poing dans la figure, je serais tellement stupéfait que je ne réagirais même pas. »

Un matin, Johnny m'emmène à Ramatuelle dans un immense terrain en friche. Des blocs de rochers ont été dynamités pour créer les fondations de la future villa de l'artiste, la Lorada. Il a plu et nous marchons sur des planches pour éviter la gadoue. Johnny semble savoir où il va, chaperonné par l'un des plus grands architectes locaux. Il existe un abîme entre ce chantier et celui que j'ai connu pour faire construire ma maison à Boulogne. Johnny me dit souvent qu'il trouve ma demeure superbe, bien que trop petite pour lui. En plaisantant, il ajoute qu'il en ferait bien sa garçonnière.

Après notre petit tour sur le chantier, nous passons rendre visite à Long Chris. Une fois sur place, Johnny débouche une bouteille de rosé et déballe trois fromages de chèvre choisis avec soin.

Malgré sa propension à inonder tous ses plats de sauces pimentées, Johnny sait se montrer gourmet. L'ambiance est au beau fixe. Johnny décide même de prêter à Chris son bolide des mers, le *Wild Eagle*, pour que nous puissions naviguer en famille.

Après s'être découvert une passion pour la conduite maritime l'été précédent, le Grand avait fait l'acquisition de cette Cigarette flambant neuve, d'un jaune éclatant et ornée d'un aigle rouge sur ses flancs. Johnny offrait à chaque passager un tee-shirt jaune et rouge frappé de l'aigle.

Le bateau de ses rêves

Quelques années plus tard, en 1992, il réalisera son rêve en s'offrant un bateau d'une taille bien supérieure qui lui permettra de partir en croisière avec quelques amis. Dans cette perspective, j'organiserai à sa demande plusieurs rendez-vous avec des vendeurs sur le port de Marseille lors d'un jour de repos de sa tournée. Un dimanche, après son concert à Bercy en matinée, nous avions foncé à Orly pour prendre le dernier vol de 21 heures. Nous avions pu éviter les bouchons grâce aux motards de la police nationale qui escortaient notre véhicule toutes sirènes hurlantes. À notre arrivée, nous avions fait la fête chez l'un de ses riches amis tropéziens, puis avions dormi dans sa magnifique maison de Ramatuelle.

Le lendemain, l'artiste a commandé un hélicoptère, qui s'est posé sur le terrain de la Lorada, pour nous conduire aux chantiers navals, situés à deux cents kilomètres.

Les modèles de bateaux proposés à Johnny ne lui conviennent pas et nous repartons bredouilles. Nous reprenons l'avion au plus vite car l'artiste donne un nouveau concert à Bercy le lendemain. Peu avant l'atterrissage, d'importantes turbulences viennent perturber le vol. Johnny se retourne vers moi et lance à voix haute d'un air pince-sans-rire : « Alors, c'est maintenant qu'on s'écrase ? » Personne ne rit autour de nous…

L'opération « chou blanc » à Marseille ne le découragea pas pour autant. Johnny parvient toujours à ses fins, comme j'aurai maintes fois l'occasion de le constater. Dans l'une de ses formules lapidaires, il me confiera qu'à ses yeux un bateau devait être une maison maritime. Il voulait donc trouver un navire qui lui permette d'habiter sur la mer. De nombreuses personnes de son entourage le poussaient à renoncer à un achat aussi coûteux.

Un tel investissement nécessite en effet une importante mise de fonds ou un gros crédit. Comme l'avenir le lui apprendra à ses dépens, un bateau de cette dimension est aussi très difficile à rentabiliser ou à revendre. Dans les années 2000, Johnny rencontrera toutes les peines du monde à se défaire de l'un de ses bateaux, même aidé des meilleurs spécialistes du marché maritime.

Après plusieurs mois de vaines recherches, il m'appellera pour m'annoncer d'un air triomphant : « Tu vas être content, on a vendu le bateau ! » Pour une somme de l'ordre de 5 millions d'euros tout de même, si mes souvenirs sont exacts.

Sa quête d'évasion maritime connut d'autres épisodes. En 1996, il acquerra un superbe Magnum, baptisé *Wild Eagle II*, avec lequel il naviguera en compagnie de Laeticia et son père André, fin navigateur. Je ne connaîtrai malheureusement pas ce bateau pour des raisons d'incompatibilité d'emplois du temps. Durant cette période, j'assurais la gestion d'un cabinet d'avocats d'une quinzaine de collaborateurs et mon client préféré, pour qui j'enchaînais les procès, vivait la moitié de l'année à Miami. En 1997, parvenant enfin au summum, il trouvera son graal pour vivre en mer avec le *Only You*, un yacht de 43 mètres de long propulsé par 2 moteurs de 940 chevaux. Un navire capable de fendre l'océan à plus de 12 nœuds et doté de 7 membres d'équipage, que je découvrirai grandeur nature au printemps 1998 après son périple d'une année sabbatique avec Laeticia à travers les Caraïbes.

Chapitre VIII

En Floride-Daytona, 1990 Où Johnny m'incite à acquérir une Harley-Davidson et où je découvre le monde des *bikers*

Dès l'automne 1989, Johnny commença à me parler de son projet de traversée des États-Unis en moto avec quelques copains. Il avait déjà réalisé une expérience de ce genre une quinzaine d'années auparavant dans la vallée de la Mort pour un reportage du magazine *Salut les copains.* Novice dans ce domaine, je ne me sens guère concerné par ce *road trip*. Comme d'habitude, Johnny va cependant user de son talent de persuasion pour me faire découvrir le monde des Harley-Davidson. Il fait de même à l'égard de sa fiancée, Adeline, qui est aussi profane que moi dans ce domaine.

Dans la perspective de le rejoindre aux États-Unis au printemps, je passe donc mon permis moto. Je n'avais aucunement l'intention de participer à l'épopée de Johnny mais je savais qu'avec lui il fallait toujours assurer ses arrières.

Johnny et ses amis bikers

Fin février, j'arrive à Miami en compagnie de mon épouse et mes deux enfants pour les vacances scolaires. Nous nous retrouvons au point de rendez-vous qu'il m'avait fixé, un complexe hôtelier de Fort Lauderdale, situé à quarante-cinq kilomètres de la ville la plus importante de Floride.

Sur place, je retrouve plusieurs compagnons de route de l'artiste que je connais très bien. Johnny se montre ravi de me voir. J'ai loué pour l'occasion une belle Cadillac couleur bordeaux, très confortable pour véhiculer ma petite famille. J'avais alors l'intention de suivre en voiture l'Idole et ses amis *bikers* durant quelques jours, puis de tracer ma route de mon côté.

Les joyeux motards devaient prendre le départ le surlendemain en direction de Daytona, pour assister à la célèbre « Bike Week ». Je ne savais pas encore ce que Johnny me réservait…

Il a réussi à me convaincre d'acheter en urgence une Harley-Davidson sur place pour l'accompagner dans sa traversée, sans se départir de son air moqueur mais en insistant comme il sait le faire gentiment avec ses proches. Il m'emmena donc chez le concessionnaire local Peterson's Harley pour choisir un modèle. Je demande bien sûr conseil aux experts qui nous accompagnent, dont l'ancien pilote de course, et mon ami, Jean Basselin. Mon choix, validé avec enthousiasme par Johnny, se porte sur un superbe Sportster 883 de couleur blanche, rutilant de chromes et de lanières de cuir au guidon. « Tu ne seras pas déçu, Sylvie avait le même il y a quelques années… », me glisse l'Idole. Je ne sais trop comment prendre la remarque. S'agit-il d'un modèle destiné à la gent féminine ? Je repars du magasin en enfourchant ma Harley, suivant, non sans fierté, Johnny et ses compères qui ouvrent la route.

Certains s'agacent des retards de l'Idole

Outre les motards chevronnés Basselin et Billon, le coach sportif Hervé Lewis et l'acteur Pierre Richard sont de la partie. Le comédien, que je n'avais jamais rencontré, ne fait guère d'effort pour lier connaissance avec moi. Je n'en fais pas davantage de mon côté... Lors d'un départ où nous attendions, comme très souvent, Johnny et sa fiancée dans le hall de l'hôtel, Pierre Richard se montra excédé par cet énième retard. Au point qu'il finit par lâcher mi-figue, mi-raisin : « La star, ici, c'est moi ! » Johnny, lui, ne semblait aucunement gêné de nous faire attendre un peu plus longtemps à chaque étape...

Comme à l'accoutumée, l'artiste avait tenu à emmener avec lui Tony Frank, son photographe, et Patrice Gaulupeau, un caméraman que je voyais pour la première fois et avec lequel il travaillait depuis peu. Ces deux acolytes suivaient la troupe dans un Chevrolet pick-up qui faisait également office d'assistance technique pour les motos.

Le *road trip* avait en partie vocation à engendrer des reportages ou des articles de presse en monnayant des images. Rien n'avait été déterminé à l'avance mais toutes les options étaient ouvertes.

Avant le départ, « l'homme d'affaires » de l'Idole m'avait fait comprendre qu'il serait souhaitable de tirer des rémunérations de l'opération, ne serait-ce que pour amortir le coût du voyage qui s'annonçait exorbitant.

Je ne connaissais pas les détails mais les quelques éléments qui m'avaient été présentés m'apparurent très peu professionnels. Rien n'était budgété à l'avance, tout reposait sur d'hypothétiques rentrées d'argent grâce au nom d'Hallyday…

Je renonce à m'en mêler, nul ne me demande d'ailleurs mon avis. Je participe donc à la traversée en mode « vacancier », laissant les motards organiser leur périple comme bon leur semble. Johnny, lui, n'a aucun doute sur la bonne marche du projet. Fort des assurances que lui avaient données ceux qui étaient chargés d'organiser le voyage, il se soucie très peu de l'aspect financier.

Nous partons des Everglades, Fort Lauderdale, en direction de Daytona Beach, à quatre cent cinquante kilomètres. En chemin, nous empruntons la Florida's Turnpike, un détour qui nous permet de passer par le parc Disneyworld d'Orlando, qui tient à cœur à Johnny. Avec mon peu d'expérience, mes premiers trois cents kilomètres en Harley ne sont pas une partie de plaisir. D'autant que la pluie nous surprend et qu'une des motos tombe en panne d'essence, ce qui nous contraint à nous arrêter sur le bas-côté de l'autoroute sous une pluie diluvienne. Chacun en profite pour récupérer, tirant des bouffées sur des cigarettes vite trempées. Johnny demande à ceux qui en sont chargés s'il y a un jerrican d'essence dans le Chevrolet pour ce type de situation. Vérification faite : personne n'avait prévu l'hypothèse d'une panne sèche sur l'autoroute. Celui qui est censé pallier ce type de problème est donc contraint d'aller chercher de l'essence à la station la plus proche.

Ce qui prendra un certain temps, mais ne me dérange nullement dans la mesure où je peux reprendre des forces. La pause n'est tout de même pas idéale : nous sommes tous transsis de froid et trempés par la pluie. Une fois l'essence récupérée, nous reprenons la route en direction d'Orlando.

La veille, lorsque j'avais payé l'addition pour le groupe au restaurant, j'ai senti qu'en tant que novice je n'étais pas forcément le bienvenu aux yeux de deux participants plus expérimentés. Ils semblaient considérer qu'accompagner Johnny dans cette virée à moto était un privilège auquel seul un noyau dur de véritables motards avait droit autour du chef de meute. Le Patron, lui, ne partageait pas du tout cette opinion. J'avais, par conséquent, préféré faire la halte au parc Disney de mon côté, avec ma femme et mes enfants, sans subir les mésententes d'un groupe qui ne semblait pas véritablement soudé.

Durant les trois jours qui suivirent, je laisse donc Johnny avec sa fiancée et sa petite bande faire ce qui leur plaît. Nous en faisons de même de notre côté. Je les rejoins le jour prévu pour repartir vers Daytona. Dès qu'il m'aperçoit, Johnny me prend gentiment à part pour me dire de toujours le prévenir lorsque je ne partais pas avec eux car il s'était inquiété de savoir où j'étais ! En signe d'amitié, il partagea avec moi une saucisse de viande séchée, qu'il adore acheter dans les stations-service américaines... Il ajoute qu'il sait que certains membres de son entourage ne voient pas d'un bon œil ceux qui ne participent qu'à une partie du voyage, mais qu'il compte sur moi pour continuer à ses côtés, même jusqu'à Los Angeles si possible. Tel le patron qu'il est aux yeux de tous, il me propose de l'informer immédiatement si je rencontre la moindre difficulté.

Johnny ne veut pas me laisser partir

Notre convoi reprend la route, suivi du pick-up et de ma Cadillac, conduite par mon épouse avec mes enfants à l'arrière. C'est un luxe, j'en conviens. Une fois arrivés, nous prenons nos repères dans un immense hôtel situé au bord de la plage de Daytona. Nous effectuons notre première incursion à pied sur Main Street, l'artère principale de la ville. Le spectacle est hallucinant pour celui qui, comme moi, le découvre au milieu de *bikers* tatoués dans une ambiance néanmoins bon enfant.

La ville est quadrillée par des policiers, mais ceux-ci sont eux-mêmes des motards qui se contentent de faire la circulation aux carrefours. Ils régulent les parades, composées de *trucks*, de motos customisées ou de « choppers » plus déjantés les uns que les autres. Comme tout bon citoyen américain, les participants se conforment aux règles afin que la conduite soit le plus agréable possible. Commettre le moindre impair revient à devenir un *outlaw*, avec les conséquences drastiques qui en résultent aux États-Unis. À l'initiative de Johnny, nous visitons le *Daytona by Night*. L'Idole tient absolument à me faire découvrir un club de musique country très couleur locale.

Après m'avoir offert, à ma grande surprise, une séance de *lap dance*, il me prend à part. Au beau milieu de cette discothèque, comme lui seul sait le faire, il me demande de rester avec eux jusqu'à Los Angeles au lieu de repartir à la fin de cette semaine. Je ne peux malheureusement pas prolonger mon séjour en raison d'obligations professionnelles. Mes enfants doivent également faire leur rentrée scolaire. J'ai beau lui expliquer, je me heurte à un mur d'incompréhension. Avec le plus grand sérieux, il me réplique qu'il est inenvisageable que je le quitte au bout de quinze jours, ajoutant que c'est même « malhonnête » de ma part d'agir ainsi. Je lui fais remarquer qu'il m'est impossible de changer mon billet d'avion. « Qu'à cela ne tienne, me rétorque-t-il, je te paye un nouveau billet Los Angeles-Paris dans trois semaines ! » Malgré son insistance, je tiens bon. Au bout d'un moment, il passe à autre chose et ne revient plus sur le sujet. Cela semble être une sorte de jeu pour lui…

Le matin du 12 mars, deux semaines après mon arrivée à Miami, nous nous retrouvons dans la salle du petit déjeuner de l'hôtel. Les uns reprennent la route vers l'ouest et moi vers l'aéroport de Daytona.

Avant mon départ, avec l'aide du fidèle Jean Basselin, j'ai déposé ma Harley dans un garage spécialisé pour la rapatrier en France. La récupérer à Paris me prendra deux mois car le modèle que j'ai acheté n'est pas homologué en France. Cela aurait pris beaucoup plus de temps sans l'aide de mon ami Jean.

Mariage à Saint-Tropez

Pour les vacances de Pâques, en avril, nous nous retrouvons en famille à Ramatuelle. Le *Castel Laudon*, beau complexe hôtelier sur la route des plages, dont le patron est un ami, est devenu notre quartier général. Johnny et Adeline rentrent alors de leur voyage aux États-Unis et viennent directement retrouver les parents de celle-ci sur place avec nous. L'ambiance est au beau fixe. J'apprends que des projets de mariage sont en cours. Adeline nous demande d'accepter que nos jeunes enfants fassent partie du cortège qui suivra les mariés lors de la cérémonie. Le 9 juillet, nous sommes ainsi tous conviés à la mairie de Ramatuelle pour assister à la cérémonie au milieu d'une indescriptible cohue.

Après la mairie, le déjeuner, organisé par Régine dans sa villa de Saint-Tropez avec l'élégance qui la caractérise, rassemble une quarantaine de convives. Nous regagnons nos quartiers vers 16 heures afin de nous préparer pour la soirée au château de la Messardière. Ce qui nous permet de récupérer un peu en préparant nos costumes sur le thème de la guerre de Sécession. Nous les avions loués la semaine précédente auprès d'un costumier professionnel du cinéma à Marseille. Très élégamment vêtus dans le style d'Autant en emporte le vent, nous arrivons au domaine au milieu de trois cents invités triés sur le volet. Parmi les convives que je n'avais jamais rencontrés, je remarque la comédienne Chantal Nobel, qui se tient à côté de ma fille Delphine avec une colombe blanche posée sur sa main ; ou le *french lover* Jean-Pierre Aumont, qui réalise une belle carrière à Hollywood depuis cinquante ans.

La soirée fera bien évidemment l'objet de reportages dans la presse. *Paris Match*, qui consacrera sa « une » à l'événement, publiera des photos sur lesquelles on voit mes deux enfants posant, un peu guindés, aux côtés des mariés. La noce, comme tout bon spectacle, avait fait l'objet de répétitions, organisées par l'aguerri Jean-Claude Camus.

Un gag s'était d'ailleurs produit à cette occasion, lorsque la mère du marié, Huguette, confondit de loin ma silhouette avec celle de son fils et m'interpella en m'appelant Johnny. Cela fit évidemment rire la maman, qui se rend compte de son erreur, et toute l'assistance, à l'exception de la mère d'Adeline qui souligna à juste titre : « Mais enfin, il n'y a qu'un seul Johnny ! »

Tout au long du reste de l'été, je n'ai revu Johnny et Adeline qu'une ou deux fois. Je les croisais au guidon de ma Harley, fraîchement rapatriée des États-Unis. Les jeunes mariés avaient autre chose à faire. L'artiste préparait les concerts du *Cadillac Tour*, avec sa grande rentrée à Bercy le 14 septembre.

Il s'agissait du deuxième passage de l'Idole dans cette salle pour une série de spectacles qui s'achevait le 4 octobre.

La veille de cette dernière date, après le spectacle, nous allons dîner comme souvent au *King Club*, chez le bon Albert Minski avec qui Johnny est ami de longue date. Adeline et ses parents sont présents. C'est à cette occasion que Johnny me propose de venir jouer avec lui sur scène le lendemain un morceau de rock'n'roll, comme au bon vieux temps. Dans la plus pure tradition du show-business, quelques plaisanteries sont intégrées lors de la dernière d'un spectacle.

Comme je l'ai déjà relaté, l'Idole me présente alors au public comme « le seul avocat à Paris capable de jouer du rock'n'roll au piano sur scène » avec lui ! Devant quinze mille personnes, il y a pire comme hommage… Les fans de Johnny m'ont souvent reparlé de cette soirée. Après ma prestation, lorsque je redescends de scène et regagne les coulisses, j'ai droit à quelques félicitations, notamment du producteur, Jean-Claude Camus, un peu étonné puisqu'il ne connaissait rien de mon passé artistique. « Maître, vous m'avez surpris ce soir, me dit-il. Bravo ! »

Tenu à distance pendant un an

Après cette période, Johnny et moi ne nous verrons pratiquement plus pendant un an. Il ne vient plus dîner à la maison, pas plus que je ne suis invité chez lui.

Nos rapports se distancieront, sa nouvelle épouse faisant, comme d'autres avant elle, le « ménage » autour de son mari. Ce n'est pas la première ni la dernière…

J'ai toujours vu Johnny placer ses compagnes sur un tel piédestal qu'il semble parfaitement normal que l'élue de son cœur puisse régir sa vie quotidienne comme elle règne sur sa vie amoureuse. Je ne m'en offusque donc pas plus que cela. Cela fut le cas de Sylvie Vartan, d'Adeline ou de Laeticia. L'Idole concédait un tel pouvoir à ses compagnes, qu'elles avaient un véritable droit de regard sur son cercle amical. Johnny, lui, voulait avoir la paix chez lui, alors il savait quelles concessions il devait faire.

Je n'ai jamais entendu l'une de ses femmes ordonner une exclusion, mais je constatais le résultat. Il est souvent dit que leur intention était d'éloigner les proches de l'artiste qui avaient tendance à l'entraîner vers ses travers. Johnny n'avait pourtant besoin de personne pour l'entraîner : s'il avait décidé de boire, il buvait et il ne touchait pas une goutte d'alcool lors des périodes où il se préparait pour ses tournées. Et personne, comme je le constatais souvent au quotidien, n'aurait pu le détourner de sa ligne de conduite drastique et inébranlable qui lui permettait de parvenir à affronter au mieux la reprise de ses concerts dans une forme physique digne d'un champion de haut niveau.

Je continue d'entretenir avec l'artiste des rapports strictement professionnels. Je travaille notamment sur les contrats d'exploitation du parfum *Retiens la Nuit*, qui vient d'être créé, la très belle ligne de vêtements *Western Passion* au nom de Johnny ainsi que sur les accords commerciaux pour développer des parfums et des lignes de vêtements au nom d'*Adeline H.*

Le jour de la présentation de la collection au *Fouquet's*, Johnny se saisit sans rien demander à personne de deux belles vestes en cuir à ma taille et me les donne en cadeau. Gêné, je fais mine de les reposer mais Alan, son ange gardien qui se tient à côté de lui, me fait signe de les prendre pour ne pas vexer le Patron. Ses grandes largesses sont parfois difficiles à gérer sans scrupules...

La distance avec Johnny dure jusqu'au début de l'été 1991, où Adeline organise une fête avec une cinquantaine d'invités, dont je fais partie, pour célébrer la fin des travaux de la Lorada. Le Patron, comme d'habitude pour m'être agréable, me place à l'une des tables rondes à côté d'Eddy Mitchell, qui a l'air heureux de ma présence et que j'ai plaisir à retrouver. Nous passerons une excellente soirée ensemble.

Le dîner est organisé par le chef de la Messardière, qui avait concocté le repas du mariage, le réputé Christophe Leroy. Les quelques touches de nouvelle cuisine ne me plaisent que modérément ainsi qu'à Eddy, mon voisin de table. C'est le début de la mode culinaire consistant à faire déguster des gambas sans autre cuisson qu'un jus de citron. Une méthode à laquelle nous n'étions pas préparés... J'ai le malheur de m'en ouvrir gentiment à Johnny, qui le prend très mal et me fait comprendre que ma réaction est celle d'un rustre mal éduqué. Ce fut l'une des dernières fois où je verrai Adeline.

À la fin du mois d'août, d'après ce que je comprends sans en avoir été témoin, le couple rencontre quelques difficultés. Johnny me dira plus tard, peut-être par vantardise, qu'à l'issue de sa tournée d'été il avait regagné sa maison dans le Sud accompagné de deux superbes jeunes femmes avec lesquelles il avait décidé de passer la nuit tandis que son épouse était, selon lui, absente.

On imagine aisément le froid que suscita une telle situation pour la famille en vacances sur place… Cet épisode n'améliora sûrement pas les relations du couple, qui divorcera quelques mois plus tard.

Chapitre IX

Où l'on évoque la célébrité au quotidien
Courchevel, Nouvel An, 1993

Fin octobre 1991, Johnny m'annonce qu'il sera la semaine suivante en tournage en région parisienne pour une pub télévisée et m'invite à passer le saluer si j'en ai l'occasion. Je me rends dans une ville cossue de la banlieue ouest, où je retrouve l'équipe de tournage. Comme il est d'usage, la production a loué une maison à des particuliers et a tout réaménagé pour les besoins techniques. À mon arrivée, je sens aussitôt que l'ambiance est un peu particulière. Lulu, la fidèle habilleuse, me fait un signe pour me faire comprendre que quelque chose ne va pas.

L'artiste me salue de loin, puis vient à ma rencontre pour me présenter le comédien André Wilms, avec lequel il a joué dans la série *David Lansky*. L'Idole semble porter en haute estime cet acteur de la vieille école qui a beaucoup œuvré au cinéma et au théâtre.

Lorsque je fais remarquer à Johnny qu'il n'a pas l'air en forme, il me répond d'un air catastrophé : « C'est Mort Shuman… » Je savais que le chanteur du « Lac majeur » était décédé la nuit précédente mais j'ignorais que JH puisse être proche de lui car il ne m'avait jamais parlé de leur relation. Pourtant, il semblait terrassé par son décès. Sans dire un mot de plus, il se prend la tête dans les mains comme s'il ne pouvait pas retenir ses larmes. En silence, il me fait comprendre qu'il n'a pas envie d'en parler.

Mort Shuman avait composé une dizaine de morceaux pour Johnny. Il venait d'ailleurs d'enregistrer le dernier titre « Dans un an, dans un jour » pour son prochain album. Le compositeur n'avait pas eu le temps de l'écouter.

Lors des obsèques, Johnny déposera sur la tombe une cassette sur laquelle le titre avait été enregistré.

Au ski avec le Patron

À la rentrée 1992, je retrouve le chanteur qui se produit à nouveau sur la scène de Bercy avec succès. J'ai en face de moi un Johnny qui a déjà visiblement tourné la page sentimentalement des deux années précédentes : il est dorénavant accompagné d'une jeune présentatrice de télévision, la charmante Veronika. À l'approche des vacances de Noël, il décide de partir skier à Courchevel avec sa nouvelle compagne et sa fille Laura.

Avant de partir, il me propose de le rejoindre quelques jours si le cœur m'en dit. Accompagné de mes deux enfants, ravis de partir à la montagne, nous prenons nos quartiers à l'hôtel *Le Chabichou*, où nous retrouvons d'autres proches de l'artiste que je connais.

Bien décidé à faire du ski un peu sérieusement, je me lève tôt le matin avec mes enfants pour les déposer auprès des moniteurs et je pars descendre les pistes avec notre ami Thierry Khayat, créateur de la marque Blanc Bleu, qui est venu avec son épouse.

Nous retrouvons généralement Johnny en fin de matinée pour effectuer une ou deux descentes avec lui. Vers 13 heures, nous déjeunons à la terrasse d'un restaurant d'altitude. Comme le repas s'éternise toujours un peu trop à mon goût, je pars le plus souvent pour profiter des pistes au maximum, à l'heure où la neige est la meilleure, avec ma fille de 8 ans et Laura, qui n'a pas encore 10 ans. Celle-ci, très heureuse de passer des vacances avec son père, sollicite évidemment son autorisation pour partir avec nous tandis qu'il poursuit sa conversation avec quelques amis, dont le chanteur Philippe Lavil, à se raconter des histoires de show-business... Son père accepte bien volontiers que j'emmène sa charmante fille avec nous pour lui donner quelques modestes conseils sur les skis.

Johnny, quant à lui, se débrouille très bien sur ses spatules, malgré les problèmes qu'il a rencontrés avec son opération de la hanche. Lorsqu'il vient avec nous, il peut me suivre à peu près partout sur les pistes.

Un jour, avant de quitter les pistes pour rentrer déjeuner à l'hôtel, Johnny me demande de m'arrêter. Alors que nous surplombons l'arrivée, située deux cents mètres plus bas, il plante ses bâtons dans la neige et sort un peigne de sa poche. Devant mon air surpris, il me lance : « Toi, tu n'as pas ce problème, mais moi, je dois soigner mon look parce qu'il y a tous les cons qui m'attendent en bas... » Je suis interloqué. Il le dit sans aucune méchanceté. Il fait une simple constatation, à laquelle il doit se plier depuis le début de sa carrière. Ce n'est pas le fan qu'il craint de voir arriver à sa rencontre à ce moment-là, mais l'importun qui risque de lui gâcher le plaisir simple de rentrer tranquillement à ski à la station comme tout le monde. Il le sait et l'accepte parfaitement.

C'est sans doute la première fois que je constate qu'il exerce son métier même dans la vie quotidienne, et qu'il entend le faire le mieux possible. Il veille donc à son apparence lorsqu'il redevient « Johnny Hallyday ».

En y réfléchissant, je l'avais déjà constaté lorsque, le soir du mariage à la Messardière, alors que nous étions au balcon de sa chambre qui surplombait l'assemblée de trois cents invités dans le patio, il avait dit : « Regardez-moi tous ces imbéciles en bas, ils sont tous là ! » Il était d'ailleurs resté sur ce balcon pendant une heure sans qu'aucun de ses intimes ne puisse expliquer son attitude... Il ironisait souvent sur la comédie sociale que lui imposait son statut de célébrité. Ce qui l'amenait parfois à dire sur un ton péremptoire : « Moi, je m'appelle Johnny Hallyday ! » soulignant ainsi le cruel abîme qui existait entre lui et les autres...

L'un de ses gardes du corps à cette époque, William, me raconta que, lors d'un concert dans le Sud, un fan avait demandé de remettre à l'artiste un très bel objet en terre cuite qu'il avait lui-même confectionné à son intention. La sculpture représentait un ange dont les ailes pointaient vers le bas. Ce garçon sympathique semblait être guidé par une fervente dévotion religieuse. Johnny apprécie le cadeau et demande que l'on aille chercher le fan pour le remercier personnellement. Quelqu'un le prévient alors que celui-ci risquait de lui parler de Dieu. La star se ravise aussitôt et annule son invitation, lançant mi-figue, mi-raisin à son garde du corps : « Pas question, Dieu c'est moi ! »

Les fans

Johnny aime les gens en général et ses fans en particulier. Cela fait partie intégrante de son métier et il se donne à 100 % à son public sur scène, à la sortie des concerts, dans les émissions télévisées. En revanche, il ne supporte pas que des fans viennent perturber sa vie quotidienne. Il voue une profonde affection à ses admirateurs à l'exception de ceux qui se montrent trop envahissants dans des moments privés. Combien de fois l'ai-je vu rentrer Villa Molitor sans jeter un regard à la foule d'admirateurs qui l'attendaient en permanence devant le portail ? Certains patientaient des heures dans le froid ou sous la pluie, d'autres couvraient le mur de graffitis et de mots d'amour. Combien de fois l'ai-je vu s'énerver après des gens qui le suivaient d'un peu trop près dans ses activités personnelles ? Certains allaient même jusqu'à le suivre en voiture dans Paris. L'artiste ne les ignorait pas par méchanceté, c'était pour lui un mécanisme de protection. À certains moments, il faisait passer sa propre personne avant les autres.

D'autant que les situations pouvaient être dangereuses, surtout lorsqu'il devait échapper aux véhicules qui le poursuivaient que ce soit avec les fans ou avec les paparazzis qui traquent les stars. Après l'accident qui avait coûté la vie à la princesse Diana en août 1997, Johnny me demanda de rédiger en son nom un billet pour la presse qui dénonçait le harcèlement dont les célébrités faisaient l'objet au quotidien. Ce qui se transformera trois jours après le décès de la princesse en un article signé Johnny Hallyday : « Le droit d'aller et venir en paix », publié dans *Le Monde* du 4 septembre 1997.

Un jour, j'apprends par le commissariat qu'un incident est intervenu sur la voie publique. Johnny serait descendu de sa voiture, dans laquelle se trouve toujours une batte de base-ball, pour fracasser le pare-brise d'une voiture de fans qui le suivait de trop près. Il est dans ces cas-là tellement excédé qu'il devient violent. Qui ne le serait pas ?

Ce n'est un secret pour personne : il suffit de relire les coupures de presse pour constater que l'artiste a été mêlé à de multiples altercations lorsqu'il était plus jeune.

Cela survenait au cours de galas ou dans sa vie personnelle avec Sylvie Vartan. Il en est d'ailleurs assez fier. Dans les années 1990, il me raconta, amusé, qu'il avait réussi à sauver son propre garde du corps d'un mauvais pas dans une bagarre de rue. « C'est que je ne suis pas trop pourri », concluait-il avec un sourire satisfait.

Des bagarres

Une autre fois, je suis contraint d'intervenir pour calmer l'une de nos relations communes avec qui il était sorti la veille au soir au *Niel's*, une discothèque à la mode de l'avenue de la Grande-Armée. Cette personne, manager d'un célèbre groupe de rock français, s'était sans doute fait un peu trop pressante auprès de l'Idole, qui l'avait envoyé valser en le menaçant de lui mettre son poing dans la figure. Le garde du corps, Jo, avait dû intervenir pour apaiser les esprits. Inutile de préciser que l'ex-« ami » ne le reverra plus jamais. Bien qu'il fût un grand admirateur de l'artiste, il mit au feu tous les badges et les blousons à l'effigie de JH qu'il possédait. Si Johnny est d'une nature plutôt calme et placide, il lui arrive de se mettre dans des colères noires et son comportement change du tout au tout. Surtout s'il est un peu fatigué… Beaucoup en font les frais, y compris dans son entourage professionnel. J'ai eu droit à un certain nombre de récriminations à l'encontre de mon client au fil du temps à cet égard. L'un des gardiens de sa maison s'est pris quelques coups de poing dans l'estomac avant d'être licencié pour avoir « subtilisé » des bonnes bouteilles de vin dans sa cave. Dans les années 1970, ses musiciens me racontaient qu'ils faisaient tout pour l'éviter les jours de relâche en dehors de la scène car le Patron multipliait les provocations et déclenchait des bagarres dans les cafés ou les fêtes foraines qu'il aimait fréquenter.

Compte tenu de son état d'ivresse avancé, selon le mot exquis de son complice Belmondo, qui n'est pas le dernier non plus, il rate d'ailleurs souvent sa cible et prend parfois des gnons. Il est souvent sauvé par ses proches, surtout Sacha, son garde du corps, qui l'extirpe de bien des situations préjudiciables où Johnny s'est fourré lui-même. Des membres de l'orchestre ou des choristes, irrités par son comportement, me rapportent de nombreuses anecdotes en ce sens.

Un jour de 1987 Alan, le fidèle secrétaire et ancien garde du corps avec qui j'entretiens les meilleures relations, me contacte en ma qualité d'avocat pour me demander très officiellement de transmettre un message à Johnny car celui-ci refuse de le prendre au téléphone depuis qu'il a appris qu'il allait publier un livre sur lui. Alan ne comprend pas ce manque de confiance et pense que le Grand doit supposer qu'il va livrer des secrets inavouables. « C'est bien mal me connaître, me dit Alan. Je ne conçois même pas que Johnny puisse me soupçonner de la sorte. S'il continue à être aux abonnés absents, la prochaine fois qu'on se croise on va se taper dessus. » Le message devait être pris au sérieux : Alan, que j'aimais beaucoup n'était pas toujours un modèle de tendresse lorsqu'il le fallait.

L'exclusion des collaborateurs

C'était loin d'être la première fois que Johnny se murait dans le silence avec un proche. Dès qu'il devait aborder des sujets qui fâchent ou se séparer professionnellement de quelqu'un, il disparaissait. L'Idole ne réglait pas ce type de situation lui-même Il chargeait toujours quelqu'un de faire passer ses messages. Lorsque j'ai abordé ce sujet avec lui, il reconnaissait cette forme de lâcheté mais ne parvenait pas à l'expliquer. Il trouve toujours une bonne excuse pour se défiler. Comme en 1984, en pleines représentations au Zénith, lorsque je lui fais remarquer que Pierre Billon, son producteur, vivait très mal d'avoir appris son renvoi par une lettre que lui avait remise un agent de sécurité à sa descente d'avion à Orly alors qu'il se rendait au concert. Johnny me rétorque abruptement : « Mais moi aussi j'étais très mal ! »

Le bannissement des proches est une pratique courante dans l'entourage d'une grande vedette. Nul n'est intouchable, pas même un choriste qui a travaillé vingt-cinq ans avec l'artiste avant d'être excommunié du jour au lendemain. Quand une mise à l'écart est prononcée, tout le monde en est vite informé. La cause reste le plus souvent mystérieuse mais l'Idole indique parfois les raisons de son courroux. Un jour, Johnny m'a ainsi laissé un message sur mon répondeur au sujet d'un de ses très proches collaborateurs : « Bonjour Jacques, c'est Johnny. Je n'ai pas de chance, tu n'es pas là. C'est pour te dire de ne plus communiquer aucun message me concernant à [X] qui ne travaille plus pour moi depuis aujourd'hui. Je t'expliquerai pourquoi. Il y a eu des choses très malhonnêtes faites derrière mon dos, assez graves. Donc, s'il te demande des chèques, de l'argent, des choses, ne lui envoie plus rien ! Dorénavant, il faut contacter [Y] qui s'occupera de mes comptes. Je t'envoie un fax à ton bureau pour te donner ses coordonnées et je te rappellerai demain. Bonne soirée, au revoir. »

L'artiste fera de même avec moi vingt ans plus tard, sans m'en avertir malgré notre grande proximité.

Je recevrai en effet, en mars 2007, une lettre totalement inhabituelle mais très formelle me signifiant la fin de notre collaboration professionnelle pour des raisons assez vagues après vingt-cinq ans de bons et loyaux services. Trois mois auparavant, il m'avait pourtant envoyé un message personnel dans lequel il m'adressait ses félicitations pour mon travail d'une manière des plus amicales. La décision ne venait donc pas de lui, mais d'un entourage que je gênais. Un nouvel avocat était récemment arrivé dans l'équipe et le courant passait difficilement entre lui et moi. Il mènera Johnny dans de drôles d'aventures...

D'aucuns prétendront que cette prise de distance découlait de la volonté de sa charmante épouse, Laeticia, avec laquelle je m'entendais parfaitement. Nous avions seulement quelques divergences lorsqu'elle communiquait dans la presse au sujet de problèmes personnels touchant à la vie privée, identiques à ceux pour lesquels j'attaquais par ailleurs des magazines en justice sur instruction de son mari. Elle avait sans doute raison et sentait très certainement venir l'ère des réseaux sociaux qu'elle maîtriserait avec brio quelques années plus tard.

Concert improvisé à la salle des fêtes

Revenons à Courchevel. Le soir, nous retrouvons de nombreuses célébrités, ce qui est normal dans une station aussi huppée. Paul-Loup Sulitzer se joignait souvent à nous. Au cours d'une conversation à bâtons rompus autour d'une raclette, j'apprends qu'il avait été moniteur de ski dans sa jeunesse.

Les soirées sont souvent très animées, avec l'obligation tacite de dîner dehors et de finir la soirée à la discothèque locale. Craignant des dérapages qui me seraient forcément défavorables, j'accompagne rarement Johnny pour cette dernière étape.

La seule fois où je l'ai suivi, ce fut pour l'empêcher de s'en prendre à un groupe de touristes italiens qui avait eu le malheur de se trouver sur son chemin lorsqu'il déboula dans l'établissement. Ses velléités d'en découdre ne faisaient aucun doute puisque je l'entendis proférer à l'adresse du groupe : « *Ma vaffanculo, stronzo !* »

Peu avant, en sortant du restaurant, nous sommes passés devant la salle des fêtes du village aménagée en dancing, avec quelques tables en formica disposées devant une scène en bois. Le son d'un orchestre, dont on entend les accords depuis l'extérieur, attire nos oreilles. Nous nous engouffrons dans la salle qui ressemble davantage à un lieu de patronage qu'à une boîte de nuit, avec de superbes néons blafards au plafond. Johnny ne prend même pas le temps de s'asseoir : alors que nous cherchions une table, il saute sur la petite scène et demande aux musiciens, qui n'en croient pas leurs yeux, s'ils peuvent l'accompagner. L'artiste entonne alors un set de pur rock'n'roll : « Whole Lotta Shaking Going on », son morceau favori, suivi d'un puissant « Bamalama Bama loo » à la Little Richard. Il s'époumone avec la même intensité que s'il était à Bercy. Je résiste à l'envie de le rejoindre sur scène pour me mettre aux claviers, craignant que l'avocat ne soit plus pris au sérieux s'il cède trop souvent le pas au pianiste. Cela dit, lorsqu'il était président des États-Unis, Bill Clinton, saxophoniste émérite, ne s'est pas privé de jouer avec les Rolling Stones lors de l'un de leurs passages à New York, sans que son image n'en soit écornée. Mais je ne suis pas Bill Clinton.

Chanter en public est l'une des choses qui compte le plus aux yeux de Johnny. Peu importe le lieu, le moment, les circonstances ou le nombre de spectateurs.

Son cœur ne bat que pour cela, il ne vit que pour cela depuis 1960. Chanter est le but unique de sa vie. Chanter devant des spectateurs est aussi une revanche sur l'existence. Il ne l'oublie jamais.

Il n'en est évidemment pas à son coup d'essai dans ce genre de prestations improvisées. Je l'avais vu faire la même chose avec un orchestre à l'anniversaire qu'il avait organisé en février 1990 pour sa future épouse, au *Backstreet* chez notre ami Alain Donat. Une soirée très réussie, au cours de laquelle j'avais été estomaqué de me retrouver en face de Clint Eastwood parmi les invités, celui-ci attendait Johnny à l'entrée, portant avec une grande élégance une chemise blanche et une cravate. Johnny avait fait sa connaissance l'été précédent à Saint-Tropez. Clint avait été subjugué par son Top Gun Cigarette. Ce qui avait valu à l'artiste, paraît-il, d'être surnommé par le cow-boy légendaire « l'homme au bateau jaune ». Lors de cette soirée, Johnny avait donc improvisé un bœuf avec l'orchestre pour la plus grande joie des invités.

C'est devenu une sorte d'habitude : dès que l'occasion se présentait, il montait sur scène et chantait avec des musiciens, peu importe qu'ils soient connus ou non, pour échapper à l'ennui qui le gagnait très vite.

Après la « soirée orchestre » de Courchevel, nous déjeunons le lendemain avec Philippe Lavil. Celui-ci n'est jamais à court d'anecdotes qui font beaucoup rire Johnny. Je les écoute tous les deux médire gentiment de tous les gens du show-business, apprenant au passage des histoires que je ne connaissais pas.

Nous passons le dîner de réveillon du 31 décembre au restaurant gastronomique du chef Michel Rochedy, situé au rez-de-chaussée de l'hôtel. Nous sommes une dizaine à table dans un climat très convivial et familial avec nos enfants respectifs. L'un des soirs suivants, Johnny me fait l'une de ses blagues dont il a le secret. Alors que nous étions attablés dans un restaurant de la station, il me lance : « Viens vite avec moi, il faut que je sorte : je ne me sens pas bien, je ne peux plus respirer ! » Une fois dehors, par moins dix degrés, il presse ses mains contre sa poitrine en me répétant qu'il est sur le point d'étouffer ! Même s'il joue parfaitement la comédie pour m'inquiéter au plus haut point, il ajoute qu'il a l'habitude de ce genre de malaise et que cela va passer. Je me sens rassuré lorsque nous rentrons dans le restaurant pour mieux nous intoxiquer au milieu des volutes de fumée. À l'époque, tout le monde allumait sans vergogne sa cigarette à table sans que nul n'y trouve à redire.

Chien perdu

À la fin du séjour, alors que je m'apprêtais à rentrer tandis que Johnny demeurait quelques jours sur place, il me demande si je veux venir habiter chez lui Villa Molitor à son retour car il craint de se sentir un peu seul. Il sait que mon couple traverse des turbulences passagères, une situation qu'il « connaît bien », me dit-il avec un sourire complice. Il ajoute que je pourrais ainsi travailler en direct avec lui, joignant l'utile à l'agréable. Un argument qui faillit me convaincre. D'autant que l'artiste disposait dans son salon du dernier modèle de télécopieur, qui me permettrait d'exercer mon métier sans difficulté, argument imparable selon lui. Je lui réponds cependant que je lui donnerai ma réponse dans quelques jours.

Je sais pertinemment que m'approcher trop près du phénix pourrait me causer des ennuis. Je risquerais en plus de mettre en péril l'existence même de ma cellule familiale car s'installer chez mon ami Johnny signifiait délaisser pour un temps mon épouse et mes enfants. J'ai donc préféré décliner sa proposition.

Un peu plus tard, une fois les choses rentrées dans l'ordre, Johnny et sa compagne Veronika, que j'avais appréciée à Courchevel, vinrent dîner chez nous avec quelques proches. À l'issue de cette excellente soirée, vers 1 heure du matin, je les raccompagne à leur voiture. Johnny est venu accompagné de son chien d'attaque, un malinois baptisé Flash qui lui obéit au doigt et à l'œil. Au cours de la soirée, il nous avait fait une démonstration qui nous avait permis de comprendre à quel point ce bel animal pouvait être une arme redoutable quand il avait été dressé. Une demi-heure après son départ, je reçois un appel sur ma ligne fixe. Alors que le répondeur se déclenche, j'entends Johnny, avec sa voix des mauvais jours, me demandant si j'ai récupéré son chien car il pense qu'il l'a peut-être oublié sur le trottoir en claquant la portière de sa Range Rover devant chez moi. Vent de panique : je sors immédiatement dans la rue et écume le quartier sans retrouver le pauvre animal. C'est alors qu'un de ses amis, le talentueux Jean Roch qui séjourne chez lui lors de son passage à Paris, sonne à notre porte pour m'aider à poursuivre les recherches. Entre-temps, nous apprenons que Johnny est furieux contre ceux qui étaient présents lors de son départ et ne l'ont pas prévenu de son oubli. J'en fais évidemment partie. Il est tellement hors de lui qu'il fait passer sa rage en brisant des objets dans son salon. Une fois la police prévenue de la perte du précieux animal, nous n'avons d'autre choix que d'attendre le lendemain matin.

J'avoue que j'ai du mal à composer le numéro de téléphone de l'Idole pour venir aux nouvelles. Veronika décroche et me rassure aussitôt : le chien a été retrouvé lors d'une ronde de police. Après avoir erré toute la nuit, il s'était caché sous une voiture. Il s'en sort avec une légère blessure à la patte.

Peu de temps après, Johnny me convainc d'acheter le même type de chien pour défendre ma maison. J'acquiers donc auprès de Philippe, son maître-chien, un superbe malinois, le frère de Flash en quelque sorte. Celui-ci fut baptisé Flag et se montrera bien plus puissant et agressif !

Chapitre X

Bahamas, Nassau-Miami, 1998
Le Stade de France
Bali, Nouvel An, 1999
Les 60 ans au Parc des Princes, 2003

J'arrive à l'aéroport de Nassau, capitale des Bahamas, un lundi de mars 1998. Comme Johnny me l'a répété lors des semaines précédentes, c'est le seul jour de la semaine où il est possible d'avoir un vol direct de Paris.

Un chaleureux comité d'accueil m'attend : le capitaine, Jonathan Toomey, est venu me chercher en voiture sur instruction du Patron, accompagné de Daniel dos Reis, le coach sportif dont je fais la connaissance. La route n'est pas très longue pour arriver au port où est ancré le yacht avec lequel Laeticia et Johnny ont effectué leur long périple à travers les Antilles l'année précédente. Depuis leur départ, de nombreuses personnes de leur entourage sont venues de Paris leur rendre de brèves visites. Cela n'a pas été mon cas : j'étais bien trop occupé à plaider pour eux lors de multiples procès contre la presse people.

Je suis resté en contact avec mon client à travers les fax qu'il m'adressait, seul moyen de communication en bateau à l'époque. Les SMS et les e-mails n'existaient pas encore ! Quant au téléphone satellite, selon lui cela coûtait une fortune. Si c'est lui qui le dit…

Je n'avais pas vu Johnny depuis un an et demi. Comme d'habitude, sa chaleureuse hospitalité me met tout de suite à l'aise. Nous restons quelques jours à quai, le gros temps ne nous permettant pas d'appareiller pour Miami. Nous en profitons pour effectuer quelques séances au Gold's Gym local.

De curieux coupe-faim

La veille du départ pour Miami, Johnny tient absolument à aller faire un copieux dîner pour casser le régime diététique drastique auquel il s'astreint. Il choisit d'aller chez *Tony Roma's*, une chaîne bien connue aux États-Unis qui propose selon lui les meilleurs *spare-ribs* du monde. Nous voilà partis avec la petite équipe dans la voiture de location, véhicule banal, sans rien d'ostentatoire, que l'artiste conduit toujours lui-même. Le repas est plantureux mais sous contrôle de son coach. Celui-ci lui a accordé son autorisation exceptionnelle pour se lâcher complètement. Johnny ne se prive pas, il en profite même pour prendre des boules de glace arrosées de vodka en dessert. Le principe du coach est que l'on peut s'octroyer une récompense après sept jours de régime drastique. Cela permet de limiter la frustration avant de repartir dès le lendemain pour une intense ascèse. Cette méthode réussira toujours à Johnny.

Il est capable de perdre plusieurs kilos en quelques semaines lorsqu'il se prépare pour une tournée. Cela lui permet d'effacer les conséquences négatives d'éventuels excès sur sa silhouette, dont il prend le plus grand soin. Il me donne un jour une recette imparable, selon lui, lorsqu'il exagère un peu sur l'alcool ou après un repas trop riche. Le lendemain, il boit uniquement du bouillon de poireaux dilué avec des feuilles de tisane. Il prétend qu'avec cette technique il perd deux à trois kilos en vingt-quatre heures.

Peu de temps auparavant, il m'avait confié qu'il pouvait aussi utiliser des « coupe-faim ». Visibles en bonne place dans son immense pharmacie, ceux-ci étaient en grande partie composés d'amphétamines réduisant la faim en boostant sérieusement l'organisme. Ce qui vaudra à ce médicament prescrit sur ordonnance d'être interdit en France au début des années 2000...

À l'époque, Johnny ne jurait que par ce produit. « J'en prends deux avant de commencer un concert et je suis en pleine forme pendant deux heures sur scène. » Il me suggère alors avec un sourire d'essayer moi aussi, alors que je n'en ai jamais pris, et m'en donne quelques gélules.

L'effet est saisissant : au-delà de ne plus avoir faim on se retrouve à avoir « l'envie d'avoir envie » de réaliser des choses qu'on ne pourrait faire dans un état normal... Après l'avoir testé quelque temps, j'en ai conclu qu'il s'agissait d'une drogue addictive, très probablement avec des conséquences dangereuses sur l'organisme. Je comprends mieux pourquoi Johnny, bien que dans une forme éblouissante à la salle de sport, était de plus capable d'effectuer une centaine de pompes sur scène à la fin d'un show, comme je le voyais faire.

JH effectuait aussi deux fois par an des séjours de remise en forme à Quiberon.

Des vacances en bateau

À Nassau, la météo était redevenue clémente. L'ordre d'appareiller du capitaine pour le départ est enfin donné à la nuit tombante. Johnny, visiblement ému, vient me chercher dans ma cabine pour me faire monter avec lui tout en haut du pont, à la proue du bateau. À la sortie du port, j'admire avec lui le paysage féerique des illuminations. Le yacht fend les flots, l'écume blanche s'écarte devant l'immense maison flottante qui glisse en silence dans la nuit. Lors d'un échange de regards, je lis l'émotion et la fierté de Johnny dans ses yeux. La traversée doit nous amener à bon port à Miami le lendemain matin.

Peu avant 23 heures, le premier maître vient au salon nous prévenir que malgré les prévisions justifiées du capitaine, un grain assez fort se prépare. Les deux hommes de pont commencent à encorder tout ce qui peut constituer une « menace », notamment tous les meubles qui peuvent glisser. Je saurai à l'avenir que ce type d'attitude de la part de marins expérimentés laisse augurer du pire.

En très peu de temps, le bâtiment de quarante-trois mètres de long et trente-neuf mètres de haut n'est plus qu'une coquille de noix au milieu des flots. Les flancs se couchent presque à l'horizontale dans des creux vertigineux ! À travers les baies vitrées au niveau du pont, je vois des murs d'écume de plusieurs mètres. Je n'imagine pas un seul instant redescendre dans ma cabine.

La « résistance » s'organise néanmoins. Johnny, qui en a vu d'autres, fait servir par Jacqueline et Fiona, les deux stewardess, d'excellents sandwichs préparés par le chef cuisinier. Le tout accompagné de ses sauces américaines préférées et de quelques bouteilles de vin blanc dont nous avons bien besoin pour reprendre courage. Hormis les sept membres d'équipage, nous sommes seulement trois passagers à bord. Dan, le Patron et moi. Faute de sièges, nous dînons donc assis sur la moquette moelleuse du salon.

Une fois arrivés à Miami, l'emploi du temps est chaque jour assez identique. Nous ne sortirons le soir qu'une seule fois en dix jours, avec comme chaperon Norbert Alleman, qui arrivait de Las Vegas, où il avait notamment aidé à organiser le fameux concert de 1996.

Nous nous levons assez tôt le matin. Johnny est souvent debout dès 9 h 30. Malgré le décalage horaire avec la France, il est déjà au téléphone avec ses correspondants habituels : Laeticia en premier lieu et Jean-Claude Camus pour la préparation du concert au Stade de France. Ce qui explique le régime drastique auquel il s'astreint, et que doivent donc suivre les autres passagers du bateau. Vers midi, Johnny prend le volant de la voiture du bateau et nous emmène avec Daniel au club de sport sur Washington Ave, l'avenue principale de Miami. L'automobile est garée en bas du bateau, à côté de la Harley-Davidson que Daniel prend soin de parquer le soir, en la poussant sans moteur pour éviter les plaintes des autres plaisanciers dont la quiétude a, semble-t-il, été troublée précédemment dans cet espace privé et protégé qui constitue leur cadre de vie quotidien.

Pendant une heure à la salle, nous nous livrons aux exercices habituels, avant de rentrer aussitôt au bateau. Sans oublier de prendre, sous les conseils de Dan, un demi-Coca pour éviter l'hypoglycémie après l'effort.

Une seule fois, nous avons dérogé à notre itinéraire pour aller prendre un jus d'orange au *New's Café*, un lieu branché de Miami Beach sur Ocean Drive. Yannick Noah, qui passait par là, vint à notre table pour saluer Johnny. À ce moment-là, sans nous en rendre compte, nous sommes shootés par des paparazzis avec leurs téléobjectifs hyperpuissants qui les rendent invisibles à nos yeux à plus de cinq cents mètres. Dès le lundi suivant, les photos sont publiées à la « une » de la presse people sous le titre : « Johnny s'entretient avec ses avocats à Miami »...

Une fois rentré à Paris, j'attaquerai le magazine en justice. J'obtiendrai une condamnation exemplaire pour réparer le préjudice, non seulement de la violation du droit à l'image et de la vie privée, mais également de la mise en évidence de la « traque » que l'Idole subit continuellement.

Comme je figure à côté de Johnny sur le cliché, le juge prendra en considération le fait que l'artiste ne peut même pas s'entretenir en toute discrétion avec son avocat et augmentera la réparation du préjudice !

À notre retour sur le quai du port de Miami, le plus souvent je passe mes coups de téléphone depuis la cabine publique située en face de l'endroit où le yacht est amarré. Nous déjeunons ensuite sur le bateau. Le repas, à base de poisson sans sauce ni alcool, est servi par les stewardess. Après déjeuner, le programme inclut obligatoirement la diffusion d'un film sur le grand rétroprojecteur du salon, puis éventuellement une courte sieste. Chacun part ensuite de son côté effectuer quelques emplettes en ville.

J'en profite pour acheter des disques et des DVD qui ne sont pas encore sortis en France. Des achats qui deviendront obsolètes quelques années plus tard avec l'ère numérique.

Le soir, nous sortons dîner, avec une prédilection pour le restaurant de fruits de mer préféré de Johnny, juste à cinq minutes du port, le célèbre *Joe's Stone Crab*. Celui-ci est situé à quelques centaines de mètres du yacht mais l'artiste rechigne toujours à marcher à pied, quelle que soit la distance. Nous nous esclaffons sous ses multiples récriminations que nous subissons durant le trajet. Nous rentrons au bateau avant 22 heures pour visionner un ou deux films. Je m'endors souvent devant l'écran du fait du décalage horaire.

Un invité nommé Doc Gynéco

Deux nouveaux convives nous rejoignent en provenance de Paris : Bruno, *alias* « Doc Gynéco », et l'un de ses amis. Nous les voyons peu car ils sortent tard tous les soirs. À mon grand étonnement, ils ont un franc succès auprès des petites Françaises de Miami, qu'ils ramènent au petit matin dans leur cabine.

Johnny m'a expliqué qu'il avait invité Doc Gynéco dans l'optique de l'éloigner de l'ambiance parisienne où il côtoie depuis peu sa fille, Laura, que je vois parfois de loin à la maison. En effet, sa mère, me dit-il, ne voit pas d'un très bon œil la fréquentation amicale entre Laura et le rappeur à la mauvaise réputation… Ce qui pouvait se comprendre pour préserver sa fille, bien que Bruno se révélât être un charmant garçon.

Nous sommes finalement sortis une seule fois en discothèque pour faire le plein de décibels. Nous avons été servis : le niveau sonore était insupportable. Il y avait tant de monde dans la boîte de nuit que nous ne parvenions même plus à sortir. Pris dans la foule, mais protégés par les bras puissants de Daniel, nous avons fini par réussir mais Norbert a perdu son téléphone dans la mêlée.

Sur le trottoir, je propose gentiment à Johnny de prendre ses clés de voiture pour que je conduise. Celui-ci le prend extrêmement mal, répliquant qu'il en est hors de question sur un ton qui ne souffre aucune contradiction. Si j'avais proposé de nous ramener, c'était parce que nous avions débuté la soirée par un dîner au *Sushi Rock Café*, l'endroit où Johnny et Laeticia s'étaient rencontrés pour la première fois, abondamment arrosé de petites bouteilles de saké et que je n'en avais pas bu une goutte car j'apprécie peu cet alcool. Mais dans ces moments-là, il était inutile de faire entendre raison au Grand sans se fâcher. À contrecœur, je lui laissai le volant en priant le ciel que nous ne croisions pas de voiture de police, si sévère en matière de conduite « sous influence » comme ils disent aux États-Unis.

Une fois rentrés au port, Johnny voulait poursuivre la fête. Il demanda à l'une de ses connaissances locales de lui ramener un petit sachet de poudre blanche, selon son expression, ce qui me poussa à prendre congé. N'ayant jamais été attiré par une telle substance, j'ai préféré rejoindre ma luxueuse cabine.

Pour Johnny, il s'agissait cependant d'un usage exceptionnel comme je le savais. Les seules drogues sur le bateau étaient constituées occasionnellement de rhum de qualité et de cigares cubains, que nous fumions avec un plaisir d'aficionado.

Parfois, Johnny aime faire des courses tout à fait banales. Il m'en fera la démonstration un matin à Miami Beach, en me faisant connaître un supermarché de luxe, *Épicure*, l'équivalent de *Fauchon*, juste pour me prouver qu'il était capable de pousser un caddie comme n'importe qui.

Il m'y emmène un matin. Tout en conduisant, il m'explique ce que chaque avenue de Miami signifie pour lui, notamment celles où il avait loué une maison par le passé avec Laeticia ou projeté d'en acheter une.

Une fois arrivés à la caisse du magasin, je refuse qu'il paye quoi que ce soit. Je n'ai pas oublié l'époque où, privé de carte bancaire, il était dans l'impossibilité de régler ses emplettes. Je m'en souviens trop bien. Cette période semble loin aujourd'hui.

Johnny aime faire les magasins aux États-Unis car cela lui est impossible en France tant il est poursuivi par des fans.

Mais même dans des activités aussi ordinaires, la star transparaît toujours en lui. Il dégage une telle aura que même la caissière américaine lui demande s'il n'est pas un acteur d'Hollywood. La brave femme n'a jamais entendu parler de Johnny Hallyday mais elle est persuadée de le connaître !

Sur le chemin du retour, il fume une bonne dizaine de Gitanes, qui empestent l'habitacle et m'incommodent sérieusement.

En coupant le contact, devant la proue de son yacht haut comme un petit immeuble, il me décoche un clin d'œil comme pour me signifier : « Tu as vu ? On s'est bien marrés, je l'ai fait ! »

À notre arrivée sur le bateau, Johnny est heureux de démontrer à l'équipage, qui l'attend discrètement, et Daniel, son ange gardien qui veille toujours au grain, qu'il n'a nullement besoin d'eux pour faire ses courses à l'extérieur.

Procédures contre la presse

Johnny aime aussi me faire découvrir des endroits un peu particuliers hors de la ville, comme un restaurant de fruits de mer typique, excentré au bord d'une sorte de fleuve, où il m'emmène un jour sur sa Harley, toujours stationnée à côté du yacht, pour aller déjeuner avec son beau-père, André Boudou. Celui-ci habite depuis fort longtemps sur place avec son épouse et a connu une grande réussite professionnelle dans le domaine de la nuit à Miami, avec la création de l'iconique *Amnésia* sur South Beach.

Au retour, le père de Laeticia souhaite que je monte avec lui dans sa belle Mercedes blanche. Durant le trajet, il me félicite chaleureusement des résultats que j'obtiens depuis deux ans au tribunal en faisant sanctionner les atteintes à la vie privée que subissent Johnny et sa fille. C'est avant tout l'homme d'affaires qui me congratule : il sait ce que représente la somme totale de l'ordre de 500 000 euros que j'ai obtenue à titre de dommages et intérêts par les procès que j'ai gagnés depuis 1996.

De telles rentrées financières permettent à Johnny, qui a pris une année sabbatique pour naviguer, de faire face aux importantes dépenses du quotidien, notamment le remplissage du fioul de son bateau qui consomme, bien sûr, une quantité de carburant astronomique. C'est pour ces raisons que Johnny et André sont particulièrement reconnaissants à mon endroit.

Il est vrai qu'auparavant, malgré la qualité de mes confrères qui travaillaient pour l'artiste, les tribunaux saisis des atteintes perpétrées contre Johnny par les magazines people et les journaux refusaient systématiquement de reconnaître un quelconque préjudice en sa faveur et condamnaient même le chanteur à payer à l'adversaire une indemnité pour procédure abusive, compte tenu de sa supposée « complaisance passée » ! Selon ces juges, Johnny ne méritait pas que l'on sanctionne les atteintes à sa vie privée et son droit à l'image. Il fallait donc que je trouve un angle d'attaque différent en plaidant pour inverser la tendance, comme je l'ai indiqué plus haut. Ce que je fis, lentement mais sûrement, à partir de 1996. Après une dizaine d'années de pratique, j'obtiendrai une centaine de jugements de condamnations en faveur de Johnny Hallyday contre les plus grands groupes de presse.

Tout en me félicitant, les avocats adverses s'inquiétaient des conséquences économiques de ces condamnations pour leurs clients. Selon eux, la lourdeur des montants risquait de voir leur bilan économique sérieusement affecté. Chaque jour de sortie de ces magazines people, j'engageais deux ou trois procès simultanément sur instruction de mon client. Par la suite, j'aurai carte blanche de sa part. Johnny ainsi me laissera toute liberté pour déterminer les articles qui devaient faire l'objet de poursuites. Je mènerai donc seul les procédures contre la presse jusqu'en 2007.

Au début de leur périple en mer au printemps 1997, le Patron, bien qu'isolé du monde, se tenait informé de nos affaires judiciaires depuis son yacht. Si nécessaire, il m'envoyait un fax écrit de sa main pour me demander de poursuivre un organe de presse dès qu'il constatait une atteinte contre lui-même ou son épouse. Il m'accordera par la suite toute sa confiance y compris pour protéger sa famille, notamment sa fille Laura, pour laquelle il m'alertera à plusieurs reprises au sujet de photos volées lorsqu'il sort avec elle dans Paris, veillant farouchement à protéger l'image de celle-ci encore mineure.

J'ai conservé des messages de différentes époques qu'il me laissait sur mon répondeur à ce sujet : « Bonsoir Jacques, c'est Johnny. Je te laisse un message parce qu'hier, dimanche, je suis allé au défilé Léonard et plein de photos ont été faites de Laura, ma fille, qui est mineure comme tu le sais, elle n'a pas encore 14 ans. Et puis Laeticia a eu aujourd'hui des coups de fil de *Paris Match*, lui disant qu'ils allaient sortir des photos. Ce que je voudrais que tu fasses, demain à la première heure, c'est que tu envoies *du papier* bleu pour prévenir de ne pas passer des photos de Laura qui est mineure à *Paris Match*, *Gala* et tous les journaux importants. Voilà, je compte sur toi, tu peux m'appeler demain matin à 10 heures. Mais il faut faire ça d'urgence parce qu'on sera déjà mardi matin, après ils vont boucler et on ne pourra plus rien faire. Voilà, je te remercie, au revoir. »

« Oui Jacques, c'est Johnny. J'ai bien reçu ta lettre, je suis au courant que demain *Match* sort une photo de Laura. Je voudrais que... Je n'en ai rien à fou**e que [X] soit très embêté et qu'il s'engage à l'avenir à ne plus publier de photo de Laura. »

« Tu n'es pas là... As-tu vu *Voici* ? (Énervé) Donc, c'est vraiment dégueu****e, t'as vu, ils disent que Laeticia et moi on est au bord du divorce, on divorce, plus rien ne va, que j'ai recommencé mes fêtes nocturnes... Attends, attends ! Je suis en studio la plupart du temps, cela fait six mois que je ne suis pas sorti ! J'en ai plein le c** là ! Vraiment ! Donc, je voudrais que tu te saisisses de l'affaire, comme d'habitude. Il faut quand même frapper de grands coups parce que là ça commence à bien faire ! C'est n'importe quoi quand même ! En plus, ils disent que Pascal Obispo est le maître d'œuvre de mon disque avec Didier Barbelivien. Didier Barbelivien n'est absolument pas dans mon projet de disque, je ne sais pas d'où ils ont été sortir ça. En plus, Obispo est très vexé. Bon, tout ça, c'est encore des conn****s. Donc, sois gentil, je suis chez moi, je ne bouge pas ce soir, tu peux me rappeler jusqu'à minuit. Je t'embrasse, salut. »

Pas prévus parmi les convives...

À l'été 1998, les répétitions à Los Angeles pour les concerts au Stade de France étaient terminées. À partir de septembre, je retrouvais Johnny et son coach Daniel tous les matins à la salle de sport. Durant toutes nos séances, Johnny, en pleine forme, discutait de tous les sujets avec nous mais n'évoquait jamais son nouveau spectacle.

Pour respecter notre façon de fonctionner, comme toujours je ne pose jamais aucune question tant qu'il n'aborde pas lui-même le sujet. Il est impératif de préserver les relations amicales que nous entretenons en dehors de nos obligations professionnelles respectives.

Par chance, je suis invité au concert du samedi 5 septembre 1998, celui prévu le 4 ayant été annulé en raison d'une pluie diluvienne et remis au vendredi suivant, le 11 septembre, auquel je serai convié également.

Après la fabuleuse prestation du 11 septembre, le coach Daniel et moi-même partons rejoindre l'ensemble des happy few au restaurant italien *Rebellato* pour le dîner d'après-concert où Johnny a ses habitudes. Sont notamment présents son fils David avec Estelle, la directrice de RTL, sponsor du spectacle, et Michel Drucker, à l'origine de l'arrivée en hélico pour l'entrée en scène. Pour l'anecdote : j'avais vu à Marnes le cadeau que celui-ci avait offert à l'artiste : un vélo de course professionnel haut de gamme, au prix certainement très élevé. Ce beau présent restera posé contre un mur de la maison sans que l'Idole ne monte une seule fois dessus. Tous les matins, en passant devant le vélo, Daniel et moi faisons la même réflexion : « Quel dommage de ne pas utiliser une telle machine... » Au restaurant, une très grande table a été dressée pour une trentaine d'invités. Lorsque tout le monde s'assoit, Daniel et moi nous rendons compte alors que nous n'étions pas prévus parmi les convives. Aucune place ne nous a été attribuée ! C'est une évidence : nous qui sommes présents au quotidien auprès de l'artiste, voilà que nous nous retrouvons relégués comme des parias dans un coin du bar. Nous préférons en rire, que pouvions-nous faire d'autre ? Johnny, qui ne gère jamais ces questions d'intendance, n'était évidemment pas à l'origine de cette situation. Nous préférons partir sans lui en toucher un mot pour ne pas créer d'embarras, ou nous incruster dans cet aréopage de gens qui, eux, n'ont pas l'occasion d'être si proches de la star alors que nous sommes chaque jour à ses côtés.

Il s'aperçoit cependant de notre triste sort au moment où nous décidons de quitter les lieux. Nous sommes un peu ulcérés d'être traités tels des « employés subalternes » que nous sommes, mais avec l'humour et le recul nécessaires en pareille situation. Nous décidons par conséquent de dîner dans un autre restaurant à la mode que je connais à Pigalle. Je passe un très bon moment avec Dan, mais je ne peux m'empêcher de passer un coup de téléphone à Johnny. Alors qu'il se trouve au milieu de ses invités, il serait facile pour lui de ne pas décrocher. Il prend tout de même immédiatement mon appel. À mes yeux, son geste signifie qu'il est non seulement conscient de la situation mais qu'il va essayer d'apaiser les choses. Après m'avoir dit qu'il était très satisfait de son concert, il ajoute qu'il est heureux de nous avoir vus Daniel et moi, espérant que nous serons chez lui dès le lendemain matin pour notre entraînement sportif comme à l'accoutumée. C'était sa façon de dissiper le malaise. Nous rentrons ensuite nous coucher le cœur un peu plus léger.

Des vacances de luxe avec l'Idole

Après le Stade de France, Johnny part en tournée. Je fais une apparition *backstage* lors de son concert aux arènes de Nîmes, le 5 décembre. Le Grand me fait part à cette occasion de son intention de partir décompresser à Bali pour les fêtes de fin d'année. Il me suggère de venir le rejoindre. Je ne connais pas l'Indonésie et la proposition est séduisante. D'autant que j'y vois l'occasion de passer des moments privilégiés avec mon ami. Après Noël, je pars donc avec ma famille retrouver Laeticia et Johnny. Ceux-ci sont déjà sur place avec le frère de Laeticia. Initialement, c'était la fille de Johnny, Laura, qui devait être du voyage mais celle-ci avait annulé au dernier moment, ce qui avait beaucoup peiné son père, mais par discrétion je n'ose le questionner à cet égard.

Tous ceux qui sont déjà allés à Bali savent à quel point le voyage est long et éprouvant. Mais lorsque nous arrivons à l'hôtel, le *Four Seasons* de Jimbaran qui donne sur la mer, nous nous retrouvons dans un havre de paix peuplé d'oiseaux rares. Le prix de la chambre, avec piscine individuelle, est évidemment en corrélation avec le luxe absolu de l'établissement. Je réglerai en fin de séjour une note largement au-dessus de mes modestes moyens pour nos vacances, avec mon épouse et ma fille qui nous accompagne à l'occasion de son anniversaire le 1er janvier.

J'ai toujours appliqué un principe avec toutes les personnes rencontrées d'une condition bien supérieure à la mienne, selon lequel il est parfois nécessaire de se hisser à leur niveau même l'espace d'un moment pour éviter tout décalage à leurs côtés. Je mettrai bien sûr du temps à remettre à flot mon compte en banque après un tel voyage, mais je n'ai aucun regret. Comme disait Johnny dès qu'on abordait ce sujet avec lui : « Ce n'est que de l'argent et on travaille suffisamment pour avoir le droit d'en profiter ! »

L'Idole est parfaitement conscient de la disparité de nos situations. Il a toujours à l'esprit qu'il a lui-même été « pauvre ». Il a conservé en lui la peur de manquer. C'est, en tout cas, ainsi qu'il se justifie lorsque je lui demande pourquoi il achète le même peignoir de bain ou la même chemise à la boutique de l'hôtel en deux ou trois exemplaires à chaque fois.

Le soir du réveillon, alors que j'arrive au restaurant de l'hôtel juste avant de se mettre à table, Johnny me prend à part dans un coin de la salle. Avec le plus grand sérieux, il m'annonce qu'il a décidé de passer quelques jours sur le site de la rivière sacrée, dans une succursale du *Four Seasons* qui dispose uniquement de villas à des tarifs exorbitants. Il juge nécessaire que l'on partage quelques frais en compensation du coût que représente ce séjour imprévu. Il me propose donc que je prenne en charge l'intégralité des boissons du dîner de réveillon ainsi que la location du 4×4 climatisé avec chauffeur qui devait nous conduire à travers la forêt balinaise jusqu'à la rivière sacrée.

J'accepte sans demander de détails sur les prix. Johnny me décroche un grand sourire et me donne l'accolade. « Je savais bien que je pouvais compter sur toi ! » me glisse-t-il comme si je le sortais d'un très mauvais pas.

Au cours du repas, je commande les vins. Mon choix se porte sur deux bouteilles de premier grand cru Cheval Blanc. Je sais que Johnny apprécie ce domaine, puisque je lui ai offert pour un anniversaire une excellente bouteille de ce château d'exception auquel il avait été très sensible. Lorsque le précieux nectar est servi, il est aux anges et me remercie chaleureusement.

La veille, je lui avais demandé de passer dans ma chambre pour connaître son sentiment sur le cadeau que j'avais apporté pour Laeticia : une montre Van Der Bauwede, spécialement conçue pour elle par le joaillier de Genève, avec cadran incrusté de pierres précieuses. Je voulais m'assurer que ce modèle n'était pas un peu trop « show off », comme je le craignais. Il me répondit sans l'ombre d'une hésitation : « Bien au contraire, Laeticia sera ravie. » Je ne m'étais pourtant pas trompé : le bijou, trop ostentatoire pour Laeticia, restera dans un tiroir de l'intéressée.

Van Der Bauwede, jeune artisan qui avait le vent en poupe, m'avait contacté en vue de fabriquer des modèles spéciaux pour Johnny. Lorsque j'avais présenté à l'artiste un modèle prototype, il avait été un peu circonspect de ma démarche en m'indiquant que je pouvais persévérer dans cette voie, tant il était ravi des créations de ce joaillier suisse. C'est ainsi que, par mon entremise, il héritait d'un modèle uniquement fabriqué pour lui « spécial Stade de France », avec en fond de cadran des flammes symbolisant le morceau « Allumer le feu » qu'il chanta pour la première fois lors de ce concert.

Johnny portera cette montre durant plusieurs mois, ce qui constituait un record absolu, compte tenu des innombrables modèles qu'il possédait déjà, plus onéreux les uns que les autres.

Van Der Bauwede réalisera pour lui d'autres montres, avec pour seule contrepartie de prendre une photo pour son livre d'or.

Malgré sa jeunesse, tous les collectionneurs connaissaient déjà ce joaillier. Lors d'une soirée, mon confrère Thierry Herzog, avocat du président Sarkozy et grand fan d'Hallyday, en portait une à son poignet. De son œil aguerri, il avait repéré que j'avais le même modèle que lui. C'est à cette occasion que Johnny me fit alors remarquer par l'une de ses formules lapidaires et pour le moins sibyllines : « Ce qui est bien entre nous, c'est qu'on se renvoie les manettes ! » Il signifiait ainsi que nous nous rendions des services mutuels en dehors de nos domaines professionnels habituels.

Il est vrai qu'à cette époque, je ne lui facturais pas toujours non plus mes honoraires comme je l'aurais fait pour un client normal, en contrepartie des avantages que la vie à ses côtés pouvait m'apporter au quotidien. Ce qui à mes yeux n'avait pas de prix, aussi bien sur le plan amical que professionnel.

Johnny s'ennuie vite

À Bali, j'avais le sentiment que l'escapade à la rivière sacrée, dans une villa pour millionnaires au milieu d'un parc entretenu par quarante jardiniers, était pour Johnny une façon de fuir l'ennui. Malgré le luxe et le service irréprochable, le séjour au *Four Seasons* était plutôt monotone. Johnny s'ennuie vite et rester tous les jours à l'hôtel n'est pas sa tasse de thé.

Jouer au golf ou aller au spa n'étaient pas non plus notre fort, la petite salle de sport étant le seul endroit que nous fréquentons sans grande conviction. Lorsque je participais, avec mon épouse et Laeticia, à des excursions touristiques, dont la traditionnelle balade à dos d'éléphant, Johnny préférait rester dans sa chambre.

La visite des lieux sacrés, comme les temples bouddhistes, ne le passionnait guère plus, sans doute parce qu'il fallait respecter quelques règles par respect pour la tradition. Je ne pus m'empêcher de rire sous cape lorsque l'Idole fut contraint de porter, en rechignant, un pagne jaune à hauteur de la taille pour entrer dans un monastère. Laeticia, qui ne le ménage pas dans ce genre de circonstances, s'en amusait aussi beaucoup.

Pour briser la routine, un soir nous décidons de partir dîner à l'initiative de Laeticia au village voisin. Mal nous en prend : nous sommes confrontés à la dure réalité que vit le peuple de Bali au quotidien. Nous prenons place dans un restaurant plutôt avenant. Alors que nous attendions pour passer notre commande, nous apercevons des rats qui couraient sur les murs. À la vue de ces charmantes petites bêtes, plusieurs d'entre nous se mettent à crier. Johnny intime l'ordre à tout le monde de sortir du bouge pour rentrer à l'hôtel, comme pour se réfugier dans un lieu protégé après un exode de plusieurs jours.

Une fois arrivés dans l'immense suite des Hallyday au *Four Seasons*, Johnny peut enfin commander de « vrais » burgers américains pour tout le monde, à l'abri de toute nuisance.

Trois superbes serveurs enrubannés à la mode balinaise traditionnelle nous apportèrent les plats, chacun retrouvant le sourire en appréciant la qualité de ce qui nous est servi sans être dérangé par la faune animale locale.

Le lendemain, nous partons rendre visite au batteur du groupe Supertramp, qui vit à Bali avec son épouse depuis plusieurs années.

Ils ont fait construire une superbe villa surplombant la verdoyante vallée qui s'étend à perte de vue. Johnny, qui aime les rencontres improbables, avait obtenu ses coordonnées par des amis communs. C'est dans ces moments-là que l'on se rend compte à quel point le statut de star facilite les choses même à l'autre bout du monde...

Le batteur et sa femme nous accueillent avec une extrême gentillesse. Ils nous offrent un thé au jasmin sur leur terrasse. Malgré la magnificence du lieu, nous ne nous attardons pas car Johnny n'aime pas rester trop longtemps au même endroit, quel qu'il soit. Il faut toujours qu'il bouge, qu'il passe à autre chose, surtout s'il n'est pas passionné par le moment présent.

Nous revenons donc à notre hôtel pour déjeuner au restaurant de la plage, où la vue sur la mer est splendide. Mais à cette époque de l'année, les nuages sont bas et le soleil peu présent. Avant de remonter dans notre chambre, en passant par la piscine d'eau de mer à cascade, je croise le sublime top model Cindy Crawford, venue elle aussi passer les fêtes dans cet endroit magique.

Nous partons le lendemain de bon matin pour la rivière sacrée. Nous prenons place tous les six dans l'immense 4×4. Le trajet à travers la forêt se déroule dans des conditions optimales avec cet habitacle climatisé et particulièrement agréable.

L'accueil qui nous est réservé à l'arrivée est grandiose. Nous prenons possession de notre villa, qui fait près de mille mètres carrés de superficie avec trois chambres, une piscine et un salon qui donne sur la fameuse rivière sacrée.

Les petits torrents qui ruissellent sous les fondations de la maison sont admirablement visibles. Nous pouvons nous baigner dans l'eau cristalline de ce cours d'eau en sortant de la villa. Une fois cette parenthèse inoubliable refermée, le séjour se termine dans les meilleures conditions et nous laissons les époux Smet au *Four Seasons* pour quelques jours encore alors que nous rentrons à Paris. Jusqu'à la fin de leurs vacances, Laeticia nous enverra de gentilles cartes postales, une touchante attention dont elle a le secret pour garder le contact.

La vie avec Laeticia

Quelque temps plus tard, alors que Johnny était parti en province pour tourner le film *Love Me* avec Sandrine Kiberlain, mon épouse et moi-même invitons Laeticia à dîner en célibataire. Malgré son jeune âge, l'épouse de l'Idole garde les pieds sur terre et les idées claires sur l'environnement dans lequel elle évolue désormais. Une lucidité qui lui vient d'une éducation rigoureuse, comme son père me le confirmera lorsque je le connaîtrai mieux.

Laeticia sait exactement ce qu'elle doit accomplir pour parvenir à se maintenir aux côtés de Johnny. Je me permets de lui prodiguer quelques conseils sur le milieu du show-business, que je connais si bien. Elle me saura toujours gré de ces mises en garde amicales, qu'elle me citera encore de temps à autre plusieurs années après. Même si son mari était déjà star avant qu'elle ne vienne au monde, elle va apprendre au fil du temps comment être la partenaire idéale pour lui permettre de vivre le plus normalement possible. Cela deviendra plus vrai encore lorsqu'ils adopteront leurs deux filles pour construire une famille.

Pour autant, durant les douze ans qui ont suivi leur mariage en 1996, Johnny n'a pas changé grand-chose à sa manière de vivre. Cela n'a pas dû être facile tous les jours pour Laeticia. L'âge avançant, son mari est devenu plus malléable. Son plus cher désir était désormais qu'on le laisse tranquille. À partir d'un certain âge il souhaitait simplement profiter de sa vie de famille en exerçant son métier au plus haut niveau, la seule chose réellement importante à ses yeux en dehors de ses quatre enfants. Le reste, tel que je l'ai vu évoluer au fil du temps, lui importait peu. Sa vision de l'existence avait considérablement changé. Sans son épouse, il est évident qu'il n'aurait pas été aussi épanoui. J'ai pu le constater lorsque je les voyais vivre en famille et en parfaite harmonie à Los Angeles jusqu'en 2017.

Laeticia était celle sur qui il se reposait, sur qui il pouvait compter. Cela ne l'empêcha pas de me confier une fois lors d'une séance de sport à L. A. : « Je trouve que ma femme est quand même un peu soupe au lait parfois... » Ce qui m'a fait sourire...

Ce fut la seule remarque un tant soit peu désobligeante qu'il m'ait faite en vingt-trois ans à son sujet. Je ne l'ai jamais entendu la critiquer, ni tenter d'envenimer une situation difficile que chaque couple peut connaître dans la vie quotidienne. Il laissait passer les orages...

Après avoir longtemps été le prince du tumulte et du scandale, il avait décidé de prendre la vie avec zénitude. À mes yeux, Johnny possédait déjà, dès que je commençais à le fréquenter dans la vie quotidienne, une capacité à ne jamais paniquer face aux difficultés. Il avait la certitude que n'importe quelle situation finissait par s'arranger avec le temps si elle ne se solutionnait pas dans l'heure, le plus souvent grâce à son statut de star.

Au cours des trois décennies que j'ai traversées avec lui, son flegme, apparent du moins, était même communicatif. À ses côtés, j'adoptais un comportement similaire. Je l'entendrai un jour répondre à Laeticia, qui s'inquiétait pour moi de la pression que je subissais : « Rassure-toi, Jacques n'est pas du genre à paniquer, il en a vu d'autres ! »

Quiproquo sur son duo avec Florent Pagny au Parc des Princes

En l'an 2000, j'assistai avec plaisir à la série de concerts de l'Olympia qui restera gravée dans ma mémoire. Une des meilleures que Johnny ait faites, retrouvant un côté plus intimiste après les grandioses parc de Sceaux et tour Eiffel.

Je ne suis pas allé à celui du Champ-de-Mars, préférant me tenir éloigné de cet événement qui rassemblait une trop grande foule à mon goût.

Mon absence avait une autre raison : j'étais l'ami de Jean-Philippe Smet, pas un fan de Johnny Hallyday. Je ne souhaitais pas me montrer obséquieux, comme le Tout-Paris qui cherchait à être vu au côté de la star.

En 2003, l'Idole fête ses 60 ans au Parc des Princes. Il y chante quatre soirs, les 10, 11, 14 et 15 juin. Je suis d'abord invité à la soirée officielle, organisée par TF1 le 11, puis à la soirée du 14 juin. Je me rends à cette dernière date sans savoir le mini-drame qui allait se jouer au cours de la soirée.

J'emmène à cette occasion avec moi mon épouse, Pierre Billon et sa fille Marie. Mon chauffeur nous dépose à l'entrée du stade, puis nous récupère au même endroit à la fin du concert pour éviter d'être pris dans la foule. Cela nous permet de quitter les lieux presque aussi vite que Johnny, ce qui est un exploit car l'artiste dispose d'un important dispositif avec son chauffeur et des motards de la police qui lui ouvrent la route. Nous arrivons peu après lui à son restaurant, *Le Balzac*. Il nous attend de pied ferme ! Je remarque immédiatement que quelque chose ne va pas. Johnny me fait un clin d'œil qui signifie « il faut que je te parle ». Je le suis vers le bar où il m'entraîne. Le restaurant est encore vide en attendant l'arrivée des invités.

Le Grand appuie ses mains sur le comptoir et nous commande deux Clamatos sans alcool, l'un de nos apéritifs préférés à base de jus de palourdes et tomates épicées que j'ai découvert aux États-Unis. Il me confie alors qu'il est très remonté contre Florent Pagny qui, à ses yeux, a raté sa prestation lors de leur duo sur scène sur « Pense à moi ». « Tu sais, il y a un moment où il faut savoir arrêter la coke ! Il a chanté à côté ce soir ! » me lance-t-il agacé. Ne connaissant pas personnellement l'interprète de « Savoir aimer », je me garde bien de prendre position. Je n'ai pas pour habitude d'enfoncer qui que ce soit, même si Johnny me tend une perche comme il vient de le faire.

Pagny ne viendra pas à la soirée, à laquelle il était bien sûr convié. Je suppose que Johnny avait dû lui faire des reproches à la fin du concert et que celui-ci l'a probablement mal pris. Ce qui m'étonne dans cette histoire, c'est que Florent Pagny est ami avec Johnny. Celui-ci m'a souvent raconté leurs déjeuners au *Balzac* qu'il appréciait beaucoup. Un jour, alors qu'ils s'étaient un peu éternisés à table, l'infortuné Pagny ne retrouva plus sa voiture qui était partie en fourrière. Johnny avait dû le conduire avec son chauffeur pour la récupérer.

Le lendemain de ce concert, nous avons appris les causes de sa mauvaise prestation. Le pauvre Pagny avait rencontré des difficultés dans l'enceinte du stade pour parvenir jusqu'à la scène. Arrivant à la dernière seconde, il n'avait pas eu le temps d'enfiler ses *ears*, les écouteurs qui lui permettaient d'entendre les retours du son et donc de chanter dans le temps, sans décalage avec Johnny. La coke n'avait aucun lien avec cette affaire...

Tout s'est finalement arrangé. Dès le lendemain, Pagny était de retour dans les meilleures conditions pour interpréter « Pense à moi » avec Johnny sur scène.

Cette anecdote rocambolesque, que j'ai vécue de l'intérieur, sera d'ailleurs évoquée publiquement par l'intéressé avec humour plusieurs années après, lors d'une émission de télévision, Johnny faisant mine de découvrir la situation...

J'aurai l'occasion de revoir le chanteur de « Ma liberté de penser » à la soirée célébrant la signature du nouveau contrat que je concluais pour Johnny avec Warner Music en janvier 2006. Florent Pagny était l'un des rares artistes à avoir été convié au restaurant parisien *La Maison blanche*, où se déroulait l'événement. Ce qui démontre bien que le Patron, son ami, ne lui en tenait absolument pas rigueur.

Il est vrai que ce n'était pas la première mésaventure que le malchanceux Florent connaissait avec Johnny. Une dizaine d'années auparavant, en 1994, ce dernier l'avait invité à Carpentras pour un concert organisé par le club de *bikers* dont il était le président, les Desperados. Pagny devait le rejoindre sur scène pour un duo. Ce jour-là, mon ami William, le garde du corps affecté à la sécurité sur scène, me raconta que Johnny, qui chantait avec fougue « La Musique que j'aime », oublia de se retourner pour faire signe à son ami d'entrer. Celui-ci resta donc caché derrière une enceinte jusqu'à la fin du spectacle. Alors que Florent était venu de Paris pour l'occasion, l'après-midi, JH avait également omis de le convier à une balade en Harley, comme cela avait été convenu entre eux. Ces « oublis » avaient peut-être une explication : le midi, lorsqu'il avait été demandé au Patron ce qu'il souhaitait déguster, il avait fermement répondu qu'il préférait « déjeuner liquide ». Ceci expliquant peut-être cela...

Pour en revenir au Parc des Princes, j'étais évidemment invité une fois de plus au concert du 15 juin. Après cette dernière représentation, le dîner d'anniversaire rituel se déroulait cette année-là au restaurant *Key West*, sur les bords de Seine. Lors de cette belle soirée festive, Johnny apparaît certes fatigué mais heureux de ses concerts au Parc des Princes qui marquaient ses 60 ans avec ses fans. Parmi la centaine de convives présents, je garde un souvenir très précis du regretté Ticky Holgado, qui se trouvait à notre table avec Sam Bernett, notre ami chez qui il habitait. L'acteur, qui avait été le premier secrétaire de Johnny dans les années 1960, nous quittera malheureusement quelques mois plus tard.

Chapitre XI

Flashback sur les tournées Les rencontres dans le show-business, 1967-1980 Où l'on évoque une carrière de pianiste professionnel pendant quinze ans, 1965-1980

C'est à partir de l'année 1967 que le groupe auquel j'appartiens depuis près de deux ans, Les Rockers, ne se contente plus de faire les beaux soirs des vendredis du tremplin du *Golf Drouot* ou de l'animation des week-ends. Désormais semi-professionnels, nous accompagnons des vedettes telles que Michèle Torr qui rencontre un grand succès populaire ou, dans un tout autre registre, le célèbre rockeur en cuir noir et ses chaînes autour du cou, Vince Taylor, avec l'ancien batteur de Johnny, l'immense Bobbie Clarke. Nous décrochons même un contrat – mirifique pour l'époque – pour un radiocrochet. Durant une semaine, à la foire commerciale de Melun, nous devions accompagner tous les après-midis des chanteurs en herbe. Comme je l'ai déjà indiqué, c'est à cette occasion que je rencontre Alain Bashung, avec qui nous jouons deux de ses compositions originales.

Au cours de cette période, dans une diversification musicale la plus échevelée, nous accompagnons également le chanteur playboy Olivier Despax, très bon guitariste qui, dit-on, aurait eu une aventure avec l'iconique Brigitte Bardot. Sur ces entrefaites, je fais la connaissance du meilleur guitariste français, proclamé officiellement ainsi par la presse spécialisée : Pierre Fanen, qui vient de jouer en tournée avec Chuck Berry et a accompagné Ronnie Bird sur scène au *Golf Drouot.*

C'est grâce à lui que je pars en tournée avec le chanteur Antoine, qui, après avoir mis la France en émoi avec ses « Élucubrations », réalise une carrière inattendue en Italie, où il est devenu une star et fait chavirer les foules lors de ses concerts.

C'est ainsi que je me retrouve propulsé sur la scène du Festival de San Remo au début de l'année 1968. J'accompagne Antoine au piano avec son orchestre de six musiciens pour concourir avec le titre « La Tramontana », grand succès au-delà des Alpes. Les plus grandes vedettes internationales et italiennes se produisent lors de ce festival, dont Adriano Celentano, l'équivalent de Johnny Hallyday de l'autre côté des Alpes. Nous y retournerons en 1969 avec un nouveau succès, « Ma cosa hai messo nel caffè », et enfin en 1970 avec le titre « Taxi ». Des prestations d'Antoine sur scène toujours très appréciées par le public italien...

Sur les routes avec Antoine

Nous restons en tournée en Italie pratiquement jusqu'à la fin de l'été. Je reviens de temps à autre à Paris, notamment pendant la « révolution de mai », comme je l'entends dire par bon nombre d'étrangers interloqués qui nous interrogent sur le sujet... Quant à moi, je ne résiste pas au plaisir de monter furtivement sur les barricades du Quartier latin au cours des manifestations face aux CRS. Je voulais exprimer ma contestation de principe à l'ordre établi que représente le général de Gaulle, comme une grande partie de la jeunesse qui aspire à faire bouger les choses à l'époque.

Spaghettis et joint avec JH

Un soir d'automne, après un concert à Belgrade (Yougoslavie) avec Antoine, je rentre directement d'Orly pour me rendre rue Dauphine, là où je suis sûr de rencontrer tout ce qui fait le *music business* français de cette époque. Ce sont les débuts de *La Tour de Nesle*. L'établissement, tenu par notre ami Sam Bernett, constitue le rendez-vous incontournable de tous les musiciens de Paris. Johnny y a ses habitudes, avec son orchestre au grand complet : Micky Jones, Tommy Brown, Gérard Pisani et le bassiste, le bien nommé Papillon en raison de sa taille et sa délicatesse à jouer. C'est dans ce lieu que nous verrons pour la première fois sur scène Joe Cocker et son Grease Band venus tourner une émission télévisée pour les fêtes, avec le producteur Michel Taittinger. Devant une centaine de fidèles, nous découvrirons en primeur sa fameuse version du « With a Little Help from My Friends » des Beatles. L'année suivante, à l'été 1969, ce titre le révélera au monde entier lors du Festival de Woodstock.

Cette nuit-là, vers 2 heures du matin, j'arrive donc au petit restaurant, situé au premier étage du minuscule établissement qui compte une dizaine de tables.

Je découvre Johnny Hallyday attablé seul, en train de manger des spaghettis bolognaise, à peu près le seul plat proposé par la personne qui fait office de cuisinier. Comme il n'y a plus de place ailleurs, je m'approche de lui. Un peu timidement, je lui demande si je peux m'asseoir à ses côtés sur la banquette pour dîner sans le déranger. À ma grande surprise, il me répond avec un grand sourire qu'il n'y voit aucun inconvénient ! Je m'installe et commande mon plat de spaghettis au moment où le maître des lieux, notre ami commun Sam, arrive de la salle d'en bas pour nous saluer. La conversation s'engage évidemment sur les spectacles et les tournées en cours. J'apprends ainsi à Johnny que j'arrive tout droit de Yougoslavie. Il me répond qu'il connaît très bien ce pays, sa femme, Sylvie, venant d'y chanter.

Une fois les spaghettis engloutis, nous descendons prendre un verre dans la discothèque exiguë, où se tient évidemment Cameron, le disquaire. Ce dernier, déserteur américain, que l'on n'appelle pas encore « disc-jockey », est aux commandes dans sa petite cabine, avec les 33 tours à même le sol. Il fait preuve d'un choix très pointu pour passer les disques qui nous plaisent.

Nous retrouvons nombre d'amis, tous musiciens, dont Jo Lebb avec son orchestre, les Variations. Alors que nous buvons quelques verres, Johnny demande si quelqu'un a un peu de haschich pour rouler un joint, ce qui en ce temps-là ne pose pas de problème à quiconque ! Nous sommes en pleine époque psychédélique sous l'influence des groupes anglo-saxons. Le dernier album des Beatles sorti en juin, leur chef-d'œuvre *Sergent Pepper's*, fut largement composé sous l'influence de substances diverses. Après Mai 68, une vague de liberté s'est emparée des esprits, « Paris est une fête ». « Il est interdit d'interdire » est un slogan qu'on a vu fleurir partout sur les murs. Les portes de l'avenir s'ouvrent devant nous, la jeunesse a soif de découvertes, en particulier dans le domaine musical.

À *La Tour de Nesles*, alors que l'assistance est pourtant constituée de grands consommateurs, ce soir-là personne n'a de « matos » sur lui. Il est évidemment hors de question d'essayer de s'en procurer auprès d'un dealer en pleine nuit car la police veille. Je me souviens alors que j'ai à mon domicile une jolie barrette de hasch afghan. Alors que mon appartement est situé à une demi-heure de la discothèque, je propose à Johnny d'aller la chercher. Vers 3 heures du matin, je fais donc l'aller-retour avec ma petite voiture. Je roule très vite, franchissant les feux orange sans grande prudence. À mon retour, je suis accueilli comme le Messie. Tout le monde est ravi, Johnny le premier. L'Idole a la primeur de fumer les premières taffes, en connaisseur qu'il est des substances devenues monnaie courante dans le milieu, notamment depuis que Jimmy Hendrix a ouvert la voie. Ils ont d'ailleurs fait ensemble une petite tournée de quatre concerts en province au mois d'octobre 1966. C'est là que je découvrirai Hendrix en première partie du *Musicorama Europe 1* de Johnny à l'Olympia avec stupéfaction, tant le choc musical est grand !

Après avoir prolongé la nuit jusqu'à 5 heures du matin, nous nous retrouvons sur le trottoir à nous congratuler. Ce fut mon premier vrai contact avec Johnny Hallyday, cinq ans après lui avoir gauchement adressé la parole du haut de mes 14 ans dans les coulisses de l'Olympia…

Je le retrouverai au printemps suivant, en avril 1969, tout à fait par hasard alors que j'accompagne Antoine à l'Olympia pendant trois semaines. Le spectacle débute en première partie avec la chanteuse Georgette Plana et Robert Charlebois, qui vient de signer le tube « Lindberg » en duo avec sa compatriote Louise Forestier. Chaque soir, Charlebois se fait un peu plus provocateur lors de son passage sur scène. Il n'hésite pas à jeter la batterie dans la fosse au grand dam du public. Certains spectateurs ressortent choqués, la presse se répand en critiques acerbes.

Johnny fait le coup de poing

Un soir, je retrouve Johnny, décontracté et souriant, dans la loge d'Antoine après le tour de chant. Les deux artistes devisent joyeusement, loin de la discorde qu'on a voulu leur prêter lorsque le premier chantait « Cheveux longs, idées courtes » pour répondre au second qui avait voulu l'enfermer « en cage à Medrano »… Les deux compères s'entendent à merveille. Le conflit avait sans doute été monté de toutes pièces par leurs managers dans une logique promotionnelle. Je quitte les lieux en même temps que Johnny, par la sortie des artistes, rue Caumartin. Nous ne sommes pas encore suffisamment intimes pour maintenir le contact mais nous nous retrouvons une nouvelle fois par hasard au Rock'n'Roll Circus à Saint-Germain-des-Prés. Un lieu où, comme tout le milieu musical, nous allons nous rendre tous les soirs pendant trois ans à partir de juin 1969. Après avoir fait les beaux jours de *La Tour de Nesle*, Sam Bernett avait ouvert cet établissement rue de Seine. Nous y retrouvons les mêmes habitués de musiciens au milieu du Tout-Paris qui se bouscule à l'entrée. Des artistes en tous genres sont là, avec des têtes d'affiche et des célébrités, comme Eddie Barclay, Jim Morrison, Salvador Dalí ou Brigitte Bardot.

Un soir, lorsque nous arrivons dans l'établissement, Sam, toujours affable, nous propose un verre au bar.

Je m'installe au bout du bar, ma place favorite pour observer toute l'assemblée, tant la foule hippie chamarrée qui s'agglutine et se presse sur la piste constitue déjà un spectacle à part entière. De loin, je vois Johnny virevolter d'une table à l'autre. Vers 3 heures du matin, je remonte avec la ferme intention de rentrer chez moi pour être en forme le lendemain. En haut de l'escalier, j'entends des éclats de voix. Je m'aperçois qu'ils émanent d'un petit groupe duquel émerge la tête de Johnny. Je n'ai pas le temps de réaliser ce qui se passe : je vois cette tête se projeter violemment en avant sur la figure d'un quidam. Celui-ci aurait eu le tort de passer devant lui au vestiaire pour récupérer un manteau. Johnny voulait acheter son habituel paquet de Gitanes quand le malheureux, l'un des videurs du *Pub Saint-Germain*, se mit sur son chemin… Celui-ci se trouve maintenant à terre, le visage ensanglanté. Je vois arriver le chanteur Carlos qui tente d'empoigner son ami Jojo pour le retenir de toute sa force. Il attrape l'Idole par les bras et le ceinture par-derrière pour le contraindre à battre en retraite. Il le tire vers la porte dérobée, qui mène au cabaret de l'*Alcazar*, lequel jouxte le hall du Rock'n'Roll Circus. Mais le Grand est costaud lui aussi. Ne l'entendant pas de cette oreille, il se dégage de l'emprise de Carlos et revient à la charge. « Je vais le finir, l'enfoiré ! » lance-t-il à Carlos.

Les choses vont rentrer dans l'ordre après l'intervention de plusieurs personnes de nos connaissances qui mettent fin à l'altercation.

L'année 1970 se révèle extrêmement chargée pour tout le monde. Au cours de l'été, je me retrouve à marcher sur une plage à 6 heures du matin en sortant du *Lydia*, une discothèque animée par l'incontournable Sam Bernett, qui a importé le concept du Rock'n'Roll Circus à Port-Barcarès pour la saison estivale. À mes côtés se trouve Rolling, le talentueux guitariste de Johnny, qui a enlevé ses bottes de cow-boy et les tient à la main. Le duo que nous formons est pittoresque…

Je rejoins ma voiture, que j'avais garée loin de la boîte de nuit en arrivant, compte tenu de la file de véhicules qui s'étirait sur plusieurs kilomètres. Cette soirée de l'été 1970 fut l'une de plus où Johnny et moi à cette époque croisons nos chemins. Durant cette période de vacances, une dizaine de chanteurs se croisent lors de leurs tournées sur les routes du sud. Avec autant de musiciens et de techniciens nécessaires à la bonne marche des galas. La plupart se connaissent et sont heureux de se retrouver après les spectacles.

Ce fut le cas ce soir-là. Quand je suis arrivé au *Lydia* en compagnie d'Antoine après notre spectacle quotidien de la tournée *Radio Monte Carlo*, Johnny qui venait lui de terminer un concert sur place y était déjà avec ses musiciens et ses techniciens. Nous prenons place dans le carré VIP. Antoine, qui vient de sortir mon premier 45 tours au titre prometteur, « Nous sommes tous des acteurs », demande au DJ de bien vouloir passer le disque. C'est la première fois que nous écoutons mon morceau sur les baffles hyper-puissants d'une discothèque.

À notre table, nous sommes une petite dizaine de personnes à partager une bouteille de scotch en écoutant religieusement ma prestation de jeune chanteur de 20 ans. Johnny, lui, ne réagit pas, son visage ne montre aucune expression.

Il est vrai que ma première interprétation ne laissera pas de souvenirs impérissables dans l'industrie musicale. Antoine se penche alors vers moi et me murmure à l'oreille : « Tu as vu comme Johnny a l'air de s'ennuyer profondément… » Il est vrai que celui-ci ne décroche pas un mot de la soirée. Il ne se mêle pas aux conversations. C'est la première fois que je le vois aussi absent, bien qu'entouré de monde, caractéristique « hallydéenne » que j'apprendrai à connaître.

Au petit jour, alors que nous sortons de la discothèque, j'assiste à un spectacle hallucinant. Deux de mes amis, Michou et son frère Jojo, de costauds *road managers*, sont en train de s'enguirlander au point d'en venir aux mains.

Johnny arrive et s'en mêle en invectivant tout en plaisantant l'ancien joueur de rugby que l'on surnomme amicalement le « Gros ». Celui-ci, lorsqu'il le faut, peut dégager Johnny d'une foule en appliquant la technique du « raffut », l'arme efficace du rugbyman ! Le chanteur, courageux mais pas téméraire, préfère battre en retraite tout en continuant à vitupérer envers les deux techniciens en les traitant ironiquement de « ronchons », juste pour le plaisir de « foutre le bordel », comme il le dit.

C'est en effet l'un de ses traits de caractère très marqué que je constate à l'époque. Il ne se prive jamais d'intervenir dans les querelles internes de son équipe, surtout si celles-ci ne le concernent pas.

Ainsi, lors d'une tournée au cours des années 1980, après un concert en Suisse, je fus témoin d'une discussion très animée lors d'une soirée au *Grifith's*, une célèbre discothèque genevoise où l'Idole a ses habitudes. Alan Coriolan, son garde du corps, et Erick Bamy, son choriste, se querellaient au sujet des horaires du car qui devait conduire les musiciens dans une autre ville le lendemain. Sans prendre parti, Johnny profitait de la dispute pour balancer avec humour ses quatre vérités à l'un et à l'autre, tout en restant suffisamment en retrait pour que les reproches ne se retournent pas contre lui. Avec une certaine finesse, il leur faisait savoir qu'ils étaient difficiles à vivre, grincheux et qu'ils devraient faire un effort pour le bien de la communauté. Le tout sur un ton paternel accompagné d'une mimique faussement étonnée. Il jouait le juge de paix tout en s'amusant à jeter de l'huile sur le feu.

La veille, le concert avait eu lieu près d'une station de sports d'hiver. Je m'y étais rendu en voiture de location. Le matin suivant, pour m'éviter de circuler sur les routes sinueuses de montagne, le coproducteur, Jean-Claude Camus, a gentiment proposé à Johnny de m'emmener au prochain concert dans l'hélicoptère qu'ils avaient à disposition. Johnny, assis à l'avant à côté du pilote, enchaîne les Gitanes. Il semble très à l'aise dans le cockpit, au-dessus des Alpes enneigées.

À chaque voyage que j'effectuerai en hélicoptère avec lui, je ne l'entendrai jamais se plaindre d'un vertige quelconque, qu'il mettra pourtant en avant au moment de son fameux survol du Stade de France en 1998. Sans doute une légende qu'il cherchait à créer, quitte à travestir un peu la réalité comme il l'a souvent fait… Je n'ai jamais voulu demander d'explication à ce sujet, n'en voyant pas l'intérêt, mais je souriais intérieurement en me remémorant que lorsqu'il sautait à l'élastique d'une hauteur de quatre-vingts mètres à la fête foraine de Saint-Tropez, il était loin d'éprouver, là aussi, un quelconque malaise ! Preuve s'il en est de l'adage bien connu, que lui-même revendiquait parfois avec humour et délectation : « Il ne faut jamais totalement croire dur comme fer ce que Johnny Hallyday raconte »…

Après avoir atterri, nous passons la frontière suisse dans la Mercedes qui nous attendait à l'héliport. Un douanier zélé tient absolument à faire retirer ses lunettes de soleil à la star pour s'assurer de son identité. Celui-ci le prend assez mal et lui lance : « Il veut aussi connaître la couleur de mon slip ? » Le fonctionnaire n'insiste pas…

Le show-biz dans le Sud

Pour en revenir à la tournée de l'été 1970, comme tous les gens du spectacle, nous disposions de plusieurs points de chutes incontournables dans le Sud. *Chez Gu*, à Salon-de-Provence, est alors le seul restaurant de France d'où l'on ne sort jamais de table avant 5 heures du matin.

Au gré des galas, toutes les équipes se retrouvent sur place pour goûter les fameuses pâtes au pistou du Patron, les pizzas ou les alouettes sans tête. L'autre rendez-vous encore plus incontournable, puisqu'il nous sert de havre de repos pour y dormir, est le luxueux complexe hôtelier *Les Reganeous*, à Montpellier. Nous pouvons y rester plusieurs jours d'affilée, ce qui nous permet d'assurer chaque soir les spectacles dans des villes différentes de la région. Tout le show-business français s'y retrouve. J'y croise Claude François, Adamo, Enrico Macias, Nicoletta ou Les Compagnons de la chanson. J'y séjourne avec l'équipe d'Antoine quand nous participons au podium de la station Radio Monte-Carlo pendant deux mois et demi. Le périple débute à Monaco le 1er juillet et s'achève à Perpignan le 15 septembre après avoir traversé toutes les villes de la côte. Dix mille spectateurs se pressent pour un spectacle gratuit tous les soirs devant la scène, provoquant une affluence record dès l'après-midi dans les stations balnéaires. L'animation est assurée par des présentateurs débutants de la célèbre radio, les futures vedettes Jean-Pierre Foucault et André Torrent.

Notre hôtel dispose d'une discothèque attenante avec une immense piscine. C'est le lieu de rendez-vous où nous nous retrouvons tous après les spectacles. Beaucoup sont projetés dans l'eau d'une façon ou d'une autre, Johnny n'étant pas le dernier à se livrer à ce genre de facéties à une heure tardive.

Une nuit, à 3 heures du matin, je suis pressé de rentrer dans mon bungalow après le gala. Je sais que mon colocataire musicien s'y trouve déjà. La résidence compte une vingtaine de bungalows identiques bien agencés dans un parc de plantations exotiques, avec un petit plan d'eau devant chaque terrasse.

En franchissant le seuil de ma chambre, je m'aperçois avec surprise que Claude François, que je ne connais pas personnellement, est là caché derrière la tenture d'une fenêtre et espionne les ébats de mon colocataire avec une gentille groupie séduite au cours de la soirée. Tout cela dans une ambiance très bon enfant sans que personne n'y trouve rien à y redire. Une autre époque…

Le lendemain, au moment de rendre ma clé à la réception, je me fais copieusement rudoyer par le manager. Il me reproche le bruit émanant de mon bungalow à une heure avancée de la nuit. Il se tourne alors vers Fred Mella, le chanteur vedette des Compagnons de la chanson, qui arrive également à la réception, pour que celui-ci confirme que le vacarme venant de chez moi avait bien dérangé tous les clients. Fred m'adresse alors un sourire complice et répond qu'il n'a rien entendu.

Nous repartons ensuite chacun de notre côté, chaque orchestre avec son artiste. Les plus chanceux n'ont que quelques kilomètres à parcourir, les moins veinards plusieurs centaines. C'est le cas de Johnny ce jour-là. Il me confie qu'il ne supporte plus d'avoir à effectuer de telles distances entre ses galas, même dans les meilleures conditions. Une affirmation péremptoire que je l'entendrai répéter régulièrement pendant cinquante ans…

Cet été-là voit également l'essor de plusieurs groupes français de *pop music*, dont Martin Circus. Je connais très bien ces musiciens, ayant partagé toutes leurs répétitions du début de la formation jusqu'au premier succès. L'un des fondateurs du groupe était Gérard Pisani, le sax ténor de l'orchestre Hallyday, les Blackburds. Lorsque nous nous retrouvons, l'ambiance est toujours psychédélique. Depuis Woodstock, les tenues à la mode sont faites de chiffons bariolés et les cheveux sont de plus en plus longs. Je n'échappe pas à cette mode. Lors de cette tournée, mes tifs me tombent en dessous des épaules. Un look qui n'est pas apprécié par tout le monde, comme je vais en faire le triste constat.

En rentrant à 2 heures du matin avec l'un de mes collègues musiciens au *Grand Hôtel* de Noailles de Marseille, où descendent tous les artistes, nous sommes soudain hélés par des voix peu avenantes. S'en prenant particulièrement à moi, un groupe d'excités nous traitent de tous les noms mettant en cause notre virilité.

J'avais déjà connu un épisode similaire la semaine précédente à Pau, avec des militaires parachutistes et j'avais dû battre en retraite sous les quolibets... Alors que je suis pourtant d'un naturel calme, mon sang ne fait qu'un tour. Venant de me garer devant le palace marseillais, je me saisis d'un marteau dans ma boîte à gants pour parer à toute agression. Je me mets à pourchasser celui qui a osé proférer les pires injures à mon encontre alors qu'à mon grand étonnement il entre en courant dans le hall de l'hôtel pour se réfugier auprès de la réception.

En voyant un énergumène aux cheveux longs avec un marteau à la main, un employé s'est empressé d'appeler la police. La maréchaussée locale fait peu après irruption. Entre-temps, je suis allé réveiller Antoine dans sa chambre.

Alors qu'il descend apaiser la situation, il est vite rejoint par le directeur général de la tournée *Radio Monte Carlo*, le grand professionnel Gérard Fredenucci, réveillé lui aussi par l'esclandre. Tout cela n'est pas du meilleur effet…

Alors que tous deux jouent mes avocats face aux responsables de l'hôtel, nous apprenons avec stupéfaction que l'individu que je pourchassais est un pilote d'Air France qui assure la liaison entre Paris et Marseille.

Le commissaire, qui avait rejoint les policiers en tenue sur les lieux, décrète bon enfant sur un ton enjoué à la Pagnol que l'incident est clos et que tout le monde peut rentrer se coucher.

Je finis par offrir un verre au commandant de bord, et nous tombons pratiquement dans les bras l'un de l'autre avant de monter dans nos chambres.

L'ensemble de l'année 1970 sera assez extraordinaire. Après son passage à l'Olympia, Antoine réussit avec succès une reconversion dans le plus pur style de la variété française. Il n'hésite pas à ajouter à son répertoire de vieux succès comme « Le Cul sur la commode » de Jeanne Aubert ou « Dites-moi ma mère » de Maurice Chevalier.

Au-delà de ses talents artistiques, le chanteur, diplômé de l'École centrale, est d'une intelligence étonnante. C'est grâce à son entregent que je suis engagé avec ses autres musiciens par l'ORTF pour l'émission quotidienne de TF1 *Midi trente*, animée par la célèbre Danièle Gilbert. La télévision n'avait alors que deux chaînes, l'impact était énorme, les gens me reconnaissaient dans la rue. L'aventure durera six mois de façon quotidienne et démontrera que la télévision, et c'est encore le cas aujourd'hui, permet de développer rapidement une notoriété de proximité auprès du public absolument incomparable.

Antoine, par l'intermédiaire de son légendaire imprésario Georges Leroux qui avait fait débuter Johnny en 1960, nous trouva en même temps un contrat pour jouer le soir dans le cabaret *La Tête de l'art*. Cet établissement réputé de la rive droite est alors une institution parisienne dans laquelle bon nombre d'artistes se sont produits.

Le décor est luxueux, la cuisine raffinée et les prix élevés. Avant nous, Brel, Barbara ou Dutronc ont expérimenté le lieu avec succès. Nous y jouons trois semaines d'affilée, avec notamment les très drôles Frères ennemis en première partie et Danièle Gilbert qui présente le spectacle, en chantant de plus en duo avec Antoine.

Entre l'émission *Midi Première*, diffusée en direct à 12 h 30 du célèbre Studio 102 de la Maison de la radio et le spectacle à 23 heures, il est impératif pour chacun d'entre nous de récupérer des forces compte tenu de ce rythme soutenu.

À la télévision

Le cabaret est tenu de main de maître par Jacques Provence et son épouse, un couple mythique du monde du spectacle. Ce type d'établissement avait été créé après-guerre pour les noctambules parisiens et les riches touristes étrangers. Ce fut une époque bénie pour les artistes qui pouvaient trouver du travail sans difficulté.

Pour l'émission, nous étions payés à la semaine par l'ORTF. Chaque vendredi, juste après l'émission, je passais au bureau du comptable au sixième étage.

Après avoir parcouru le dédale des couloirs de la Maison de la radio, je repartais avec ma paye hebdomadaire et la sensation d'exercer enfin un vrai métier. Entre les cachets de l'ORTF, ceux de *La Tête de l'art* et ceux des galas le week-end, ma rémunération se révélait très satisfaisante, surtout si je me comparais aux jeunes de mon âge qui avait fait davantage d'études.

En fin d'année, nous enregistrons avec Antoine des morceaux pour une émission de Noël au studio des Buttes-Chaumont, seul lieu à l'époque suffisamment grand pour accueillir de nombreux artistes. Durant cette période, je commence à manifester une forme de rébellion contre les artistes que je ne considère pas comme faisant partie de notre sérail. En premier lieu ceux qui rencontrent un grand succès dans la variété, comme Michel Sardou. Je le croise justement en sortant du studio alors qu'il vient tourner l'émission. Nous sommes alors en pleine révolution musicale. Les premiers groupes français de *pop music* voient le jour après le Festival de Woodstock et, surtout, celui d'Amougies où j'avais accompagné les Martin Circus. Les buvards de LSD et les joints avaient beaucoup tourné pendant trois jours en compagnie de Franck Zappa. J'étais encore dans cet état d'esprit quand je me suis retrouvé face à Sardou, dans le portillon tournant de la porte d'entrée des Buttes-Chaumont. De façon stupide, je me campe devant lui pour lui barrer le passage comme par défi. J'attendais qu'il s'efface pour me laisser passer. Ce qu'il fait sans hésiter, avec une grande intelligence.

Avec le recul, je sais à quel point mon attitude, alors que j'avais à peine plus de 20 ans, était déplacée et puérile. Je n'étais rien comparé à ce grand chanteur qui vendait des millions de disques.

Je me considérais alors comme un puriste, adepte d'une qualité musicale que les chanteurs de « soupe » ne sauraient atteindre. Il me faudra quelques années pour comprendre combien j'avais tort.

Une mauvaise blague à Patrick Bruel

J'aurai néanmoins un comportement similaire à l'encontre d'un chanteur populaire trente ans plus tard lors d'un anniversaire de Johnny. En juin 2000, chez Castel, j'adopterai une conduite aussi ridicule avec Patrick Bruel, à qui je refuserais gentiment de serrer la main alors que j'étais avec Johnny, prétextant avec mauvaise foi que je ne le connaissais pas... Je trouvais drôle de prétendre en face de l'un des chanteurs les plus célèbres de France que je ne savais pas qui il était ! Ce ne fut hélas pas du goût de tout le monde : mon trait d'humour tomba à plat et aura des retombées.

Un mois et demi plus tard, lorsque je me rends à sa demande au concert de Johnny à Vichy le 29 juillet, celui-ci me fera la leçon lors du dîner d'après-spectacle auquel il me convie spécialement avec une quinzaine de personnes triées sur le volet. Devant tous les convives, le Grand me fait alors savoir à quel point il estime que je m'étais mal comporté, sans sembler saisir le second degré de ma plaisanterie. Je préfère encaisser sans rien dire car je sais d'expérience que Johnny peut aller très loin en pareille situation, surtout en public. Je n'ai pas envie de me fâcher avec lui pour une telle broutille. Je sais qu'il a déjà agoni d'injures un ami proche dans des circonstances similaires une vingtaine d'années auparavant. Cet ami, aujourd'hui disparu, est pourtant toujours resté à ses côtés sans qu'il ne lui en tienne jamais rigueur, devenant même l'un de ses principaux associés.

L'Idole est souvent prompt à critiquer avec la plus grande mauvaise foi les gens qui l'entourent. C'est un passe-temps oisif qu'il surnomme lui-même « déguiser les gens ». Je dois avouer qu'en me gardant bien d'y participer je l'écoute avec une certaine délectation lorsqu'il s'y adonne.

Lors du dîner à Vichy, la charmante Laeticia ajoute un peu de piment en m'indiquant que Patrick Bruel lui avait assuré qu'il ne me choisirait jamais comme avocat. Ce dont je me fiche éperdument. Je n'ai pas pour habitude de faire du rabattage pour attirer qui que ce soit, même la plus célèbre des divas.

Les artistes qui estimaient que j'étais le plus apte à assurer la défense de leurs intérêts dans des situations difficiles ne s'y trompaient pas et venaient à moi directement. Je n'ai jamais couru après la célébrité, ni après les célébrités. C'est ainsi que les choses se sont passées pendant plus de quarante ans !

Chapitre XII

Où l'on évoque deux étoiles filantes dans ma constellation Françoise Sagan-Guy Béart

J'ai rencontré celle que certains appellent « Sagan » au milieu des années 1990, à l'occasion d'un rendez-vous au cabinet d'avocats où je travaillais, avec mon associé Jacques-Georges Bitoun. La romancière rencontrait des problèmes financiers à résoudre de façon urgente, nous disait-elle, pour terminer les travaux de sa demeure de Normandie. Elle s'inquiétait aussi d'un redressement fiscal. Elle semblait un peu perdue. Malgré ses succès en librairie, elle dépensait son argent aussi vite qu'elle le gagnait. Nos rencontres m'ont donné l'occasion de lui parler, ou plus exactement de l'écouter. Je me suis rendu compte à quel point elle était un personnage hors du commun. Elle avait parfois du mal à énoncer clairement ses pensées dans une conversation mais tout ce qu'elle disait prenait néanmoins du sens.

Le matin du 30 janvier 1994, mon associé et moi amenons avec nous la célèbre écrivaine à un séminaire de deux jours. L'objectif était d'initier notre délicieuse compagne à la méditation et la motivation par l'esprit. Cette pratique américaine, appelée « méthode Silva », était alors très en vogue pour développer un certain nombre de qualités qui nous faisaient, paraît-il, défaut chaque jour… Le séminaire se tenait dans un grand hôtel près des Champs-Élysées.

Après une matinée laborieuse, la pauvre romancière paraissait singulièrement épuisée. Alors que nous déjeunions dans un restaurant asiatique bien connu rue du Colisée, notre invitée semblait déterminée à nous quitter. Elle nous fit part, désolée, de son désarroi devant l'enseignement dispensé lors des heures précédentes, nous confiant qu'il ne correspondait en rien à sa façon de penser.

L'idée précisément d'une pensée maîtrisée et ordonnée semblait la révulser au point de ne pas vouloir poursuivre l'expérience.

Nous n'insistions pas, tant il était évident, avec le recul, que tout ce qu'elle avait entendu ce matin-là sur le contrôle de soi pour maîtriser sa vie se situait aux antipodes de son sens même de l'existence. Elle vivait depuis soixante ans en suivant son instinct, laissant libre cours à ses envies, sa passion du jeu ou ses passions amoureuses.

Avant de retourner dans la salle de conférences, nous prenons donc congé de Sagan, la laissant bien volontiers à sa liberté d'être elle-même qui avait fait d'elle ce qu'elle était aux yeux du monde. On ne contrarie pas une étoile dans sa destinée.

Chez Guy Béart

Artiste hors du temps, Guy Béart était lui aussi un être extrêmement attachant. Il se rapproche de moi en 2004 après avoir découvert mon nom dans la presse en raison de mes succès judiciaires en faveur de Johnny Hallyday. Il souhaite échanger avec moi sur sa conception du métier qu'il connaît parfaitement. Une démarche qui me flatte, ne perdant jamais l'occasion de me nourrir de l'expérience des gens de qualité. Lorsqu'il me reçoit dans sa superbe demeure de Garches, je m'aperçois vite qu'il connaît à peu près tous les meilleurs avocats de Paris, dont il a fait le tour au fil des années.

Quand j'évoque le sujet avec d'autres confrères spécialisés dans le domaine artistique, ceux-ci me confirment qu'ils ont tous été consultés, à un titre ou un autre, par l'interprète de « L'Eau vive ». Celui-ci se montre très au fait des questions juridiques et de la défense de ses droits. Il m'apprend qu'il a été régulièrement confronté à des litiges judiciaires avec ses producteurs au fil de sa longue carrière. Il mène une sorte de croisade intellectuelle du pot de terre contre le pot de fer. Dans sa superbe bibliothèque trône en bonne place l'annuaire officiel de l'Ordre des avocats de Paris. Je passe le voir de plus en plus souvent, toujours à sa demande. À chaque fois, il m'adresse par fax une invitation en bonne et due forme. L'artiste calligraphie lui-même son message en le personnalisant par un dessin ou quelques vers de sa main, toujours une attention originale le plus souvent poétique.

À chacune de nos rencontres, il déploie à mon égard les plus grandes civilités. Après avoir été accueilli par son fidèle majordome, je suis l'artiste dans sa demeure qui me montre, non sans fierté, un morceau de l'escalier de la tour Eiffel qu'il a installé dans son grand jardin.

Il m'invite parfois le dimanche après-midi pour profiter d'un week-end ensoleillé. Je me baigne avec lui dans sa piscine semi-couverte.

Il me parle beaucoup de Johnny Hallyday, dont le succès populaire le fascine évidemment en grand professionnel qu'il est. Il me fait cadeau d'une cassette vidéo d'une émission qu'il animait en vedette dans les *seventies*, *Bienvenue à*

Guy Béart, avec Hallyday en invité vedette. Je ne manque d'ailleurs pas de la visionner avec l'intéressé dans son bureau de Marnes-la-Coquette. Johnny se souvenant très bien du tournage, dont il garde un bon souvenir.

Guy Béart me convie une fois à dîner dans son salon-bibliothèque. Dans la lumière tamisée des bougies, nous discutons à bâtons rompus des chansons qu'il est en train d'écrire. Il me fait l'honneur de me demander mon avis sur quelques vers guettant mon approbation sur telle ou telle rime.

Sa chambre, qui lui sert de pièce de travail, est un véritable capharnaüm. Tout est encombré de vestiges en tous genres, avec des enregistrements dont certains remontent à plus de cinquante ans.

Lui seul en connaît le secret du rangement. L'ensemble transpire une trajectoire professionnelle artistique bien remplie.

Parfois, il s'allonge sur son lit pour écrire des textes pour son prochain album, en peignoir tel un monarque, tandis que je suis assis sur une chaise à côté de lui.

Tout en étant d'une intelligence remarquable, comme tout poète qui se respecte, il est lunaire. Je suis ravi de nos rencontres, qui me permettent de le connaître un peu mieux à chaque fois. Je suis très touché le jour où il m'offre son autobiographie écrite de sa main, *L'Espérance folle*. Un très beau titre qui résume si bien sa trajectoire exemplaire. Je suis heureux d'avoir pu mieux le connaître, même tardivement, dans ces occasions particulièrement privilégiées.

Chapitre XIII

Où l'on évoque quelques sorties à l'extérieur
Les restaurants avec Johnny pendant vingt-cinq ans, 1982-2007

Il m'est impossible de compter le nombre de fois où je suis allé au restaurant avec Johnny. Comme le soulignait notre ami Alan Coriolan, il suffisait que l'Idole arrive quelque part pour que soudain le silence se fasse. Tout se figeait l'espace d'un instant. La vie ne paraissait plus la même et prenait une autre dimension, jusqu'à ce que le brouhaha autour et l'existence reprennent leur cours normal. Johnny, lui, ne semblait pas le remarquer, créant sans rien faire un moment d'arrêt au milieu des personnes présentes.

L'établissement qui détient la palme de notre assiduité est sans conteste le *Petit Victor Hugo*, dans le 16e arrondissement, à côté de mon cabinet. Johnny y faisait ses déjeuners d'affaires et parfois des rencontres inattendues. Il aimait croiser du monde plutôt que de rester seul chez lui, dans une solitude absolue mais voulue la plupart du temps.

Le Bidou, à côté de l'Étoile, eut également ses préférences pendant un temps. Il m'y invite un jour en présence du journaliste Marc Francelet et de l'un de ses confrères, Hervé

Gategno, qui débutait alors dans le métier et qui réalisera une belle carrière.

Johnny voulait me faire goûter à la « meilleure côte de veau de Paris », ce dont je ne disconviens pas une fois testée. Il avait aussi invité à notre table le producteur de télévision Gérard Louvin, pour discuter d'un projet de comédie musicale inspirée de la vie de Che Guevara. Projet dont je m'occuperai à sa demande au début des années 2000. « Je veux absolument que tu défendes mes intérêts dans ce dossier », m'avait annoncé Johnny au téléphone.

Il viendra à mon cabinet dans l'urgence pour signer le contrat de coproduction que j'ai établi. Ce projet n'aura cependant pas de suite en raison de l'environnement curieux des individus dont il s'était entouré pour l'occasion. Ceux-ci n'avaient de cesse de tirer la couverture à eux au détriment des autres.

Les anniversaires de Jojo

Durant vingt-cinq ans, certainement comme d'autres, j'ai participé à plus de la moitié des fêtes d'anniversaires de mon client préféré. Chaque année, le 15 juin représentait un événement pour le microcosme qui gravitait autour de la star.

La presse a toujours décrit en détail ces réceptions, avec de nombreuses photos des célèbres convives.

Pour ma part, je retiens surtout la simplicité et la gentillesse qui régnaient dans ces fêtes au cours des décennies qui se sont succédé.

Le 15 juin 2001, par exemple. En quittant sa soirée d'anniversaire à la Savannah, j'invite Johnny à venir dîner à la maison quatre jours plus tard, ce qu'il accepte aussitôt.

À la date prévue, il me laisse un message sur mon répondeur : « Je suis désolé, mais Eddie Vartan, le frère de Sylvie, est décédé et je ne peux faire autrement que de me rendre chez lui pour David, dont il était le parrain. J'espère que tu comprendras... »

Je le rappelle aussitôt pour lui confirmer que la question ne se pose évidemment pas. Je suis attristé de cette nouvelle qui frappe une famille entière.

Le lendemain matin, Johnny me rappelle pour me raconter brièvement la veillée funèbre. Il y avait rencontré une personne prétendant posséder un don de divination qui lui a soutenu qu'elle ressentait de très mauvaises vibrations le concernant. Cet inconnu lui a dit qu'à l'âge de 66 ans, il rencontrerait un grave problème qui pourrait lui être fatal. L'Idole semblait très troublé. Il n'aime pas ce chiffre diabolique, me dit-il, et change tout de suite de conversation...

Je ne demande aucune précision, ne souhaitant surtout pas m'aventurer dans ce registre. Je pensais qu'il avait simplement été marqué par le décès de son ex-beau-frère. Avec le recul, je réalise que les 66 ans de Johnny tomberont en 2009, année fatidique durant laquelle il subira de graves ennuis de santé qui mettront sa vie en péril.

Aux concerts de U2 et des Stray Cats

Quelques jours plus tard, en juillet 2001, Johnny, visiblement remis de ses émotions, m'appelle, pour que je l'accompagne à Bercy assister au concert du groupe U2.

Nous arrivons à la dernière seconde dans une salle pleine à craquer, en nous frayant un chemin à travers la foule grâce aux gardes du corps qui ouvrent le chemin jusqu'à nos places, réservées par le président d'Universal, sa maison de disques de l'époque, sous les acclamations des spectateurs qui le reconnaissent de loin.

Je ne comprends pas tout de suite l'intérêt d'aller voir un tel groupe, que je n'apprécie pas particulièrement mais je connais l'engouement du public parisien pour la formation irlandaise.

Johnny m'expliquera ensuite que c'est par conscience professionnelle qu'il souhaitait voir ce spectacle. Il jugeait important de connaître les nouvelles technologies utilisées sur scène par les groupes anglo-saxons, toujours en avance dans ce domaine. Ce qui ne l'avait pas empêché de proposer à son public des spectacles époustouflants sur le plan technique lors des trois années précédentes. Ceux du Stade de France, du parc de Sceaux ou de la tour Eiffel sont encore dans toutes les mémoires.

Je reconnais là son professionnalisme, dont l'intérêt se trouve d'ailleurs vite estompé, puisqu'il me fait signe, bien avant la fin du show, qu'il en a suffisamment vu et qu'il souhaite quitter les lieux au plus vite.

Nous levons donc le camp, traversant les allées dans l'obscurité de la salle, uniquement guidés par les lampes torches de nos anges gardiens. Une fois dehors, nous montons dans l'Audi A8 du Patron, où son fidèle chauffeur, prêt au départ, faisait déjà tourner le moteur.

Le lendemain, en fin de matinée, Johnny vient au rapport pour connaître mes impressions. Lorsque nous sortons, il m'appelle toujours le jour suivant, vers midi, pour prendre des nouvelles. C'est systématique avec Johnny.

Il me confie qu'il a davantage apprécié le concert de U2 que celui des Rolling Stones qui, selon lui, se font vieux…

Je suis étonné par cette remarque. Il m'avait toujours certifié qu'il était beaucoup plus « Stones que Beatles ». Je comprends cependant mieux son point de vue lorsqu'il m'indique : « Tu comprends, Mick Jagger a dit dans une interview qu'en France il n'y avait aucun chanteur de rock, alors je n'irai plus jamais le voir sur scène ! »

Ce qui est drôle, c'est que je les ai vus très proches à la fin des années 1960. C'était à l'époque du *Bilboquet*, rue Saint-Benoît, et du Rock'n'Roll Circus, que fréquentait également Jim Morrison, qui sera retrouvé mort dans les toilettes du club au petit matin. Certaines mauvaises langues – qui se reconnaîtront – colportaient la rumeur farfelue selon laquelle Hallyday et Jagger auraient eu une aventure d'un soir dans un état d'ivresse avancé, si cher à Gabin et Belmondo.

Je les ai croisés également avec le superbe acteur androgyne Helmut Berger.

Tout ce beau monde se retrouvait au fameux *Hôtel* de la rue des Beaux-Arts, où habita Johnny pendant deux ans, refuge très prisé à 4 heures du matin car quasiment en face du Rock'n'Roll Circus. Johnny semblait davantage attiré par Anita Pallenberg, la femme du guitariste des Rolling Stones, Keith Richards. En pure perte, dit-on…

Lors de cette discussion, je rappelle à l'Idole que James Brown, le parrain incontesté de la musique soul, avait déclaré dans une interview à *L'Événement du jeudi* : « Dis bonjour à Johnny Hallyday de ma part. C'est un bon. Je n'ai jamais compris qu'il ne soit pas une star aux États-Unis ! »

Ce rappel lui met du baume au cœur. Nous partons ensuite dîner aux *Bains Douches*, l'un de ses lieux de prédilection. Il avait fait réserver une table sans me prévenir, comme d'habitude, ne laissant jamais rien au hasard dans l'organisation d'une soirée.

Nous arrivons dans une cohue indescriptible. Au point que nous sommes contraints de nous ranger derrière Daniel, le coach bien baraqué qui nous ouvre la route en bousculant un peu les clients sur le chemin qui mène à notre table.

Nous nous retrouvons à côté de Steven Seagal, l'acteur américain de films d'action qui ressemble à une montagne de muscles. Il nous salue de loin, sans trop prêter attention à Johnny.

Lors du dîner, Johnny est en pleine forme. Une heure du matin est toujours le moment qui lui convient le mieux pour refaire le monde et critiquer gentiment la plupart des gens que nous connaissons.

Le lendemain matin, il me dira avec une certaine satisfaction que le chanteur de U2 avait fini sa soirée après le concert de Bercy allongé par terre, ivre mort dans une rue parisienne. Ce à quoi je lui réponds que, vu le poids que représente son statut de star internationale, il a le droit de se mettre dans cet état-là pour décompresser. JH, en connaisseur avisé, n'en disconvient pas et sourit sans rien dire.

Deux mois après, en septembre 2001, il me fait savoir qu'il aimerait que je l'accompagne au concert des Stray Cats à l'Olympia, avec leur chanteur vedette, Brian Setzer qu'il connaît bien.

Je ne sais pourquoi, mais Johnny prend apparemment plaisir à me solliciter comme compagnon de ses sorties parisiennes durant cette période. J'accepte avec joie et il me donne rendez-vous à 19 heures chez lui pour que nous puissions y aller avec un seul véhicule.

À 18 h 30, je reçois un appel un peu inquiet de sa part. Il me demande si je suis déjà en route. Je lui réponds qu'habitant à Boulogne, donc à moins de vingt minutes de Marnes-la-Coquette en coupant par le parc de Saint-Cloud, je ne vais pas tarder à prendre ma voiture. Ma réponse semble le contrarier. Je le sens tendu. Il me répond : « Je t'envoie mon chauffeur chez toi pour qu'il te conduise ici et que nous puissions partir à l'heure ensemble. »

Quinze minutes après, je vois arriver l'imposante Audi A8 gris métallisé dans ma petite rue. Patrick, le chauffeur avec qui je m'entends bien, m'ouvre la porte et me dit d'un air un peu stressé : « Il faut faire vite, le patron nous attend. »

Je me dis alors qu'il y a un problème. Johnny est seul durant cette période, Laeticia étant partie se reposer dans le Sud en famille, et il est un peu désœuvré.

Arrivé chez lui, je rentre dans son bureau et le trouve en train de regarder tranquillement la télé. Il semble heureux de me voir.

Rassuré quant à moi sur l'éventuelle mauvaise ambiance qui aurait pu gâcher la soirée, je le suis dans la voiture.

Je prends place sur la banquette arrière tandis que Johnny, comme d'habitude, s'installe sur le siège passager.

Hors de question pour lui de s'asseoir à l'arrière de son véhicule, même avec un chauffeur. Lors des trajets, il a l'habitude d'enchaîner les coups de téléphone en grillant des Gitanes sans filtre les unes après les autres.

Sur les quais de Seine, confortablement assis sur le cuir de la banquette, j'en profite pour admirer par la fenêtre la tour Eiffel et le palais du Louvre, devant lesquels nous passons à vive allure avant de nous engouffrer avenue de l'Opéra. Je regarde en même temps les informations du soir sur l'écran de télévision installé à l'arrière. Il y a pire comme façon de se déplacer dans Paris…

Après cette balade sur les quais, nous arrivons bien en avance devant l'Olympia.

Le chauffeur-garde du corps arrête la voiture en double file devant l'entrée des artistes rue Caumartin, que Johnny connaît parfaitement, puis nous escorte jusqu'à la porte. Nous déambulons à travers les coulisses, que je connais bien, pour arriver au milieu des loges où se trouve le fameux bar *Marylin*. Institution légendaire, que j'ai toujours connue dans les anciennes coulisses de l'Olympia, ce lieu est depuis les années 1960 le rendez-vous du show-business. Les vedettes les plus célèbres, françaises ou internationales, y ont toutes trempé leurs lèvres dans une coupe de champagne. Marylin, toujours la clope à la bouche, menait ses clients à la baguette, Franck Sinatra ou pas… et je ne me serais pas risqué à la contredire quand je jouais à l'Olympia chaque soir et que je venais la voir après avoir terminé de travailler. J'ai toujours fait profil bas avec elle, et même son mari, un gentil colosse barbu qui filait droit à la moindre réflexion de la patronne…

Le bar a été reproduit à l'identique, tel un monument historique, dans les nouvelles coulisses du music-hall, tant l'ancien était pittoresque.

Johnny, venu avec une guitare dans son étui, se dirige sans perdre un instant vers ce lieu où il a visiblement ses habitudes. Il préfère rester seul et demande à son *bodyguard* de me conduire à la place qui m'a été réservée.

Sans discuter, je suis donc Patrick jusqu'à l'endroit de la salle réservé aux personnalités, qui peuvent ainsi assister au spectacle en toute discrétion au premier balcon, une superbe loge de velours rouge avec fauteuils à l'ancienne à droite de la scène.

Au premier rang, déjà installés, je distingue dans la pénombre Eddy Mitchell en compagnie de son épouse et de sa fille.

Le spectacle commence devant un public enthousiaste dès les premiers morceaux. Au bout d'une heure, Brian Setzer s'empare du micro pour annoncer que le plus grand chanteur de rock français va le rejoindre pour interpréter une chanson avec lui. À ma grande surprise, Johnny déboule sur la scène avec sa guitare en bandoulière. Un peu décoiffé, la démarche mal assurée, il reçoit l'ovation d'une partie des spectateurs mais aussi quelques invectives. Les deux chanteurs attaquent « Blue Suede Shoes », classique du rock'n'roll s'il en est, qu'ils ont déjà joué ensemble par le passé.

Cette prestation ne semble pas ravir son ami Eddy Mitchell, alors que celui-ci appréciait jusqu'ici le spectacle. Le titre interprété par les deux stars n'est certes pas extraordinaire mais Johnny fait, comme toujours, preuve d'un grand métier qu'il maîtrise parfaitement face au public.

À la fin du spectacle, Patrick, le chauffeur, vient me chercher pour que je puisse rejoindre Johnny sans encombre dans les loges. Je le retrouve attablé au bar, en grande discussion avec plusieurs personnes. Il ne me prête aucune attention.

Dans ces moments-là, je juge préférable de ne pas me mêler de la conversation ou d'imposer ma présence. Johnny se montre très volubile, comme souvent après quelques verres. Son pote Mitchell, que je croise en coulisses sur le départ, semble un peu agacé. Il me lance d'un air entendu et amusé : « Tu diras au revoir à ton ami de ma part », puis quitte les lieux sans aller le saluer.

Un peu plus tard, le chauffeur nous raccompagne Johnny et moi jusqu'à la voiture, toujours garée en double file. Johnny lui indique qu'il souhaite aller dans une boîte de nuit où il va souvent, *L'Arc*, situé place de l'Étoile.

À cette heure de la nuit, il ne nous faut que quelques minutes pour arriver sur place.

Le Patron sort le premier du véhicule, sans nous laisser le temps de réagir. Patrick et moi sommes encore assis sur nos sièges alors qu'il est déjà dans le hall de l'établissement.

Sur le chemin entre le trottoir et l'escalier menant à la discothèque, il y a une cinquantaine de mètres que Johnny va avoir le plus grand mal à parcourir. Il est patent qu'il est incapable de marcher seul et se cogne contre chaque mur.

Patrick et moi restons circonspects en bas de l'escalier. Le garde du corps, qui veille au grain au cas où, sait d'expérience qu'il ne faut pas intervenir dans ces situations, sauf en cas d'extrême urgence. Se retournant vers moi, il me lance : « De toute façon, il va très vite redescendre… »

C'est bien le connaître : quelques secondes plus tard, Johnny, effectivement, se retourne vers nous l'air mécontent. Il ne prononce pas un mot mais il suffit de regarder sa mine renfrognée pour comprendre qu'il n'a plus envie d'y aller !

« Nous y retournerons un autre jour, grogne-t-il comme si de rien n'était, avant d'ajouter : Je n'aime pas trop cet endroit en fait… » La phrase est prononcée avec un aplomb qui rend sa mauvaise foi aussi sidérante que drôle. Son humour, même involontaire, est toujours dévastateur.

Et nous voilà repartis en direction de Marnes-la-Coquette, roulant dans la nuit à tombeau ouvert sur l'autoroute de l'Ouest vers la maison. Ce qui est la meilleure chose à faire pour terminer la soirée !

Le Balzac, *son restaurant*

Parmi la multitude de restaurants où nous déjeunions ensemble, *Le Balzac*, devenu comme il le souhaitait « son restaurant », tenait une place à part. Je m'y rendais souvent pour des repas entre amis avec Johnny mais finalement assez peu pour de véritables « déjeuners d'affaires ». J'aimais ces moments sympathiques avec le maître des lieux, qui choisissait lui-même les plats qu'il demandait à son chef de concocter.

Il avait un faible pour le poisson « omble chevalier », que l'on trouve dans les lacs d'eau douce des Alpes. Un délice que nous savourions souvent car le Patron y ajoutait un argument imparable : lui attribuer la vertu d'un plat très diététique dépourvu de gras, avec lequel il était très vigilant dans son régime quotidien.

J'ai eu l'occasion de rencontrer nombre de personnalités en ce lieu en compagnie de mon client. L'un de mes souvenirs les plus agréables fut un déjeuner impromptu avec la chanteuse Petula Clark et son époux Claude Wolff, disparu en mars 2024. Nous étions tous les quatre autour de la table ronde à gauche de l'entrée, celle réservée au patron. Johnny, visiblement très apprécié par le couple, faisait lui-même preuve d'humilité et de respect envers les deux époux.

Petula Clark, artiste émérite, n'avait plus rien à prouver compte tenu de son immense carrière internationale. Quant à Claude Wolff, il fut l'un de ceux qui avaient permis à Johnny de démarrer dans le métier.

Au début des années 1960, c'est Jacques Wolfsohn et lui qui firent des pieds et des mains pour que la future idole des jeunes enregistre son premier 45 tours chez Vogue, dans le petit studio de la rue Jouvenet. Je peux constater que Johnny ne l'a pas oublié. Il existe entre Petula, Claude Wolff et lui une grande complicité et un respect mutuel. Le temps n'a rien estompé.

Autre souvenir mémorable, un déjeuner à trois avec l'immense metteur en scène Robert Hossein. Le rendez-vous avait été organisé car Johnny et moi souhaitions lui parler du projet de comédie musicale sur Che Guevara.

Hossein était le grand spécialiste des spectacles d'envergure. Au Palais des Sports, il avait monté des mises en scène pharaoniques sur *Jésus*, *Bonaparte* ou *Notre-Dame de Paris*.

Johnny l'avait déjà sollicité trente ans auparavant pour qu'il produise avec lui un spectacle consacré à Hamlet, dans le cadre du double album qu'il avait enregistré avec mon ami, le talentueux Jacques Revaux, qui ne rencontra, hélas, guère de succès.

Le metteur en scène m'apparaît d'une extraordinaire lucidité. Je remarque une incroyable connivence entre les deux hommes, qui remonte sans doute au film *Point de chute*, qu'ils ont tourné ensemble en 1970.

Bien qu'ils évoluent dans deux univers totalement distincts, ces deux grands artistes se rejoignent par leur talent et parlent le même langage. Il se dégage une grande humanité du metteur en scène, qui s'exprime d'une voix de velours.

Au cours du repas, je ne dis pas grand-chose, préférant les écouter. J'ai souvent invité au *Balzac* des personnes de mon entourage, familial ou professionnel. Je m'y rendais sans Johnny car je ne souhaitais pas avoir l'air d'être sans cesse l'hôte de la star sans renvoyer l'ascenseur.

J'ai toujours été accueilli chaleureusement par l'associé de l'Idole, Claude Bouillon, qui dirigera l'établissement avec brio durant plusieurs années.

J'avais connu Claude en 1989 *Chez Françoise*, le restaurant emblématique situé sous les Invalides où certains députés ont leur rond de serviette.

Nous y avons tenu plusieurs réunions en vue de créer un restaurant de style tex-mex qui devait s'appeler *Station Café*. Le projet ne verra jamais le jour, pour des problèmes d'ordre administratif selon l'homme d'affaires de Johnny de l'époque. Un argument qui ne m'avait pas convaincu.

Un prêt de 3 millions d'euros fut en réalité accordé par la banque pour ce projet de restaurant, lequel sera utilisé pour combler les déficits personnels de trésorerie.

Un jour, alors que j'arrive au parking en sous-sol de *Chez Françoise* pour rejoindre la petite troupe, au volant d'une superbe Ferrari rouge que j'avais louée pour le week-end, Johnny se précipite vers moi, étonné de me voir au volant d'un tel bolide, qui lui est, bien sûr, familier.

Il n'aura de cesse de me démontrer par la suite qu'il est stupide de louer ce genre de véhicule et qu'il vaut bien mieux l'acheter. « Lorsqu'on le loue, me dit-il, ce n'est jamais à soi, alors qu'en être vraiment propriétaire fait toute la différence… »

Il m'assène le coup de grâce en m'apprenant qu'il a cédé l'une de ses anciennes Ferrari à son guitariste et qu'il ne comprend pas pourquoi un musicien pourrait se permettre un tel achat et pas son avocat !

Quelque temps après, je croiserai mon éminent confrère, Daniel Vaconsin, au volant d'une superbe Ferrari rouge. Celui-ci s'occupera des intérêts de Johnny pendant dix-neuf ans dès 1984, concomitamment à mes interventions, jusqu'à ce qu'il soit malheureusement remercié en 2003 après l'affaire du prétendu viol au tribunal de Nice.

Je me garderai bien de demander à Johnny qui était l'instigateur de cet achat d'un tel bolide de luxe de la part d'un avocat…

Au début de l'année 2005, je me rends avec mon épouse au *Balzac* pour un dîner avec Johnny et une dizaine de proches, dont le photographe Daniel Angeli.

L'Idole s'empresse d'aller voir son associé, Claude Bouillon, pour lui faire ses recommandations. À ma grande surprise, il lui demande également de nous traiter, ma femme et moi, avec les plus grands égards et de prêter une attention particulière à la façon dont je serai placé à table.

Claude, qui est un ami, n'avait pas besoin de telles instructions mais il rassure néanmoins le Patron en lui disant que tout sera fait pour le satisfaire. Je suis étonné de cet excès de sollicitude car il n'y a aucune raison que j'aie droit à plus d'égards que quiconque, sauf que Johnny souhaite me témoigner sa proximité. Toujours est-il que je me retrouve à présider le dîner.

Contrairement à ses habitudes, Johnny s'est assis au milieu de la table, en face d'une amie, Cécile, dont une partie de la famille vit à Saint-Barth. Au cours de la conversation, il l'interroge sur la façon dont il pourrait s'y prendre pour acheter un terrain sur place. Il ne connaît pas grand monde sur l'île, qu'il vient de découvrir lors de récentes vacances.

C'est ainsi que j'assiste à la naissance de la passion de Johnny pour Saint-Barth. Lui et Laeticia en feront leur destination privilégiée, puis le lieu de leur résidence secondaire où ils inviteront chaque été énormément de gens, plus ou moins proches.

Pour ma part, je n'ai jamais eu l'occasion d'y mettre les pieds. Cette même année, Johnny m'avait pourtant envoyé un e-mail pour me faire savoir que j'avais tort de refuser son invitation de partir quelques jours décompresser à Saint-Barth. D'après lui, il s'agissait d'un véritable paradis.

Peu de temps auparavant, il m'avait, il est vrai, proposé d'acheter avec lui pour 400 000 dollars une île dans le Pacifique parce que Johnny Depp venait d'en acheter une à Vanessa Paradis… Je restai circonspect devant sa façon de voir les choses : « À deux ce n'est rien, m'écrivait-il.

Veux-tu le faire avec moi ? Rien de plus facile, dis-moi. Bises, Johnny. »

Pour changer nos habitudes à Paris, nous allons souvent au restaurant japonais *Osaka*, situé au bout de l'avenue de l'Opéra. Authentique et délicieux, l'établissement est très fréquenté par les touristes qui arrivent de Tokyo, ce qui est plutôt bon signe.

Johnny, qui apprécie la cuisine japonaise, a aussi ses habitudes au *Benkay*, le restaurant de l'hôtel *Nikko*. Le chef, qui maîtrise parfaitement l'art des couteaux japonais, offre un véritable spectacle aux clients en cuisinant sur le grill pousses de soja et gambas géantes. Tous les quatre, avec Laeticia et mon épouse, nous passons une excellente soirée.

Johnny devise sur les femmes de sa vie

Il nous arrive aussi de déguster des huîtres Gillardeau, dont Johnny raffole, notamment au *Key West*, sur les berges de Seine, le plus souvent avec Daniel Angeli.

À Paris, Johnny aime retrouver le cadre chaleureux des brasseries françaises. Comme *Bofinger*, rue de la Bastille. La spécialité de la maison est le pot-au-feu, que nous affectionnons. Le restaurant est situé juste en face du coiffeur Jean-Marie, qui suivra longtemps l'artiste en tournée.

C'est dans cette célèbre brasserie que Johnny nous dresse un jour la liste (presque) exhaustive des compagnes qui ont marqué sa vie, en précisant les qualités et les défauts de chacune des élues !

Alors qu'il les énumérait, son chauffeur, Daniel Angeli et moi, les seules personnes présentes à ce moment-là, avions du mal à dissimuler notre étonnement devant de telles confidences. Patrick, son chauffeur, était celui que Johnny avait enfin trouvé après plusieurs années de recherche. L'Idole m'avait confié qu'il souhaitait embaucher quelqu'un capable de le conduire avec maestria, mais qui pourrait aussi s'entraîner avec lui à la musculation. Le précédent était resté auprès de lui moins de deux semaines : le Patron lui avait sauté à la gorge dans la voiture car il ne supportait ni sa nonchalance, ni son manque d'initiative, ni son incompétence.

Alors que Johnny continue de deviser sur les femmes de sa vie, il nous pose une question un peu embarrassante : qui, selon nous, fut la femme qui a le plus compté pour lui ? Je réponds avec franchise et prudence, mais totalement à côté de la plaque. Je m'attire immédiatement ses dénégations outragées et ses sarcasmes. Il finit par nous révéler, sous le sceau du secret, le nom de celle qui avait été la plus importante.

Malin comme un singe, il ajoute juste après que seule son épouse actuelle, Laeticia, compte à ses yeux.

Ce qui tombe on ne peut mieux puisqu'il est marié avec elle depuis près de dix ans à l'époque…

Après le déjeuner, nous passons, comme souvent, chez le barbier qui lui taille le bouc depuis qu'il a décidé de le porter.

Il s'agit d'un professionnel à l'ancienne, dont l'échoppe sans prétention est située dans le quartier de la Bastille. Johnny ne confie son bouc qu'à lui.

Nos silences

Le patron aime me faire découvrir des endroits qui ne sont pas répertoriés dans les guides touristiques.

Un jour il me convie avec Laeticia et mon épouse au *Grand Venise*, un grand restaurant italien du 16e arrondissement.

Nous sommes conquis par la qualité et l'opulence des plats que nous sert la pittoresque patronne des lieux, une véritable mamma vénitienne.

Grand amateur de la cuisine transalpine, Johnny m'a aussi fait découvrir le *Rebellato* à côté de mon cabinet et à deux pas de l'Étoile ; le *Sormani*, un établissement haut de gamme qui revendique – à juste titre – la perfection italienne.

Je l'y invite d'ailleurs un jour à déjeuner pour le remercier des attentions précédentes qu'il m'a témoignées. Ce sera l'un des repas les plus comiques que je ferai en tête à tête avec lui…

À deux tables de nous, dans la salle pleine à craquer, se tient Alain Juppé. L'ancien Premier ministre et Johnny ne se saluent pas et évitent de se regarder. Je fais remarquer sa présence à l'Idole, qui n'y porte aucun intérêt. Nous savourons ensuite un plat de pâtes à la truffe blanche du Piémont, la spécialité de l'endroit et la raison de notre venue dans ce restaurant.

Durant près d'une heure, Johnny ne va pas desserrer la mâchoire, au point que je me demande s'il m'en veut pour quelque chose ou s'il est simplement préoccupé. Je le connais suffisamment pour savoir que lorsque son esprit est ailleurs, il n'est même pas la peine d'essayer de meubler.

Il y a longtemps que Johnny m'apprécie aussi pour mes silences. Cela peut paraître curieux pour un « bavard » de profession, mais il sait qu'avec moi il peut se permettre de rester coi sans que je n'ouvre la bouche de mon côté et sans que jamais je ne relance la conversation. Si l'on voulait rester l'un de ses intimes, il fallait éviter de lui poser des questions. Le mieux était de laisser venir s'il avait envie de parler. Il ne se lançait jamais dans de grandes confidences, il ne se dévoilait que par parcelles. Personne ne peut affirmer : « Je connaissais tout de Johnny. » Il ne confiait ses secrets à personne. D'autres, en revanche, l'importunaient en le questionnant sans cesse alors qu'il détestait répondre. Nombre de visites « amicales » auxquelles j'ai assisté se terminaient de la même façon : dès que le visiteur avait tourné les talons, Johnny me lançait : « Heureusement qu'il est parti, je n'en pouvais plus. Quel imbécile heureux ! » Peut-être disait-il parfois la même chose de moi lorsque je partais…

C'est donc sur un silence définitif que nous mettons un terme à ce déjeuner, qui nous a tout de même ravi les papilles, arrosé d'une bonne bouteille d'eau plate !

Une fois sortis du restaurant, mon invité me remercie chaleureusement de mon invitation et s'engouffre dans sa grosse voiture où son chauffeur l'attend, pour aller « faire une sieste devant la télévision », me dit-il. Les émissions diffusées l'après-midi sont sûrement passionnantes…

Des aventures sans lendemain

Mon client préféré est également féru des établissements haut de gamme de fruits de mer. Il tenait absolument à me faire découvrir l'un des meilleurs de Paris, le fameux *Le Divellec*, aux Invalides. Il profite de la sortie du film

Pourquoi pas moi ?, en 1999, pour m'y inviter avec mon épouse en compagnie de Laeticia et de la vedette féminine du film, Julie Gayet, une charmante personne dont je suis heureux de faire la connaissance ce soir-là. Nos nombreux déjeuners au *Petit Victor Hugo* comptent parmi les plus gais et les plus animés.

Johnny y est chez lui. Il raffole autant de ce cadre simple mais confortable que du menu qu'il commande à chaque fois : le *ceviche* en entrée, puis des *spare-ribs* avec de la purée ou le hachis Parmentier.

C'est d'ailleurs dans cet établissement qu'il fut très fier de pouvoir m'inviter à la fin des années 1980 en sortant sa carte bleue qu'il venait de récupérer après en avoir été un temps privé en raison de ses problèmes financiers.

Au *Petit Victor Hugo*, les additions ne sont jamais astronomiques. Offrir une cuisine de qualité à des prix tout à fait abordables a fait le succès de l'établissement dans ce quartier huppé.

Johnny choisit souvent une table au premier étage près de la fenêtre donnant sur l'avenue pour être plus tranquille. Au fil des années, je verrai dans ce restaurant défiler un nombre impressionnant de ses conquêtes féminines, d'un jour ou d'une nuit. Lorsque l'idole arrive sur place avec une charmante demoiselle à son bras, je sais qu'il l'a rencontrée la veille.

Accumuler autant de jolies conquêtes est un privilège de star que le commun des mortels ne peut connaître. Rencontrer une nouvelle jeune femme et la quitter bons amis avec élégance après le déjeuner du lendemain pour mieux recommencer le soir même, après une nouvelle rencontre tout aussi belle et aussi charmante, qui ne manquera pas de s'intéresser à l'aura charismatique de l'Idole, fut très longtemps sa routine. Je n'y prête plus attention, c'est mieux pour la quiétude de l'esprit.

Ma rencontre avec Laeticia

C'est aussi au *PVH*, comme nous appelons le restaurant, que je rencontre Laeticia pour la première fois, le jour des obsèques de l'ami et attaché de presse de Johnny, Gill Paquet, le 31 janvier 1996. Un décès qui avait plongé l'artiste dans une profonde tristesse.

J'avais croisé Laeticia à la cérémonie funéraire à l'église le matin même, sans évidemment nous adresser la parole en ce moment solennel. Nous étions partis chacun de notre côté sans penser nous revoir de la journée.

En ce qui me concerne, je retourne au bureau ouvrir mon courrier. Une fois cette tâche terminée, je sors de mon cabinet pour rejoindre à pied l'avenue Victor-Hugo. Je compte alors déjeuner rapidement et retourner travailler au plus vite.

En traversant la rue de Longchamp, une voiture pile devant moi pour me laisser passer. Le conducteur ouvre la vitre : c'est Johnny ! Il m'indique que Laeticia et lui vont justement déjeuner au *Petit Victor Hugo*, qui se trouve à cinquante mètres de là, pour se réconforter.

Nous nous retrouvons à table, avec trois autres personnes, à l'entresol du restaurant. Johnny fume cigarette sur cigarette. Un énorme nuage de fumée s'est formé autour de nous. Une gêne certainement pour les non-fumeurs, dont Laeticia, qui semble cependant tout ignorer alors de cette nuisance. Tout comme moi qui suis encore fumeur à cette époque…

La plupart du temps, Johnny n'aime pas s'attarder à table. Il lève vite le camp au restaurant, surtout lorsqu'il est à l'eau minérale.

J'en ai eu le meilleur exemple le jour où je l'ai invité pour un rapide déjeuner au *Tsé*, un excellent restaurant asiatique de la porte d'Auteuil. Nous échangions sur les dossiers en cours en buvant du thé vert.

Sans prendre de dessert, comme il le fait d'habitude, Johnny m'annonce à 14 h 30 qu'il doit partir. Nous nous levons aussitôt du salon aux lumières tamisées où nous étions en tête à tête.

Alors que nous nous dirigeons vers la sortie, et que les employés ont déjà ouvert la porte à notre intention, Johnny marque un arrêt devant le superbe bar en bois d'acajou. Contre toute attente, il interpelle le barman en lui demandant un ballon de vin blanc sec. Je ne me sens pas le courage de l'accompagner. Je le laisse donc descendre son verre en dix secondes, avec un claquement de satisfaction sur le comptoir. Nous pouvons ensuite repartir chacun de notre côté.

Quelque temps plus tard, par une belle journée de printemps, Johnny et moi prenons un jour place en terrasse du *PVH*, avec Laeticia – qu'il vient d'épouser – et un ami.

Les passants défilent devant les tables aménagées sur le trottoir, comme souvent à Paris, sans que Johnny ne soit importuné. L'ambiance est bon enfant.

Il semble grandement apprécier ce moment de liberté. Il savoure son habituel *ceviche*, bien citronné, dans une ambiance décontractée.

Je porte ce jour-là une veste de la marque Marlboro, style saharienne, qui lui tape dans l'œil, ce qui est assez rare. À peine le déjeuner fini, sa charmante épouse s'empresse de partir pour tenter de lui trouver le même modèle en magasin. Au plus grand contentement de Johnny, qui me raccompagne au volant de sa Mercedes.

Quelques minutes plus tard, il me dépose devant mon cabinet de l'avenue Henri-Martin. Avant de repartir, il me lance en m'embrassant : « Au revoir mon avocat préféré. » Johnny met souvent en avant notre lien de proximité. Lorsqu'il me présente à des tiers, il dit toujours : « Maître Verrecchia, mon avocat et néanmoins ami… » Combien de fois l'ai-je entendu prononcer cette petite phrase sur le ton de la plaisanterie… Je retourne donc travailler pour mes amis, et néanmoins clients.

Les découvertes culinaires du couple Hallyday nous amènent un soir dans un excellent restaurant thaï près des Invalides. Laeticia y avait pris des cours de cuisine avec le chef.

Le compositeur Didier Barbelivien est également présent. Alors que je ne l'avais jamais rencontré, je découvre à cette occasion sa phobie pour les voyages dans les îles lointaines, comme les Maldives ou les Seychelles, où l'on s'ennuie au bout de quelques jours, nous raconte-t-il. Je ne peux qu'abonder en son sens…

Ce jour-là, avant le dîner, j'étais passé chez les Smet. Je les avais retrouvés dans leur cuisine de la Savannah pour aller au cinéma voir le dernier film avec Anthony Hopkins, dans le multiplex de l'Aquaboulevard que Johnny venait de découvrir à sa plus grande satisfaction.

Patrick, le chauffeur déjà habitué des lieux, a garé la voiture au parking et nous avons acheté nos billets. Pour ne pas que Johnny soit importuné par des spectateurs, nous attendons que les lumières s'éteignent pour prendre place dans la salle. Ce soir-là, je suis accompagné de ma fille adolescente, qui aime beaucoup Laeticia depuis qu'elle l'a rencontrée lors de notre séjour à Bali. C'est donc une sortie en famille.

Le couple Hallyday me fait également connaître une autre fois le *Man Ray*, près des Champs-Élysées. Ce restaurant chic, à la mode éphémère, propose une cuisine sophistiquée. En plus de nos deux couples, le père de Laeticia et sa charmante épouse Adine sont également présents.

« J'en ai assez qu'on me persécute »

À cette époque, Johnny me demande de réagir fermement aux attaques inconsidérées de certains journalistes après l'ouverture de la discothèque *Amnésia*, au pied de la tour Montparnasse, dans laquelle il est partie prenante en parfaite connaissance de cause.

Je suis contraint d'engager des procédures pour faire taire les ragots et les propos diffamatoires. Je ferai condamner à chaque fois les organes de presse au profit de la famille Hallyday, notamment *Le Parisien*, le quotidien le plus lu à l'époque. Ce journal n'hésitait pas à utiliser des titres racoleurs, comme « Johnny est-il manipulé ? » ou « Qui se cache derrière l'*Amnésia* ? ».

La plupart des journalistes de bas étage fantasment sur une situation dont ils ne savent rien.

Ils chargent la barque d'une façon irréaliste, faute de réelle investigation journalistique sérieuse. Pour ce qui est de l'*Amnésia*, je connais l'exacte vérité qui n'a strictement rien à voir avec ce qui a été parfois publié sur le sujet, mais la vie de star est ainsi faite.

Ce qui fera dire à Johnny dans une interview retentissante : « J'en ai assez qu'on me persécute, ma famille et moi. »

Ce sentiment n'était pas étranger à sa volonté de départ aux États-Unis pour s'y établir définitivement. Il le fera quelques années plus tard, en 2007, pour protéger Laeticia et ses deux petites filles.

En famille

Autre souvenir. Un dimanche, j'emmène Johnny et Laeticia, fraîchement mariés, déjeuner au *TGI Friday*, sur les Grands Boulevards. Je prends tout le monde dans ma petite voiture, avec ma fille à l'arrière et Johnny à côté de moi. Pour une fois, JH accepte ma conduite paisible sans broncher, alors qu'en général il me demande de muscler ma façon de conduire. Un soir, alors que nous rentrions chez lui après une sortie, il avait même voulu prendre le volant de mon modeste 4×4 citadin, qu'il avait piloté comme une Ferrari… Il négocia un virage de sortie d'autoroute de telle façon que le véhicule se retrouva en équilibre sur deux roues. Il s'en est fallu de peu que la voiture se retourne sur le toit. Avec une totale mauvaise foi, Johnny me reprocha en riant d'acheter des véhicules bas de gamme !

En matière de Ferrari, je me souviens que c'est au volant d'un tel bolide, en repartant en trombe d'une boîte de nuit rue de Ponthieu, qu'il avait allègrement embouti six ou sept véhicules en stationnement. Comme à chaque fois, il remboursera rubis sur l'ongle tous les dommages causés car il n'était pas du genre à esquiver ses responsabilités. En revanche, il avait tendance à ne pas faire réparer son véhicule accidenté, préférant en acheter un autre pour ne pas se compliquer la vie.

Le déjeuner dans cet endroit typiquement américain qu'est le *TGI Friday* ravit tout le monde. C'est notre type de cuisine préféré : *ribs*, purée et sauces pimentées suffisent à nous rendre heureux !

Nous nous retrouvons ensuite chez eux, Villa Molitor, pour visionner *Postman* de Kevin Costner, qui vient de sortir en DVD, sur leur installation toute neuve, avec écran plat accroché au mur du salon à côté de la cheminée.

Un dimanche en famille en quelque sorte, comme j'en ai parfois aussi connu en compagnie d'un Jean-Philippe Smet calme et casanier.

Lorsque le couple déménagera de cette belle villa bourgeoise du 16e arrondissement de Paris pour intégrer le parc de Marnes-la-Coquette, Johnny, ravi, me dira : « Je ne suis pas mécontent de partir, car je n'ai pas que des bons souvenirs dans cette maison ! »

Le jour de l'emménagement, en 2000, je leur rends une brève visite de courtoisie. Laeticia a encore la serpillière à la main pour nettoyer ce que les déménageurs ont laissé derrière eux. Johnny m'invite à déjeuner au bar-tabac de la place du village, *L'Hirondelle*. Il semble heureux d'avoir, une fois encore, réalisé un rêve.

La famille s'épanouira à la Savannah avec l'arrivée de Jade et Joy. Je ne connaîtrai dans cette demeure que de bons moments grâce à l'hospitalité bienveillante du couple.

Des déjeuners du dimanche, calmes et casaniers, il y en aura beaucoup. Johnny invite souvent à cette occasion son associé, Jean-Claude Camus, comme je le constaterai lorsque je passerai parfois tout le week-end avec Johnny pour décompresser. Après l'excellent déjeuner dominical, préparé par la maîtresse de maison, je remonte discrètement dans ma chambre pour les laisser discuter tranquillement.

En été, il nous arrive aussi le dimanche après-midi de faire la sieste sur le bord de la piscine, derrière la villa, sans jamais nous y baigner. Nous restons à somnoler sur les transats sans dire un mot et sans rien faire du tout. Dans le silence du somptueux parc, avec comme seule proximité le mur blanc de La Louque, l'ancienne demeure de Maurice Chevalier qui jouxte la propriété. Parfois, je vois de loin Laura se baigner dans la piscine, accompagnée de la nounou qui veille sur elle.

Le soir, nous n'échappons jamais à la séance rituelle du film d'épouvante dans la superbe salle de cinéma aux fauteuils de cuir si confortables. Johnny, qui ne peut pas y fumer en raison du matériel technique, s'endort parfois avant la fin. Ce qui ne l'empêche pas de maugréer en rouvrant les yeux : « Vraiment pas terrible ce film ! »

Une mauvaise foi que je préfère – comme d'habitude – ne pas réfuter…

Chapitre XIV

Les affaires
Les procédures judiciaires, 2003-2007
Où l'on évoque la colère de Johnny
Signature d'un nouveau contrat d'enregistrement

Des « brouilles », Johnny et moi en avons connu au fil du temps. Elles furent parfois violentes mais jamais très longues.

Nombre de ces disputes furent provoquées par mon « parler franc », dont j'abuse sans doute parfois.

Dans l'entourage de l'Idole, je suis l'un des seuls à toujours lui dire la vérité. C'est mon rôle en tant qu'ami, mon devoir en tant qu'avocat. Il le sait parfaitement. Avec la clairvoyance qui est la sienne, il l'accepte d'autant plus qu'il sait toujours à qui il a affaire parmi la multitude d'individus qui gravitent autour de lui.

Nos disputes

Je reconnais mes torts mais Johnny, de son côté, se montre parfois soupe au lait. Au début des années 2000, il m'adresse un jour un e-mail cinglant. Cette saute d'humeur était sans doute provoquée par son emploi du temps surchargé et la pression quotidienne à laquelle il doit faire face.

Piqué au vif, dès le lendemain je fais savoir à son secrétaire que je mets fin dès à présent à ma collaboration avec lui, restituant l'intégralité des dossiers en cours. Une velléité à laquelle je renonce en recevant la réponse transmise par l'employé qui me demandait d'accepter de revenir sur ma décision. Tout est oublié dans la seconde de part et d'autre...

Une autre fois, en mars 2002, pour une raison qui m'échappe sur le moment, il décide de couper les ponts avec moi du jour au lendemain. Son silence dure plusieurs semaines.

Pourtant, le couple Hallyday, qui s'envolait le mois précédent pour l'île Maurice, avait eu la délicate attention de mettre à ma disposition leur maison de Marnes-la-Coquette en leur absence. À cette époque je faisais face à des problèmes familiaux et je ressentais le besoin de me retrouver seul pour travailler sereinement sur mes dossiers.

J'apprendrai plus tard qu'un très proche était à l'origine de sa colère. Celui-ci m'avait confié qu'il s'inquiétait depuis longtemps concernant les excès de l'artiste. J'avais approuvé son propos frappé au coin du bon sens. Ayant fait le même constat, je pensais que cette conversation entre deux professionnels resterait confidentielle.

À ma grande surprise, ce ne fut pas le cas. Ce que j'avais dit fut rapporté à l'intéressé d'une façon qui provoqua l'ire de mon client. Il n'admettait pas que nous nous mêlions de sa façon de vivre, fût-ce dans son intérêt, et me l'avait fait vertement savoir, pensant à tort que je l'avais critiqué gratuitement...

Avant cet incident, j'habitais donc durant une semaine, seul, à la Savannah. Une belle preuve de confiance, dont je ne voulais toutefois pas abuser.

Partant à 8 heures du matin pour aller travailler à mon cabinet et n'en rentrer qu'à 21 heures dans une maison de mille mètres carrés totalement déserte, hormis le personnel de maison qui prenait soin de moi avec la plus grande gentillesse.

Pour toutes ces raisons, notre brouille ne devait pas être envenimée. Pour apaiser la situation, je lui écris une belle missive, le style épistolaire me convenant le mieux dans ces cas-là. J'accompagne mon courrier de la clé de la maison, que je lui restitue de façon très symbolique par porteur.

L'épisode se soldera par une autre jolie lettre manuscrite de sa belle écriture calligraphiée, toujours sans la moindre faute d'orthographe, où il invoquait notre amitié et l'espoir que plus jamais nous n'ayons à vivre une telle situation qui l'attristait profondément… Ainsi va la vie !

Pendant cinq ans, il n'y aura plus aucun coup de canif dans le contrat, malgré les responsabilités croissantes que j'assume vis-à-vis de la star, sans « langue de bois » aucune. La confiance ne se monnaye pas et le patron sait que les flatteurs sont légion autour de lui.

Il aime la franchise et l'apprécie à sa juste valeur, à condition, bien sûr, que celle-ci s'appuie sur une honnêteté absolue doublée d'un travail rigoureux.

En ce qui me concerne, il accepte tout ce que je peux lui dire sans sourciller, même s'il n'est parfois pas d'accord avec ma façon de voir et de dire les choses.

Je suis l'un des rares à pouvoir lui parler franchement sans retour de bâton.

Je n'ai aucune crainte car je sais pouvoir compter sur lui. Mes prises de position sont longuement réfléchies et il les comprend très vite. Lorsqu'il faut arbitrer, il tranche toujours en ma faveur, avec une grande célérité. Il m'a, en retour, délégué une grande partie de sa confiance dans de nombreux domaines professionnels. Je finirai par décider seul au quotidien dans tous ses rapports avec les tiers, le déchargeant ainsi de problèmes qui prennent son temps et ne l'intéressent pas vraiment.

Il arrivera même que, par correction, je lui pose une question sur un problème précis pour connaître sa préférence et qu'il me réponde vertement : « Fais ton boulot d'avocat et me fais pas ch**r ! »

Je compte dans mes attributions tout ce qui touche aux aspects juridiques et judiciaires de sa vie privée comme professionnelle. Cela comprend donc la presse, les contrats commerciaux ou les exploitations diverses de l'image et du nom Hallyday, dont j'ai été le premier à penser déposer la dénomination officielle en tant que marque à l'INPI au début des années 1980. Sans oublier les autorisations multiples à donner au quotidien pour les utilisations de ses chansons sous toutes formes autres que discographiques.

Pour le cinéma ou l'audiovisuel par exemple, ce que l'on appelle les « droits de synchronisation ». Ou encore la gestion éditoriale des œuvres dont il est compositeur, la plus célèbre étant « La Musique que j'aime » dont j'avais évincé définitivement la société d'édition pour que les deux auteurs-compositeurs, Mallory et Hallyday, perçoivent 100 % des droits *ad vitam aeternam.*

Il arrive parfois, comme pour la préparation du Palais des Sports de juin 2006, que Johnny fasse appel à mes connaissances musicales lorsqu'il hésite sur le choix du titre qui doit clôturer son tour de chant. Il avait pris l'habitude de reprendre un grand classique de la chanson. Dans cette optique, je lui ai fait découvrir plusieurs versions du morceau « La Quête », tirée de la comédie musicale de Broadway *L'Homme de la Mancha.* Étonnamment, il ne connaissait que celle chantée par son idole, le grand Jacques

Brel. Je lui ai notamment fait connaître celles de Presley et Luther van Dross. Une fois ce choix retenu, il transcendera l'interprétation tout au long du *Flashback Tour*, jusqu'à La Cigale de Paris en décembre.

« Mettre un terme à notre collaboration »

Le 25 juin 2006, Johnny m'adressa un e-mail : « Mon cher Jacques, je n'ai pas eu l'occasion de te dire que tu avais magnifiquement travaillé sur mon dossier, très compréhensible et très efficace, bravo. Je voulais te dire que tu avais admirablement bien préparé, avec intelligence et recul, ce dossier de plaidoirie. Je voulais te dire également que j'ai une totale confiance en toi, je te considère comme mon ami et je t'aime énormément !!! Tu peux toujours compter sur moi, ton Johnny. »

De tels remerciements méritent d'être signalés car ils sont rares, comme chaque avocat le sait. Mais lorsqu'ils arrivent de la sorte, cela constitue forcément une reconnaissance indiscutable, effaçant les heures de travail passées jour et nuit pour défendre non seulement un client, mais un ami proche, ce qui rend la tâche d'autant plus délicate.

Quelque temps plus tard, le 11 novembre 2006, je reçois :

« Mon cher Jacques, j'ai bien reçu ton courrier récapitulatif, ça a l'air très bien, bravo encore une fois à ton talent, je n'arrive pas à croire qu'un musicien puisse être un aussi bon avocat !!! Je t'embrasse Johnny. »

Seulement quatre mois après ce message laudateur, je reçois début mars 2007, sans raison particulière, une lettre inhabituellement rédigée sur papier à en-tête officiel m'annonçant :

« J'ai le regret de vous faire savoir que j'ai décidé de mettre un terme à notre collaboration avec effet immédiat sur l'ensemble des dossiers. »

C'est son choix, son droit absolu ! J'en prends acte et aucune véritable explication ne me sera jamais donnée. Je n'en demanderai aucune de mon côté. Les prétextes sont si faciles à invoquer dans ce type de situation qu'il est absolument inutile de vouloir revenir sur une telle décision après une période longue de vingt-cinq années de collaboration.

J'en suis d'ailleurs, contre toute attente, presque soulagé tant la pression était grande les derniers temps. Je me vois déjà reprendre le chemin d'une « vie normale »...

L'impatience d'un résultat définitif de la procédure contre sa maison de disques a sans doute joué dans cette décision, mais celui-ci se faisait attendre du fait de la complexité des procédures. Était-ce dû à mes façons trop cavalières aux yeux de certains, aux stratégies que j'étais seul à maîtriser et qui étaient incomprises de son staff, ou aux désaccords avec le comptable du patron ? L'ensemble de tout cela, peut-être...

En revanche, il n'y eut aucun différend entre Johnny et moi à titre personnel, comme ce fut le cas pour d'autres ruptures professionnelles. Les médias qui l'ont prétendu avaient tort.

Il est vrai que le 20 décembre précédent, la Cour de cassation n'a pas accueilli favorablement l'un de nos points juridiques sur une petite partie du litige avec son ancienne maison de disques. La presse avait à tort monté en épingle l'importance de cette décision. Le fond du problème n'avait toujours pas été tranché mais certains en ont fait des gorges chaudes.

Heureusement, ayant prévu cette éventualité, j'ai pris la précaution de me faire seconder par les meilleurs experts et avocats en la matière durant les trois ans où j'ai travaillé à temps plein sept jours sur sept pour cette affaire.

En parfait accord avec Johnny, je me suis ainsi permis de constituer un garde-fou afin qu'en cas d'échec, je ne sois pas le seul montré du doigt. Une erreur est toujours possible et il vaut mieux des décisions collégiales. Pour autant, l'intégralité de la responsabilité principale m'incombe et je ne la fuis pas. S'il faut faire office de fusible, je suis dans ce cas le seul en première ligne !

J'ai les épaules larges et le cuir tanné par quarante ans de barreau, mais tout de même…

La plupart des membres du staff professionnel de Johnny, y compris un nouveau venu arrivé à ma demande et qui disparaîtra aussi vite qu'il est apparu après mon départ, n'étaient pas compétents dans mon domaine. Celui-ci est très pointu et ils ne comprenaient rien à ce stade de la stratégie que j'ai mise en place. Je n'avais aucun compte à leur rendre et ils devaient, sans doute dans mon dos, tenter d'influer pour qu'il soit mis un terme à cette procédure, trois ans après que je l'eus engagée.

Ce qui n'est rien, hélas, en termes de « temps judiciaire » dès lors qu'il n'y a aucun péril. Aucune urgence non plus puisque mon travail auprès de lui avait en effet déjà permis à cette date que Johnny Hallyday, « l'artiste numéro un en France », soit totalement à l'abri de toute conséquence fâcheuse pour les suites de sa carrière. C'était la seule condition impérative que je devais respecter, il me l'avait clairement fait comprendre dès le début, lorsqu'il m'avait confié ce dossier vital pour lui.

Des procédures aussi complexes prennent le plus souvent bien plus d'années à se dénouer. Des artistes internationaux comme Prince, David Bowie ou Frank Zappa ont mis près de dix ans à obtenir gain de cause dans leurs combats face à l'industrie musicale.

Je conçois que Johnny ait pu se lasser, après avoir remporté en 2004 une bataille très médiatisée, puis concédé une défaite deux ans et demi plus tard. Pourtant, la guerre était loin d'être perdue avec sa liberté définitivement retrouvée.

Lorsqu'il s'est installé avec sa famille à Los Angeles, il avait d'ores et déjà toute latitude d'enregistrer où bon lui semblait. Il n'était plus, par conséquent, autant enclin à batailler si durement qu'au début de la procédure qu'il m'avait confiée. Il préférait songer, comme il l'avait évoqué souvent devant moi, à mener sa carrière au firmament, autant qu'il le pouvait, la seule chose qui lui importait vraiment.

Dans cette affaire, j'avais face à moi de nombreux adversaires et contradicteurs qui ne comprenaient visiblement pas le but de ma stratégie et le résultat obtenu. C'était le cas d'une partie de l'entourage de Johnny mais aussi évidemment de la maison de disques Universal et de certains médias.

J'entendrai, par exemple, la direction de la maison de disques déclarer à la presse que l'artiste n'était pas informé et ne souhaitait pas cette « aventure », dans la mesure où c'étaient ses comptables ou ses avocats qui lui avaient conseillé de s'engager dans cette voie procédurale.

Or, rien n'est plus faux. J'aurais l'occasion de constater à maintes reprises que c'est Johnny, et lui seul, qui était dès le départ à l'origine de ces demandes. Il ne supportait plus de rester chez Universal Music !

Il suffit de jeter un coup d'œil aux messages tonitruants qu'il m'envoyait au sujet de sa maison de disques à cette époque…

De plus, je ne suis pas à l'origine du litige initié par d'autres avocats, dont celui d'Elton John à Londres et d'autres à Paris, en sus du staff d'experts-comptables qui l'assistait avant que l'on ne me demande d'intervenir pour dépêtrer ce dossier si mal engagé.

Ceux-ci avaient déjà mis en place les bases du conflit lorsque j'arrive, en septembre 2003, pour clarifier les choses dans cette procédure qui s'annonce particulièrement ardue. Pourquoi ont-ils fait appel à moi ? Parce que la propriété artistique est ma spécialité alors que je constate qu'ils ne maîtrisaient pas le sujet.

Je comprends mieux pourquoi, l'été précédent, pendant toute la tournée des Stades de 2003, alors que j'étais en vacances à Miami chez un ami commun, je recevais des e-mails accablés de plus en plus pressants de la part de Johnny !

Il se plaignait auprès de moi de ne plus supporter les conseils de ses autres avocats, et ceux de sa maison de disques, en vue d'accepter les conditions d'un contrat qui lui paraissait désormais désavantageux. Il a la sensation que celui-ci ne lui permet pas de réaliser ce dont il a envie artistiquement pour les cinq ans à venir.

Il semblait ulcéré : « C'est quand même moi qui remplis les stades de 50 000 personnes tous les soirs et pas eux ! » m'écrit-il en concluant un de ses e-mails en juillet.

Je ne mesurai pas encore le bien-fondé, ni la réelle justification autres que ce que je prenais pour des états d'âme de star, alors que le mal était bien plus profond, comme j'allais le découvrir rapidement.

Lorsque je rentre à Paris, ses nombreux conseillers en sont encore au même stade de leur réflexion. Depuis plusieurs mois, ils se posent les deux seules questions qui leur importent : est-il possible et envisageable de se séparer de la plus grande major phonographique après quarante ans de collaboration ? Est-ce qu'un artiste de la puissance commerciale de Johnny Hallyday peut se libérer de son contrat ? Cette dernière est la seule véritable question qui se pose à eux lorsque je suis consulté pour la première fois officiellement.

Se « libérer » en fait de son « employeur », car telle était la seule qualification juridique à retenir, comme pour n'importe quel employé ordinaire. Lorsque je fis savoir à mes interlocuteurs cet élément non négligeable, il sembla évident qu'ils ne connaissaient rien dans ce domaine juridique qu'ils découvraient, alors que je le pratiquais depuis des années.

La relation entre un artiste et une maison de disques était, comme pour n'importe quel salarié, une relation d'employeur à employé, entraînant *ipso facto* la compétence incontournable du conseil de prud'hommes de Paris pour statuer sur ce type de litige. Cela concernait donc un simple « contrat de travail », comme le reconnaît la jurisprudence depuis fort longtemps.

À ce stade, la question principale était donc de savoir s'il était possible ou non de résilier le contrat que Johnny et ses conseillers estimaient désormais désavantageux pour l'avenir. J'y répondais sans hésitation par l'affirmative, en apportant une note constructive, mais raisonnable, qui redonnait espoir à Johnny.

Je connaissais parfaitement les cas similaires survenus lors des années précédentes devant les tribunaux. Je les avais suivis de près et il m'apparaissait tout à fait envisageable, même pour l'artiste numéro un d'une grande maison de disques, de faire valoir ses griefs à l'encontre de son employeur.

Voilà quelle était au départ la demande principale de l'artiste !

C'est ensuite, dans le cadre des divers développements de la procédure, que j'ai envisagé, d'une part, de demander des dommages-intérêts et, d'autre part, de solliciter la restitution des bandes originales des enregistrements de Johnny Hallyday, qui me sera accordée dans un premier temps par le conseil de prud'hommes de Paris.

Ce qui n'était pas du tout le but originel de l'action, mais un simple « à-côté » en quelque sorte…

Que nous l'atteignions ou pas importait peu, comme je l'ai souvent souligné à ceux qui ne comprenaient pas toujours notre stratégie.

Autre élément étonnant : à partir du moment où j'ai été officiellement en charge du dossier contre Universal, j'ai assisté à un phénomène que je n'avais pas envisagé, résultant de l'importance des enjeux.

Un nombre de personnes de plus en plus important contactait Johnny lui-même ou son entourage pour lui faire savoir qu'elles étaient à même d'intercéder par leur entregent auprès du groupe Vivendi, dont dépend Universal, pour trouver une solution favorable aux intérêts de mon client.

À chaque fois que Johnny me transmettait ces propositions, venues de gens que je ne connaissais pas pour la plupart, je restais fidèle à ma ligne de conduite d'avocat : ne rien accepter et ne surtout pas aller au-devant de sollicitations que je ne prends guère au sérieux d'une manière générale.

En revanche, lorsque quelqu'un m'appelle pour prendre rendez-vous ou organiser une réunion afin d'exposer la situation, je réponds favorablement. D'une part par correction et d'autre part pour examiner ce qu'il est possible d'envisager. Aller jusqu'au procès n'est pas forcément la meilleure formule dans tous les types de situation.

C'est ainsi que, par l'entremise de mon excellent confrère Gilles-Jean Portejoie, avocat renommé qui défendait Jean-Philippe Smet sur le plan pénal, nous nous retrouvons un soir au cabinet de l'un des conseils du groupe Vivendi. Cette entrevue intervient en pleine retombée de l'affaire du président du groupe, Jean-Marie Messier, qui le poussera à quitter ses fonctions.

Nous nous réunissons à une dizaine d'intervenants dans un très beau bureau du boulevard Saint-Germain. Tout ce petit monde m'écoute très attentivement, en opinant et en indiquant que le nécessaire sera effectué pour porter le message auprès d'interlocuteurs importants de la société.

J'en doute fort en quittant les lieux. Mon pressentiment était juste : nous n'aurons plus jamais de nouvelles après cette entrevue.

De nombreuses démarches

Une autre fois, je reçois un appel de mon confrère André Schmidt, un éminent avocat spécialiste en propriété artistique, plus ancien que moi, à qui j'ai demandé de m'épauler pour contrôler mon action dans les moindres détails et ne pas prêter le flanc à la critique. Il me suggère de nous rendre à un rendez-vous avec Pascal Nègre, le big boss d'Universal Music. Un grand professionnel, mais néanmoins responsable – selon l'artiste tout du moins – de la situation conflictuelle.

Celui-ci nous reçoit fort aimablement et écoute là encore ce que nous lui expliquons par le menu. Sa conclusion est sans appel : il ne voit aucune possibilité de trouver un accord, compte tenu de l'énormité des demandes selon lui que nous formulons.

D'autant que, d'après ses dires, beaucoup de choses ont déjà été accordées à l'artiste par sa société. C'est donc sans surprise que nous repartons Gros-Jean comme devant. André Schmidt, plein d'empathie à mon égard, me dit dans l'ascenseur : « Je sais que vous êtes déçu, mais battez-vous, vous avez un bon dossier ! »

C'est ensuite au tour de Patrick Balkany, député et ami de longue date de Johnny, d'intervenir. Celui-ci est sans doute la seule personnalité politique dont l'Idole se sent proche, pour des raisons strictement amicales comme je l'ai constaté.

Johnny ne s'intéressait pas du tout à la politique. Lorsqu'il rencontrait des élus, il faisait le service minimum. Il se montrait agréable avec les représentants de tous les partis mais ce milieu n'était pas sa tasse de thé. Il pouvait aussi bien participer à un meeting de son ami Nicolas Sarkozy qu'à la fête de l'Humanité avec le communiste Georges Marchais sans esprit partisan. Lorsque Jacques Chirac était à l'Élysée, après l'avoir soutenu et chanté pour lui en 1988, il l'appelait sans cesse pour lui demander des services, même les plus insignifiants. Il lui arrivait même de lui téléphoner au milieu de la nuit…

L'édile de Levallois lui a souvent apporté une aide précieuse, mettant notamment à sa disposition un chapiteau de sa ville pour répéter son spectacle de 1984 avant le Zénith de Paris.

Avec sa verve habituelle, le dévoué député-maire me propose de déposer un projet de loi pour protéger les artistes-interprètes contre leur maison de disques en cas de rupture de contrat. C'est la première fois qu'un tel problème juridique se pose à ce niveau-là en France, ce qui justifie pour l'Assemblée nationale de légiférer, me dit-il.

Le 20 février 2005, son bureau parlementaire me fait parvenir un projet de texte très intéressant, signé par une cinquantaine de députés, qui vise à couper l'herbe sous le pied des maisons de disques et éviter ce type de conflit.

Je lui réponds sans hésiter que son initiative est excellente et que je ne verrai aucun inconvénient à ce qu'il porte dans l'avenir un tel projet à l'Assemblée. Mais je précise qu'il ne doit en aucun cas la mener huit jours avant l'audience, prévue le 28 février, où je dois plaider devant la première chambre de la cour d'appel, avec contre nous le parquet, censé représenter l'État français, qui a d'ores et déjà pris des réquisitions défavorables à mon client !

Je ne peux envisager aucune démarche qui puisse être interprétée comme une pression quelconque sur les magistrats.

Le procédé semble tardif, et un peu cousu de fil blanc. Ce projet de loi ne pouvant, à mon sens, se transformer en « loi Balkany » qui viendrait sauver le « soldat Hallyday » avec la meilleure volonté du monde.

Je me désolidarise donc de cette initiative pour ne pas porter préjudice à mon client. Je n'aurai à l'avenir malheureusement plus aucune nouvelle de ce fameux projet de loi…

Le litige est déjà devenu politique. Après la position du ministère public, ce sont les syndicats de producteurs phonographiques qui se saisissent de l'affaire. Ils interviennent dans la procédure judiciaire pour défendre leur profession contre le chanteur qui a osé les défier, et ainsi mettre en péril les intérêts de l'ensemble des producteurs.

Ce qui a pour résultat immédiat de nous imposer des adversaires supplémentaires, et non des moindres, contre qui je vais devoir plaider !

C'est donc à regret que je décline l'offre spontanée de Patrick Balkany, toujours prêt à rendre service, dont je continuerai néanmoins à apprécier les grandes qualités humaines à titre personnel.

Grâce à l'entremise de certaines personnes issues des hautes sphères de la finance, que je ne connais pas, il m'est demandé de me rendre à un rendez-vous avec le nouveau grand patron de Vivendi, le respecté Jean-René Fourtou, qui est à la tête du groupe dont Universal fait partie.

Le jour dit, à 11 heures du matin, nous attendons avec l'expert-comptable de l'artiste, sur le trottoir de l'immeuble du siège social, un Johnny qui n'arrive pas…

Finalement, après vingt minutes pendant lesquelles nous nous impatientons en battant le pavé, nous voyons enfin arriver sa voiture reconnaissable entre mille. Son chauffeur se gare devant nous et la star s'extrait du véhicule, avec grande difficulté en s'appuyant sur une béquille. Il a sa tête des mauvais jours, il est mal rasé, à peine coiffé et tout juste habillé correctement.

Connaissant le personnage, je me dis qu'il est trop intelligent pour ne pas savoir qu'il va se présenter devant le président de la multinationale qui a peut-être sa destinée en main. Je soupçonne donc qu'il a ses raisons pour apparaître devant lui aussi diminué. J'avais tort : il s'avérera qu'il avait fait une mauvaise chute le week-end précédent sur son bateau…

Nous montons par un ascenseur privé au dernier étage, où nous sommes introduits dans un immense bureau qui donne sur une non moins immense terrasse avec vue sur la place de l'Étoile. Le président Fourtou se montre fort aimable. Je sens bien que je m'adresse à un homme extrêmement compétent, qui connaît très bien les faits, lorsque je déroule le résumé de l'affaire.

Sous le contrôle de l'expert-comptable, j'expose la situation de l'artiste et ses récriminations en sa qualité de principale source de profits français chez Universal Music, et ce depuis son premier 45 tours signé chez Philips en 1961.

Le PDG semble avoir bien compris le message. Johnny appuie nos dires d'une voix de circonstance pour mettre en avant sa qualité d'artiste spolié, soulignant que son avenir se dessinerait loin de la société si aucune mesure n'était prise.

De façon courtoise, le polytechnicien écoute tout le monde. Il nous raccompagne ensuite à la porte de l'ascenseur, qui arrive dans son bureau, en nous indiquant qu'il allait faire le nécessaire pour dialoguer directement avec le président de la maison de disques. Ce serait évidemment la meilleure formule pour tenter d'obtenir un accord, mais je sens qu'il ne s'engage pas et ne nous promet rien de concret, en homme avisé qu'il est.

Nous en restons là. Une fois encore, les choses n'avanceront pas après cette tentative de médiation, que je me garderai bien de relancer.

Je vais encore vivre un grand moment dans le cadre de ces démarches. À ce moment-là, j'ai en effet le privilège de rencontrer l'iconique producteur Tarak Ben Ammar, un autre ami proche de Johnny, qui pensait pouvoir trouver une solution à tous nos problèmes. Il envisage de faire racheter le contrat Universal par une autre société, nous dit-il. Il est vrai que c'est sans conteste un homme de talent, qui présente une surface financière importante. Il a notamment été le producteur de stars telles que Michael Jackson, dans des conditions difficiles dont il s'est sorti avec brio, comme il me le racontera. Dans le cinéma, il produisit le film légendaire *La Passion du Christ*, avec Mel Gibson.

Nous sommes reçus avec Johnny de façon très affable à son domicile, une résidence située à côté de la maison que le chanteur avait achetée avec Sylvie Vartan lorsqu'ils étaient mariés. Celui-ci se retrouve donc en terrain connu dans les allées cossues de ce quartier du 16e arrondissement.

Nous repartons avec un certain espoir qu'une solution soit trouvée. S'ensuivront plusieurs rendez-vous, auxquels je vais me rendre seul, dans les bureaux de la société de production de Tarak près des Champs-Élysées. Là où sont établies pratiquement toutes les sociétés de productions cinématographiques françaises, que je connais bien.

Je suis toujours extrêmement bien accueilli par ses collaborateurs les plus proches, qui planchent sur le projet. Ils m'exposent brillamment toutes les idées possibles afin de sortir de la situation conflictuelle par le haut.

L'équipe n'est constituée que de professionnels très compétents. Tarak Ben Ammar lui-même se montre toujours à l'écoute dès que je dois le joindre. Mais là encore, les solutions envisagées ne paraissent pas devoir prospérer. Une fois de plus, le simple avocat que je suis se retrouve seul pour monter au front, sans rien changer à ma stratégie initiale. Sinon l'améliorer, au moins la peaufiner pendant des mois jusqu'à l'audience, où je me présente avec Johnny, très attentif à mes côtés, pour me soutenir de sa simple présence face aux juges.

Bien entendu cela permet aussi de médiatiser l'affaire, puisqu'à notre arrivée au conseil de prud'hommes de Paris en juin 2004 une multitude de journalistes l'attendent, micros et caméras à la main. Cela lui permet, en quelques phrases, de livrer ses états d'âme aux chaînes de télévision, dans un costume gris clair très élégant qui lui sied parfaitement.

Une fois la liberté contractuelle constatée par les magistrats, au grand étonnement d'un certain nombre d'observateurs, il est confirmé que le dernier contrat signé en 2002 sera résilié d'un commun accord. Nous pourrons ainsi envisager de conclure un nouveau contrat d'enregistrement au profit d'une société concurrente, avec laquelle je vais devoir négocier.

Car là se situait mon second but inavoué, mais envisagé dès le départ de la procédure, que certains ne comprenaient pas depuis le début. Une fois sa liberté rendue à l'artiste, ce qui n'allait pas de soi à l'origine, il pouvait signer avec qui bon lui semblerait à des conditions plus avantageuses pour lui.

La star à l'audience

C'est ce que confirmera la cour d'appel, suite à l'audience très tendue où je plaide fin février 2005, avec une fois encore Johnny à mes côtés. J'avais, quelques jours auparavant, rencontré le capitaine de la garde de gendarmerie du Palais de Justice afin d'organiser la venue de mon client dans les meilleures conditions. Il pouvait ainsi entrer en voiture directement dans la cour sécurisée jusqu'aux marches de l'escalier le menant à la salle d'audience de la première chambre, la plus belle et la plus solennelle du Palais, où s'était tenu le procès de Pétain en 1945. Je prends soin de ne pas arriver avec la star pour que les photographes, qui attendent en masse, ne puissent pas prendre de photo de moi à ses côtés, mettant un point d'honneur à ne tirer aucune publicité de notre collaboration, comme je l'ai toujours fait et conformément aux règles déontologiques que j'applique à la lettre. Il n'existera d'ailleurs aucune photo pouvant me mettre en valeur en tant qu'avocat de Johnny entre 2000 et 2007. L'époque était différente : il est vraisemblable qu'aujourd'hui des clichés seraient publiés sur Facebook et Instagram, avec des « likes » et des commentaires multiples... Personne ne me voyait en public avec lui. Je restais à l'écart, ne me mêlant que très rarement à ses événements professionnels, sauf sur son invitation expresse lorsque je ne pouvais plus faire autrement. Nous nous voyions bien davantage en tête à tête ou en petit comité, sans évoquer ses activités artistiques. C'était une sorte de convention tacite qui nous permettait ainsi de décompresser d'égal à égal dans une ambiance strictement amicale.

Le jour de l'audience, le public s'agglutine au milieu des représentants des médias et du ballet incessant de robes noires, dans une salle comble dont on sent l'ambiance surchauffée. Je laissais mes deux confrères, Laurence Goldgrab et André Schmidt, à qui j'avais demandé de m'épauler, ouvrir les débats avant que je n'entre moi-même dans le vif du sujet pendant un long temps de parole pour exposer à la cour la défense de Johnny. Celui-ci, derrière moi très attentif, n'en perdait pas une miette.

À la fin des débats, le président de la cour s'adresse à lui : « Monsieur Hallyday, voulez-vous ajouter quelque chose à ce que votre avocat vient de plaider ? » C'est alors que Johnny, sans que rien ne fût préparé, s'avance et vient à mes côtés pour expliquer au micro, d'une voix plutôt faible et un peu émue, sa situation telle qu'il la perçoit humainement en tant qu'artiste. Le ton est modeste et légèrement hésitant. Ses propos simples semblent faire leur effet, tant sur les magistrats que sur l'ensemble du public et des médias. Les débats sont clos avec le sentiment d'avoir pu faire passer le message que nous souhaitions.

Je le laisse repartir avec son staff administratif par la majestueuse sortie principale donnant sur le boulevard du Palais, entouré de gendarmes mobiles et d'une nuée de journalistes, micros tendus, pour recueillir ses impressions. J'utilise, quant à moi, une porte dérobée pour éviter toute déclaration à laquelle je me soustrais systématiquement.

Quarante-huit heures après, le 2 mars, il m'adresse l'e-mail suivant :

« Cher jvalaw, je crois que la presse a été plutôt conciliante avec nous vu l'absence de B*** !!! À mon avis il faudrait l'écarter de nos problèmes, en tout cas médiatiques, pour le reste du procès, discrètement bien évidemment pour ne froisser personne. Tu as été très bon, merci. Johnny. Appelle-moi demain, il faut que je fasse cette lettre au président. »

Parallèlement à la procédure judiciaire, qui battait son plein, et fort de cette liberté retrouvée grâce au jugement d'août 2004, je négociai donc pendant plus d'un an avec Thierry Chassagne, le président de Warner, et ses avocats. Le nouveau contrat sera signé le 20 décembre 2005. À la plus grande joie de Johnny, qui ne cessera de me remercier, non seulement les jours qui suivirent, mais tout au long des années suivantes. C'est dire combien il y attachait de l'importance !

Le soir de la signature, il s'empresse de téléphoner au gestionnaire de ses affaires comptables pour lui annoncer que c'était le plus beau jour de sa vie. Rien que cela…

À 1 heure du matin, il m'adresse un e-mail, laconique comme souvent mais qui en dit long : « Je suis très heureux de ma journée, bonne nuit, Johnny. »

La vérité sur un contrat très médiatisé

En tant qu'avocat en charge du dossier, je m'étais jusqu'à aujourd'hui refusé à communiquer ou à répondre aux journalistes sur les aspects techniques. Pour la première fois, je vais brièvement faire le point sur les résultats réels obtenus grâce à cette procédure. Je m'estime en droit de le faire maintenant que tous ces éléments ont été largement rendus publics dans les médias, avec parfois des contre-vérités d'ailleurs.

En premier lieu, le contrat que j'ai négocié avec les avocats de Warner – et directement avec le président de la société Thierry Chassagne, très compétent – prévoyait pour l'avenir un taux de redevances bien plus haut que celui qui existait chez Universal.

À ce taux principal s'ajoutaient des avances sur redevances importantes en prime de signature du contrat et à chaque fois qu'il enregistrait un nouvel album en studio ou sur scène, bien plus conséquentes que par le passé. La différence entre ce que Johnny percevait à ce titre auparavant et ce qu'il allait percevoir de Warner était sans commune mesure.

À titre d'exemple significatif, par rapport au *back catalogue*, c'est-à-dire les enregistrements de plus de deux ans, la redevance n'était pas diminuée et restait à un taux identique comme pour un disque venant de sortir sur le marché, quelle que soit son ancienneté. Alors que son précédent contrat prévoyait un abattement ramenant cette redevance à 7 % sur les enregistrements passés, pour tenir compte de prêts financiers accordés à l'artiste selon la maison de disques. C'était d'ailleurs l'une des raisons qui avait constitué une énorme pierre d'achoppement avec Universal dans la remise en cause des conditions contractuelles.

Ce nouveau taux de redevances égal à 25 %, comme toute la presse l'a rapporté, équivalait à ce qui se pratiquait jusqu'alors pour les chanteurs qui étaient aussi leurs propres producteurs, et le plus souvent auteurs-compositeurs de leurs chansons. Ce qui n'était pas le cas de Johnny en sa qualité de simple artiste-interprète.

Par ailleurs, étaient abandonnés tous les abattements pratiqués couramment par les maisons de disques sur les ventes qui, mis bout à bout, rognent considérablement les gains réels auxquels peuvent prétendre les artistes pour l'exploitation de leurs œuvres. En l'occurrence, nous avions négocié la disparition de tous les abattements sur redevances versés à l'artiste-interprète pouvant exister pour les *back catalogues*, téléchargements, campagnes de publicités télévisuelles et même les DVD « live » dont les redevances étaient doublées, voire triplées selon les cas, pour ce type d'exploitation.

Bref, le contrat qui était octroyé à Johnny Hallyday correspondait enfin au statut d'artiste français numéro un auquel il pouvait prétendre légitimement.

Nul doute que le président de Warner Music, un grand professionnel, avait mis un point d'honneur à ce que les conditions que je négociais avec lui ne puissent être refusées par un artiste si emblématique, tant cette signature était importante pour sa société à l'égard du marché et de la concurrence dont j'avais reçu parallèlement d'autres offres conséquentes.

Mais, surtout, Johnny récupérait ce qu'il m'avait demandé dix fois de suite au fil du temps : l'utilisation de son nom et son image afin de les exploiter comme bon lui semblait, pour son propre compte ou pour le compte d'un tiers dans le cas des sites internet ou de commercialisation-merchandising. Ce qui représentait à ses yeux une condition déterminante car il avait – à tort ou à raison – l'impression d'avoir été dépossédé de sa propre image depuis des années.

Ce résultat, excellent en soi, n'était cependant que partiel sur le plan judiciaire, puisqu'il n'ira jamais jusqu'à son terme.

En effet, après la victoire foudroyante que je remportais devant le conseil de prud'hommes, qui ordonna la restitution de tous les enregistrements effectués depuis 1960 au profit de l'artiste, seul ce point fut ensuite infirmé par la cour d'appel et la Cour de cassation, qui revenait sur sa position précédente où elle avait cependant décidé le contraire…

Contrairement, en effet, à sa jurisprudence la plus récente, la juridiction suprême considéra qu'une société phonographique pouvait conserver la propriété des masters après la résiliation du contrat d'un artiste. Les supports des enregistrements originaux lui restaient donc acquis définitivement en sa qualité de producteur sans changement.

Il convenait simplement d'en prendre acte et de poursuivre la procédure telle que prévu dans la mission d'expertise des comptes d'exploitation de la société Universal, décidée par les juges pour savoir si un préjudice financier au détriment de l'artiste Johnny Hallyday pouvait être établi depuis vingt-cinq ans.

Là encore, les médias ont colporté des informations totalement fausses, certainement pour amoindrir, par une campagne de communication savamment orchestrée, le succès que l'artiste estimait avoir remporté à juste titre.

La plupart des médias, qui ne connaissaient rien au sujet, publiaient en gros titre : « Johnny Hallyday a perdu ses enregistrements de plus de 1 000 chansons ! ».

En réalité, nous avions simplement demandé qu'il puisse les récupérer, ce qui n'est pas la même chose. Comment aurait-il pu « perdre » quelque chose qu'il ne possédait pas et qu'il n'avait jamais détenu pendant les quarante années d'exploitation précédentes par la maison de disques qui en était seule propriétaire ?

Il aurait été plus honnête de dire, conformément à la décision de la cour, que ces enregistrements restaient la propriété de la société, ce qui ne changeait strictement rien à la situation patrimoniale du chanteur. Par définition : Johnny ne pouvait pas perdre ce qu'il n'avait jamais possédé ! Oser écrire qu'il « perdait » ses enregistrements résultait d'une étonnante ignorance, d'une incompétence ou d'une volonté délibérée de nuire. En tout état de cause, il s'agissait d'un travestissement de la vérité contraire à une investigation journalistique sérieuse.

Contrairement à ce que prétendaient ces médias, la situation était loin d'être dramatique pour nous qui la vivions de l'intérieur.

L'ambiance et le moral étaient plutôt au beau fixe. Johnny était tourné vers l'avenir, avec en ligne de mire la carrière qu'il allait enfin pouvoir organiser comme bon lui semblait. Il s'était affranchi des contraintes artistiques dictées par des impératifs purement commerciaux, comme cela avait été le cas ces dernières années.

L'action que nous avions engagée et le résultat obtenu permettaient d'une part de retrouver la liberté de l'artiste et d'autre part de conclure un nouveau contrat. Nous ne savions même pas, à l'origine, si le simple fait de mettre un terme anticipé au contrat d'enregistrement du plus grand chanteur français allait être possible. La position d'Universal, son employeur, ne nous était pas connue avant que je n'engage la procédure judiciaire... Lorsque nous sommes arrivés avec Johnny à la première audience du tribunal en 2003, afin de remettre en mains propres sa démission définitive à Universal, que j'avais préparée comme pour n'importe quel salarié, l'effet fut sidérant, aussi bien pour les juges que pour les représentants de la société présents dans la salle !

Nos objectifs étaient parfaitement atteints, son statut d'artiste majeur étant renforcé. La cour acceptait même sa demande expresse de mettre fin définitivement à son contrat le 31 décembre 2005, par l'enregistrement d'un dernier album, alors qu'Universal avait sollicité un an de plus afin qu'il ne se termine que le 31 décembre 2006. *Ma vérité* sera un énorme succès, vendu à plus de huit cent mille exemplaires, comme pour mieux signer avec panache sa dernière prestation au profit d'Universal...

Pour célébrer l'heureux événement, un grand dîner fut offert par Warner en janvier 2006, au restaurant de l'avenue Montaigne *La Maison blanche*. Une superbe guitare fut offerte à l'artiste, qui avait convié quelques amis pour partager sa joie, dont Mathilde Seigner, Eddy Mitchell ou Florent Pagny.

Cette collaboration avec Warner durera douze ans, à la plus grande satisfaction de l'ensemble des protagonistes.

*« Universal continue à me faire chi*r ! »*

Pour en revenir à la procédure contre Universal, notre demande à titre principal, à savoir la nullité du contrat de travail, n'avait même pas encore été examinée par une juridiction, puisqu'un expert judiciaire avait été spécialement désigné dans ce but par les premiers juges.

Sa mission consistait à examiner les conditions financières relatives aux prêts ayant existé entre la société phonographique et son artiste, qui déterminerait l'issue du procès, ce qu'aucun journaliste n'a jamais dit ou écrit sur cet aspect essentiel de l'affaire.

J'expliquais tout à Johnny par de multiples rapports circonstanciés, qu'il suivait avec intérêt, tout comme son entourage. Je veillais constamment à préserver son confort de vie et sa quiétude intellectuelle car un procès de cette dimension constitue toujours une source de préoccupation représentant de plus un coût financier non négligeable.

Ces aléas n'empêcheront pas Johnny de m'inviter à contacter Jean-Yves Billet pour lui demander s'il souhaitait rejoindre sa nouvelle équipe chez Warner Music pour continuer de travailler à ses côtés. Lorsque j'appellerai l'intéressé, celui-ci m'indiquera, à la grande déception de l'artiste, ne pas vouloir quitter Universal, où il officiait depuis longtemps, ce que je comprendrai parfaitement.

Même une fois rassuré sur son avenir, Johnny restait cependant vindicatif à l'égard d'Universal. Plus le temps passait et plus les relations entre l'artiste et son ancienne maison de disques se dégradaient. Surtout lorsqu'un nouveau projet commercial était envisagé pour exploiter des œuvres parfois sans grand intérêt. C'est du moins ce que pensait Johnny, qui ne se gênait pas pour le faire savoir en laissant exploser sa colère.

Ainsi, le 2 juin 2006, à une demande d'Universal pour publier l'intégralité de ses anciens singles depuis mars 1960 sous forme d'un « coffret tour » de deux cent soixante-seize CD, il me répondit par courriel d'une phrase lapidaire : « Et Universal continue à me faire chi*r ! JH. »

Recueillant en général toutes les demandes d'autorisations qui émanaient des maisons de disques, je me retrouve par la force des choses au milieu des protagonistes à essayer de temporiser.

À titre d'exemples, mon rôle consistait à contrôler et à formaliser des prestations extérieures pour lesquelles l'artiste intervient, à l'image du contrat pour la prestation de Laeticia qui chante en duo le titre de John Lennon « Imagine » à titre gracieux pour l'émission *Les 500 Choristes*, ou le contrat d'enregistrement de la chanson « On veut des légendes » avec Eddy Mitchell, ou celle avec l'iconique Little Richard.

Les intérêts de Johnny doivent chaque fois être préservés, ce dont je suis en charge en contrôlant tous les documents pour son compte.

Je sers aussi d'interlocuteur avec l'infortuné Jean-Yves Billet, un charmant garçon qui n'a pas à ce moment-là un rôle facile en tant que salarié d'Universal chargé du catalogue Hallyday. À ce titre, le 4 juillet suivant, il envoie à l'Idole un e-mail l'informant qu'un coffret regroupant ses « 100 plus belles chansons » va sortir. Une opération commerciale appuyée par une importante campagne de pub à la télé.

La réponse cinglante ne tarde pas à venir. Dès le lendemain, un Johnny visiblement très remonté lui écrit : « Je trouve indécent de sortir ce remake, un de plus, de récupération sans intérêt juste pour me faire chi*r !!! Décidément c'est vraiment pas la classe, ne comptez pas sur moi pour en parler aux médias sinon en mal ! Et tu me connais je sais casser les coups foireux !!! Bien à toi, Johnny. »

Pour ma part, je reçois dans la foulée un e-mail encore plus bref et virulent : « Bonsoir Jacques, envoie-les chi*r !! Bises, Johnny. » Un message qui résume bien ce que je vivais au quotidien durant cette période.

Une fois le divorce consommé avec son ancienne maison de disques, Johnny fuyait tout projet pouvant s'apparenter à une exploitation purement commerciale qu'il jugeait abusive au détriment de ses fans, auxquels il pense constamment.

Il n'aime pas les compilations de ses titres, même le CD de ses chansons enregistrées par d'autres artistes en 2017 ne trouvera pas grâce à ses yeux dans un premier temps…

Plutôt que de se figer dans le passé, il ne jure que par l'avenir. Il se passionne pour ses projets futurs avec Warner ou sa prochaine tournée « Flashback », qui doit commencer après le Palais des Sports de Paris. Il veut toujours avancer sans tromper son public.

À titre de marque de confiance amicale, il est également arrivé qu'il m'envoie des interrogations sur ses prestations artistiques sans lien avec notre collaboration professionnelle. Ainsi, au sujet de sa participation à la série *Commissaire Moulin*, il sollicite mon avis le 16 novembre 2005 par e-mail : « Bonsoir Jacques, si tu peux regarder demain soir à 20 h 45 sur TF1 *Commissaire Moulin*, j'ai joué un truand et j'aimerais avoir ton avis !!! Bonne nuit, Johnny. » Ce à quoi je lui répondis que Johnny Hallyday avait totalement disparu derrière son incontestable talent d'acteur, d'après ce que j'entendais autour de moi. Je lui confirmais qu'il avait bien assimilé l'attitude du truand un peu allumé, qui me rappelait les vrais voyous que j'avais connus en tant qu'avocat. C'était la confirmation qu'il attendait pour se rassurer dans son éternel souci de perfection.

La partie se poursuivra sans moi

Je n'aurai pas l'occasion de poursuivre l'action engagée contre Universal jusqu'à son terme, puisque notre collaboration professionnelle cessera à compter de mars 2007.

Je crois savoir que les deux parties signeront dans les mois suivants un accord mettant fin à la procédure et les choses en resteront là.

À ce moment-là, avec le recul suffisant, j'estimais avoir largement rempli la mission qui m'avait été confiée quatre ans auparavant. Les intérêts de l'artiste étaient définitivement à l'abri. C'était notre but commun, il avait été atteint.

Il me refaisait néanmoins le coup du *Courage, fuyons* qu'avaient connu tant d'autres avant moi, tel Alan Coriolan, son ombre et son ange gardien pendant tant d'années, qui écrivait déjà en 1987[1] : « Je sais qu'il a horreur de dire non. Qu'il y a des choses qu'il n'arrive pas à dire aux gens. Je suis aux premières loges pour le savoir puisque les commissions désagréables, je les ai très souvent faites à sa place. Mais qu'il me fasse le coup à moi, ça, je ne peux pas le digérer ! Aux autres d'accord, à moi, non ! »

Je ne saurais mieux dire…

1. Alan Coriolan, *Dans l'ombre de Johnny*, Michel Lafon, 1987.

Chapitre XV

Où l'on évoque les testaments
La succession
L'héritage de Johnny
La défense des intérêts
des quatre enfants

J'ai été sollicité en juin 2019 pour assurer officiellement la défense des deux filles mineures de Johnny, Jade et Joy, alors que je soutenais amicalement leur mère depuis déjà près de deux ans pour faire face au tsunami qui l'avait frappée. J'avais réagi dès la mort de son époux, comme je l'aurais fait avec n'importe quelle autre épouse d'un ami proche. Elle se retrouvait seule pour faire face à toutes sortes de difficultés, en plus de la douleur de la perte d'un être cher.

La tempête judiciaire et médiatique à laquelle elle était confrontée me paraissait si incongrue et déplacée que, lorsque je me suis impliqué dans ce dossier qui s'enlisait devant différents tribunaux, je pris le parti de tout mettre en œuvre pour parvenir rapidement à un accord qui puisse satisfaire l'ensemble des ayants droit.

D'une part en ma qualité de doyen d'âge parmi les avocats chevronnés et extrêmement compétents déjà présents dans cette affaire, et par ailleurs pour défendre la mémoire de Johnny en tant qu'« avocat historique de la star », comme la presse se plaisait à me qualifier…

Le testament de la discorde

Lorsque j'étais à Los Angeles, en avril 2014, Johnny m'avait brièvement fait part de ce qu'il venait de rédiger un testament pour, me disait-il, mettre définitivement à l'abri Jade et Joy. J'avais eu le bonheur d'assister à l'arrivée de la petite Jade dans leur foyer en 2004 et pu constater l'intense émotion que leur procurait ce bébé.

N'ayant été informé de rien durant les dix ans qui ont suivi, je ne pouvais qu'abonder dans le sens de ce que m'apprenait le père de famille. Celui-ci me précisa en outre que ses deux aînés avaient déjà largement reçu leur part sur les trente dernières années et qu'il ne se sentait pas en reste à leur égard.

Il est vrai que, par le passé, il m'avait indiqué avoir établi des règlements financiers au profit de ses aînés. J'avais parfois vu passer des paiements pour régler des impôts en retard de son fils ou une aide légitime pour acheter un appartement à sa fille. Je n'avais pas trop prêté attention à ce qui me semblait être une relation normale de parent à enfants lorsqu'un père a les moyens de les aider.

Quoi de plus normal qu'un père aide sa fille et son fils à s'installer.

C'est donc à ma grande surprise que je découvris, comme la France entière, la procédure judiciaire engagée par Laura et David pour contester le testament de leur père un mois après son décès.

Celui dont Johnny m'avait parlé avait été annulé et remplacé par un autre daté du mois de juillet 2014.

Ce document scellait officiellement les dispositions qu'il avait prises, aux termes desquelles il léguait l'intégralité de ce qu'il possédait, patrimoine immobilier et artistique, à son épouse.

Mais Laura et David ne l'entendaient pas de cette oreille. Compte tenu de l'énorme médiatisation de cette affaire de famille, deux camps se sont formés, avec d'un côté ceux qui prenaient le parti des volontés de Jean-Philippe Smet, et de l'autre ceux qui estimaient que les enfants majeurs étaient bafoués et spoliés.

Après deux ans de procédures franco-américaines erratiques, nous parvînmes à un accord de principe, avec le concours de l'ensemble des avocats. Nous acceptions que le tribunal français soit compétent, conformément à la demande des aînés, mais soutenions que le droit américain devait s'appliquer, conformément aux volontés de leur père. Ce qui sera finalement obtenu uniquement pour les besoins d'un rapprochement.

Un accord satisfaisant fut en effet acté dès la fin du mois de décembre 2019, prenant encore quelque temps pour être concrétisé en juillet 2020, à la satisfaction de chacun.

Bien que cette transaction dût être confidentielle, ses termes ont été largement diffusés dans la presse pour des raisons qui m'échappent toujours aujourd'hui.

Sans entrer dans le détail, il était indiqué que sa fille Laura renonçait à contester toute disposition prise par son père aux États-Unis, le testament américain s'appliquant pour les besoins uniquement de la transaction.

De ce fait, bien que non héritière, elle recevait néanmoins une indemnité conséquente, réglée en sus de ce qu'elle avait déjà perçu de son père par le passé, au titre de diverses donations et pension mensuelle versées à son profit. Rien de plus normal pour un père souhaitant aider sa fille de la façon la mieux appropriée, mais encore fallait-il se le remémorer pour être parfaitement juste à l'égard de Jean-Philippe Smet, chef de famille toujours à l'écoute de ses enfants. D'autre part, celle-ci obtenait, conformément à sa demande sur le plan artistique, l'intégralité des droits qu'elle souhaitait sur la chanson « Laura » ainsi qu'un certain nombre d'objets personnels ayant appartenu à son père auxquels elle tenait particulièrement.

Ses demandes étaient légitimes et j'ai toujours tout mis en œuvre pour qu'elles soient exaucées en ce sens, face parfois à l'adversité.

David pour sa part, renonçait purement et simplement à toute prétention sur la succession lorsque les dettes fiscales potentielles furent mises au jour publiquement pour tous les ayants droit.

Il avait, par ailleurs, lui aussi reçu de son père des donations par le passé, incluant la moitié de la propriété ayant appartenu à ses parents Villa Montmorency avant leur divorce de 1980. Même si certains le contestaient et ne semblaient guère se souvenir des détails juridiques de cet accord avec précision comme le démontraient les déclarations contradictoires livrées par divers protagonistes dans les médias, dont ils arpentaient les plateaux. Les documents notariés – publiés à la Conservation des hypothèques que chacun peut consulter – démontreront ensuite le contraire de ce que ceux-là, qui ne connaissaient visiblement pas le dossier, avançaient à tort dans les médias. Ils n'avaient évidemment pas accès aux éléments que nous, qui étions chargés de l'affaire, connaissions, mais peu importe…

L'ensemble des parties en présence ne purent finalement qu'en convenir, sans contestation possible au vu des actes officiels, ce qui permit ainsi de débloquer la situation.

Le fils de Johnny n'avait pas été « oublié » par son père, loin s'en faut, comme on le voyait trop souvent écrit dans la presse.

Finalement, David, à l'abri du besoin, ayant parfaitement réussi sa vie, estimait satisfaisant l'accord général conclu en faveur de ses trois sœurs, et le fit savoir amplement à la presse par la voix de son excellent avocat.

Par conséquent, il s'avérait que les enfants aînés de Johnny Hallyday n'avaient pas été oubliés par leur père, loin de là, compte tenu des largesses que celui-ci avait eues par le passé à leur égard qui les avantageaient nettement par rapport à leurs deux sœurs mineures, Jade et Joy, élevées par leurs parents depuis leur naissance sous le toit familial.

Toutes les parties ne pouvaient qu'en convenir et les choses ainsi rentrer dans l'ordre définitivement, tout du moins sur le plan patrimonial. Le plan sentimental, affectif et filial étant un domaine trop personnel pour qu'il fût réglé par le biais d'un accord juridique bien évidemment, chacun devant faire son deuil selon ses capacités à surmonter une perte si douloureuse.

Quant au fameux « droit moral », que chaque partie revendiquait âprement au début et que des journalistes mal informés ont décrit à tort comme le principal enjeu, il n'y a pas lieu d'épiloguer tant son exercice est en réalité réduit à la portion congrue en ce qui concerne les héritiers de simples artistes-interprètes, ce qu'est Johnny Hallyday pour 90 % de son répertoire. Une tempête dans un verre d'eau !

Dans son cas, ce droit moral ne peut donc s'appliquer que pour faire respecter le nom de l'artiste et uniquement ses interprétations personnelles telles qu'il les a déjà enregistrées par le passé. Toute dénaturation de ces enregistrements étant proscrite de ce chef.

L'avenir n'est en revanche pas concerné par les dispositions du Code de la propriété intellectuelle en la matière. Notamment les projets futurs, les exploitations nouvelles, les créations de spectacles, de reportages, de comédies musicales, d'expositions, de plaques, de statues commémoratives ou de tout ce dont la presse a parlé de façon erronée… Le droit moral ne s'y applique nullement dès lors que l'on ne touche pas aux interprétations déjà existantes, ou déjà fixées par le passé. Pas plus que ne s'applique le droit à l'image, qui disparaît avec le décès de tout individu, artiste notoirement connu ou pas ! Je n'ai jamais vu un seul article de presse expliquant cela de façon simple. Que chaque membre de la famille décide ensuite qu'ils devront se concerter par simple courtoisie pour une future exploitation commerciale d'un projet lié au défunt ne résulte que d'un accord de pure convenance personnelle, guidé par un souci d'élémentaire correction, mais en aucun cas de la mise en œuvre d'un droit moral inexistant en l'espèce sur le plan juridique.

J'ai essayé d'expliquer sans grand succès à l'ensemble des intervenants la différence essentielle qui pouvait exister avec le droit moral attribué aux auteurs-compositeurs, lequel est beaucoup plus efficace car leurs ayants droit sont extrêmement bien protégés pour toute nouvelle exploitation d'une œuvre.

Ainsi, par exemple, David Hallyday, qui est auteur-compositeur de l'album *Sang pour sang*, qu'il a brillamment réalisé pour Johnny, détient en cette qualité un droit moral beaucoup plus fort que celui qu'il aurait pu recueillir de son père en sa seule qualité d'interprète.

Bien que je pratique ce droit particulier devant les tribunaux depuis plus d'une quarantaine d'années, je n'ai pas toujours été écouté par les différents protagonistes du dossier, y compris mes partenaires, avec qui j'ai parfois dû batailler sur ce point, qu'ils découvraient pour la plupart...

L'avenir dira ce qu'il en adviendra, si un jour devait survenir un litige à ce propos sur le plan judiciaire.

« Ils croient que Johnny Hallyday est un voleur ? »

Tout le monde s'accordait donc à reconnaître, pour les seuls besoins de l'accord, comme applicable la loi américaine qui faisait de l'épouse légitime la bénéficiaire de l'intégralité du patrimoine de Johnny, aussi bien sur le plan patrimonial qu'artistique conformément aux souhaits sans équivoque de son défunt mari.

Cette acceptation avait une contrepartie conséquente pour Laeticia. En acceptant seule la succession de son mari, elle allait cependant devoir payer l'intégralité des éventuelles dettes, notamment fiscales, les quatre enfants n'étant finalement pas héritiers en raison de l'application du testament américain les mettant à l'abri de toutes poursuites de ce chef. À cet égard, il convient impérativement de préciser que, lorsque le contribuable Jean-Philippe Smet est décédé en décembre 2017, il existait en tout et pour tout un seul contentieux fiscal déclaré, que toute la presse a rapporté à l'époque.

Cette affaire de contestation, tout à fait classique devant les juridictions administratives, portait sur une somme d'une douzaine de millions d'euros liée à une ancienne tournée de 2009 *M'arrêter là*.

Rien d'extraordinaire pour un artiste d'une telle envergure qui génère de très importants profits financiers pour l'État français au niveau fiscal, ne serait-ce qu'en termes de TVA.

Lorsqu'il est parti pour un monde meilleur, Johnny était parfaitement serein. Il n'avait connaissance d'aucune autre dette à l'égard du Trésor public, ses conseillers fiscaux et ses avocats habituels faisaient preuve d'une très bonne gestion dans ce domaine.

L'Idole n'aurait jamais accepté de laisser à sa famille une dette de 32 millions d'euros, lui qui détestait l'idée que l'on puisse le soupçonner de malhonnêteté pour quelque raison que ce soit.

À cause d'insouciance et de mauvais gestionnaires, il avait connu des soucis avec le fisc par le passé mais il était particulièrement fier d'avoir pu se mettre en règle à l'égard de l'État français dès le début des années 2000.

Pendant vingt cinq ans, au moindre incident mettant en cause sa probité, ulcéré il me disait : « Ils croient peut-être que Johnny Hallyday est un voleur ? »

Contrairement à ce que la presse continue de faire croire, ce n'est que lorsque la procédure judiciaire a été engagée pour contester les volontés testamentaires du défunt que classiquement l'administration fiscale s'est fait communiquer, pour vérification, le dossier contentieux du tribunal. Ce qui se fait pour toute succession importante en France.

Les services fiscaux ont exercé leur droit de regard afin de connaître après son décès l'exacte situation de Jean-Philippe Smet qui n'avait jamais auparavant fait l'objet d'une quelconque réclamation. De façon inattendue, le fisc a alors décrété que les époux Smet n'étaient pas résidents américains, comme cela ressortait pourtant de leur situation personnelle et de leurs déclarations officielles depuis dix ans. Tous leurs intérêts étant soi-disant en France, ils ont contre toute attente été considérés par les services comme résidents français !

Cette position – contestable et contestée – de l'administration ne correspond absolument pas à la réalité telle que je l'ai connue. Dès 2007, j'ai moi-même constaté que Johnny s'établissait à Los Angeles avec sa famille.

À partir de 2014, nous sommes nombreux à l'avoir entendu affirmer, sans l'ombre d'un doute, qu'il souhaitait devenir américain. Il venait d'obtenir sa carte verte pour lui et sa famille et pouvait désormais résider définitivement aux États-Unis. Il comptait mettre à profit le délai de cinq ans, imposé par les autorités américaines, pour effectuer cette demande à l'issue de celui-ci. Des faits établis par nombre de documents qui ont depuis été publiés par la presse.

Johnny avait d'ailleurs publiquement déclaré qu'il souhaitait devenir américain lors de la promotion de sa tournée aux États-Unis. On le voit ainsi, filmé au volant de sa voiture, confirmer cette intention pour ceux qui n'en seraient pas convaincus ou qui n'ont pas pris au sérieux cette révélation.

Pour respecter la décision qu'ils avaient prise ensemble, Laeticia a poursuivi les démarches et obtenu, en septembre 2020, la double nationalité. Comme ils auraient dû le faire conjointement si Johnny avait pu vivre jusqu'à cette date.

Il semble donc pour le moins curieux que le fisc conteste la volonté de l'intéressé. Celui-ci payait ses impôts sur le sol américain d'une part et sur le sol français d'autre part, comme n'importe quel contribuable par une retenue à la source pour tout revenu hexagonal. Il était en situation parfaitement régulière à ses yeux et n'imaginait pas que l'on puisse venir, après sa mort, réclamer des sommes dont il n'avait jamais eu connaissance lorsqu'il était encore en vie.

Que l'administration française continue de contester cette réalité heurte le bon sens.

J'ai moi-même vu la famille Smet vivre durant dix ans à Los Angeles. Après avoir habité quelques années leur maison de Beverly Glen dans le quartier de Beverly Hills, je les ai vus s'installer ensuite dans la superbe villa qu'ils ont fait construire à Pacific Palisades sur Amalfi Drive.

À l'appréciation de l'administration, tous ces éléments de rattachement concourent à ce qu'une double imposition ne soit théoriquement jamais appliquée à des contribuables français installés définitivement à l'étranger, quels que soient leur rang, leur situation ou leur notoriété. Comment ne pas être troublé par une telle décision ? Une dizaine de millions d'impôts ont déjà été réglés pour la dernière période concernée, de 2014 à 2017, au service de taxation américain comme pour n'importe quel autre résident avec un statut reconnu officiellement par l'administration fiscale des États-Unis pour la famille Smet pendant des années. Si les services français maintenaient leur position, en réclamant l'intégralité des impositions sur le sol hexagonal, il conviendrait que les services américains, l'*Internal Revenue Service* (IRS) remboursent de leur côté les impôts déjà payés aux États-Unis, ce qui *a priori* n'est pas chose aisée selon les spécialistes de ce domaine.

Les juridictions saisies décideront si ces procédures de redressement fiscal sont bien fondées ou non. Il ne m'appartient pas d'augurer du résultat, simplement d'apporter mon témoignage, sur la réalité que j'ai constatée aux États-Unis aux côtés de Jean-Philippe Smet, citoyen français devenu résident américain avec sa famille alors que l'administration de ce pays est, comme chacun sait, si sourcilleuse à accorder cette qualité à des ressortissants étrangers quels qu'ils soient et quel que soit leur pays d'origine.

Par respect pour la mémoire de mon ami, j'insisterai sur un point : il n'a jamais eu connaissance de cette situation de son vivant. Ces sommes importantes, qualifiées par la presse unanime d'« impôts impayés par Johnny Hallyday », ont toutes été notifiées après son décès ! Le chanteur n'a en aucun cas laissé une « ardoise fiscale » de 32 millions d'euros à sa mort.

Toujours est-il que c'est Laeticia, et elle seule, qui doit désormais régler les montants conséquents qui lui sont réclamés. Une situation financière lourde de conséquences qui l'a contrainte à céder des biens immobiliers importants, comme l'a amplement rapporté la presse.

Les quatre enfants de Johnny ne seront, quant à eux, jamais inquiétés sur ce plan en vertu de l'accord conclu en leur faveur. Toute l'affaire a été clôturée au mieux et c'est évidemment la meilleure chose possible. Même si j'ai dû solliciter des efforts de chacun pour apaiser les choses autant que possible.

Faire en sorte que personne ne se sente lésé face à une situation familiale exacerbée, c'est aussi cela le rôle de l'avocat, qui se transforme alors en médiateur.

Au bout du compte, c'était l'image de Johnny qui était flétrie. Chaque membre de la famille, au prix d'efforts douloureux, l'a finalement bien compris et j'en suis heureux pour eux.

LE FINAL

Où l'on conclut cinquante ans de complicité avec Johnny Hallyday dont la moitié en tant qu'avocat à ses côtés

Voulez-vous qu'on croie du bien de vous ? N'en dites pas

Un jour, Johnny et moi regardions, dans son bureau de la Savannah, une émission sur Eric Clapton. JH me dit alors qu'il n'a jamais eu d'atomes crochus avec le chanteur de « Layla ». Lorsqu'il le croisait avec Jimi Hendrix à Londres, le grand guitariste dormait la plupart du temps sous l'emprise de l'héroïne, une sale période dont il a pu se sortir.

À l'écran, Clapton reçoit une distinction au Budokan de Tokyo, pour son record mondial de passages dans cette salle mythique. Le promoteur nippon de ses tournées, qui l'a connu alcoolique et drogué, prononce son éloge, dans lequel il dresse un parallèle entre le musicien et l'esprit Bushido : « Celui qui fait ce qu'il a à faire, ce qu'il doit, dans le respect des autres. »

Je ne dis rien mais n'en pense pas moins. En jetant un coup d'œil à Johnny, je constate qu'il semble approuver. Un tel esprit le caractérise finalement assez bien lui aussi. N'est-il pas un « honnête homme » au sens occidental du XVIIe ? « Celui qui brille en société sans exagération. Passé maître dans l'art d'être agréable… Il ne se met jamais en avant. »

Cette manière de se comporter en société ne s'improvise pas. Elle suppose à la fois un sens de l'observation et une grande faculté d'adaptation.

« L'honnête homme excelle à juger une assemblée, à apprécier avec exactitude sa composition et ses dispositions. » « Il connaît à merveille son monde et sait adapter son comportement à la personnalité de celui à qui il s'adresse […][1] »

Cette description, sans qu'il n'en ait conscience, lui sied parfaitement. Tout comme lui correspond la célèbre phrase de Clémenceau paraphrasée par Alain Delon : « Un ami, c'est l'homme auquel on peut téléphoner à 3 heures du matin pour lui annoncer : “J'ai tué quelqu'un” et qui vous répond immédiatement : “Où est le corps ?” Un ami ne demande pas “Pourquoi ?” ni “Comment ?”, il dit “J'arrive !”. »

Johnny sait que beaucoup dans son entourage sont prêts à se couper un bras pour lui. C'est important pour lui, bien qu'il s'en défende. Je l'entends très souvent se plaindre, à la maison, que personne ne l'aime vraiment autour de lui ! Dans l'entourage, tout le monde pousse alors des cris d'orfraie, c'est ce qu'il souhaite…

Johnny et moi avons été compagnons d'une longue route, jalonnée de riches expériences personnelles et professionnelles. En la parcourant, nous avons partagé des difficultés, parfois des peines, et d'innombrables moments de bonheur.

Au moment d'achever ces lignes, je me rends compte que Johnny a disparu depuis plus de six ans. Un temps très court mais aussi une éternité.

À ses côtés, j'ai côtoyé des personnages hauts en couleur issus de tous horizons. Tous sont désormais disséminés dans la nature. Depuis qu'il n'est plus là, les amis se sont faits plus rares, mon téléphone a moins sonné. Ce qui a l'avantage de rendre la vie moins compliquée.

1. www.espacefrancais.com/etre-honnete-homme-au-xviie-siecle.

Pour autant, personne ne pourra jamais m'enlever ces précieux souvenirs. Je les porte en moi, sans regret ni nostalgie.

Une seule chose manque de cette existence passée : le quotidien au côté du Patron, le Grand, l'Idole. Celui qui met tout le monde d'accord. J'ai tant aimé son énergie communicative, sa force, son humour dévastateur, sa bienveillance et même ses colères parfois excessives.

Johnny me manque, comme j'ai l'absolue conviction qu'il manque à la France entière depuis sa disparition.

Paris, octobre 2023

ANNEXES

Correspondance choisie de Johnny à Jacques Verrecchia

Correspondances de Johnny Hallyday (sous le pseudo « salsa ») avec Jacques Verrecchia (pseudo « jvalaw ») durant la période 2005-2006

— *Le 4 janvier 2005 :* « Je viens de finir ma journée de tournage et je voulais te dire bravo de ma part et de celle de Laeticia pour le résultat du procès contre VSD, je t'embrasse, Johnny. »

— *Le 7 janvier 2005 :* « Mon cher jvalaw !!! j'ai du mal à gérer ma vie en ce moment 1 000 excuses pour ça je t'embrasse, Johnny. »

— *Le 2 mars 2005 :* « Cher jvalaw, je crois que la presse a été plutôt conciliante avec nous vu l'absence de B**** !!!

À mon avis il faudrait l'écarter de nos problèmes en tout cas médiatiques pour le reste du procès, discrètement bien évidemment pour ne froisser personne, tu as été très bon merci, Johnny.

Appelle-moi demain, il faut que je fasse cette lettre au président de la cour. »

— *Le 3 avril 2005* : « Ne sois pas perplexe, tu n'es pas en cause et comme toi tu sais, et pas les autres, je suis cérébral et donc compliqué comme les gonzesses pour exemple !!! Dommage que tu n'ailles pas à Saint-Barth c'est un endroit magnifique, bisous, Johnny. »

— *Le 22 mai 2005 :* « Tu transmettras à Mumu tout l'amour que je lui porte et ma sincère tristesse pour son petit frère qui vient de mourir, bien à vous deux, Jojo. »

— *Le 30 juin 2005* : « Merci mon cher Jacques, ça a été vraiment pénible pour moi !!! À la suite maintenant !!! Bise, Johnny. »

— *Le 3 juillet 2005 :* « Un interminable besoin d'inexactitude sur le comportement de la triste vérité de monsieur je suis le patron de vos bides futurs et je l'ai toujours conçu ainsi pour mieux faire comprendre que s'il y a quelque chose à détruire c'est bon pour son image, voilà comment il conçoit l'avenir des artistes !!! Vive l'espoir après lui !!! Vive le soleil derrière qui est caché derrière son malheur, que le diable se brûle et se consume, pour l'amour de Dieu. Johnny. »

— *Le 22 juillet 2005 :* « C'est vrai qu'en ce moment j'ai énormément de choses à faire mais je suis toujours attentif à ceux que j'aime encore une fois pas de chance pour le chien (qui est mort) j'en suis désolé, bise, Johnny. »

— *Le 16 novembre 2005 :* « Bonsoir Jacques, si tu peux regarde demain jeudi soir à 20 h 45 sur TF1 le *Commissaire Moulin* j'y joue un truand et j'aimerais avoir ton avis !!! Bonne nuit, Johnny. »

— *Le 21 décembre 2005 (après avoir signé le nouveau contrat d'enregistrement avec Warner) :* « Je suis très heureux de ma journée, bonne nuit, Johnny. »

— *Le 24 décembre 2005 :* « Mon cher jvalaw, je te souhaite à toi et à toute ta famille un très bon Noël. Je t'embrasse bien fort (et merci encore pour tout). »

— *Le 25 juin 2006 :* « Mon cher Jacques je n'ai pas eu l'occasion de te dire avant que tu avais magnifiquement travaillé sur mon dossier que tu prépares très compréhensible et très efficace contre Universal, bravo, je voulais te dire que tu avais admirablement bien préparé et avec intelligence et recul le dossier... Rien ne saurait plus me rendre heureux. J'espère qu'on va leur torcher le cul, rien ne me ferait plus plaisir, je voulais te dire également que j'ai une totale confiance en toi je te considère comme mon ami et que je t'aime énormément !!! Tu peux toujours compter sur moi, ton Johnny (PS : j'ai lu ton compte rendu bien sûr). »

— *Le 2 juin 2006 :* « Et Universal continue à me faire ch**r !!! JH. »

— *Le 5 juillet 2006 :* « Bonsoir Jacques, envoie-les ch**r !!! Bises, Johnny. »

— *Le 11 novembre 2006 (trois mois avant notre rupture) :* « Mon cher jvalaw, j'ai bien reçu ton courrier récapitulatif pour l'expert, ça a l'air très bien, bravo encore une fois à ton talent, je n'arrive pas à croire qu'un musicien puisse être un aussi bon avocat !!! Je t'embrasse, Johnny. »

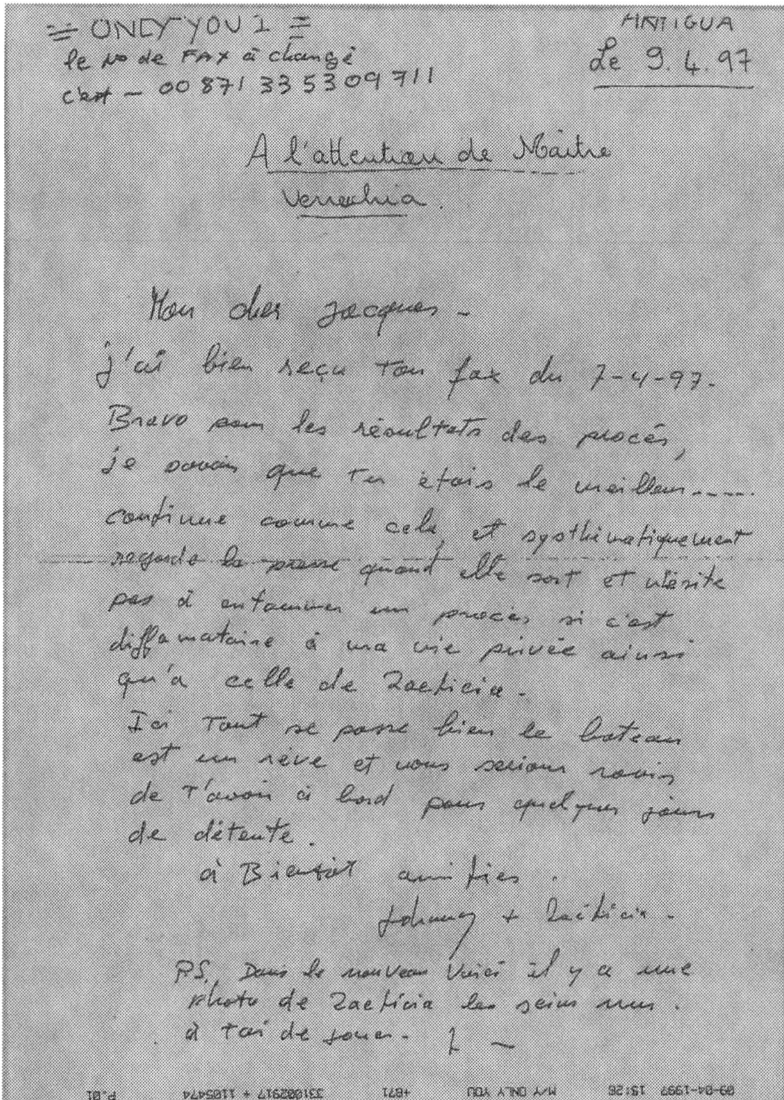

= ONLY YOU I =
le no de FAX a changé
[illegible] – 00 871 335309711

ANTIGUA
Le 9.4.97

A l'attention de Maître Verrechia.

Mon cher Jacques -
j'ai bien reçu ton fax du 7-4-97.
Bravo pour les résultats des procès,
je savais que tu étais le meilleur....
continue comme cela et systématiquement
regarde la presse quand elle sort et n'hésite
pas à entamer un procès si c'est
diffamatoire à ma vie privée ainsi
qu'à celle de Laeticia.
Ici Tout se passe bien le bateau
est un rêve et nous serions ravis
de T'avoir à bord pour quelques jours
de détente.
à Bientôt amitiés.
Johnny + Laeticia.

P.S. Dans le nouveau Voici il y a une
photo de Laeticia les seins nus.
à toi de jouer. J –

09-04-1997 12:26 M/Y ONLY YOU +871 P.01

Fax de félicitations envoyé par Johnny de son Yacht « Only You » à Antigua dans les Caraïbes. 1997.

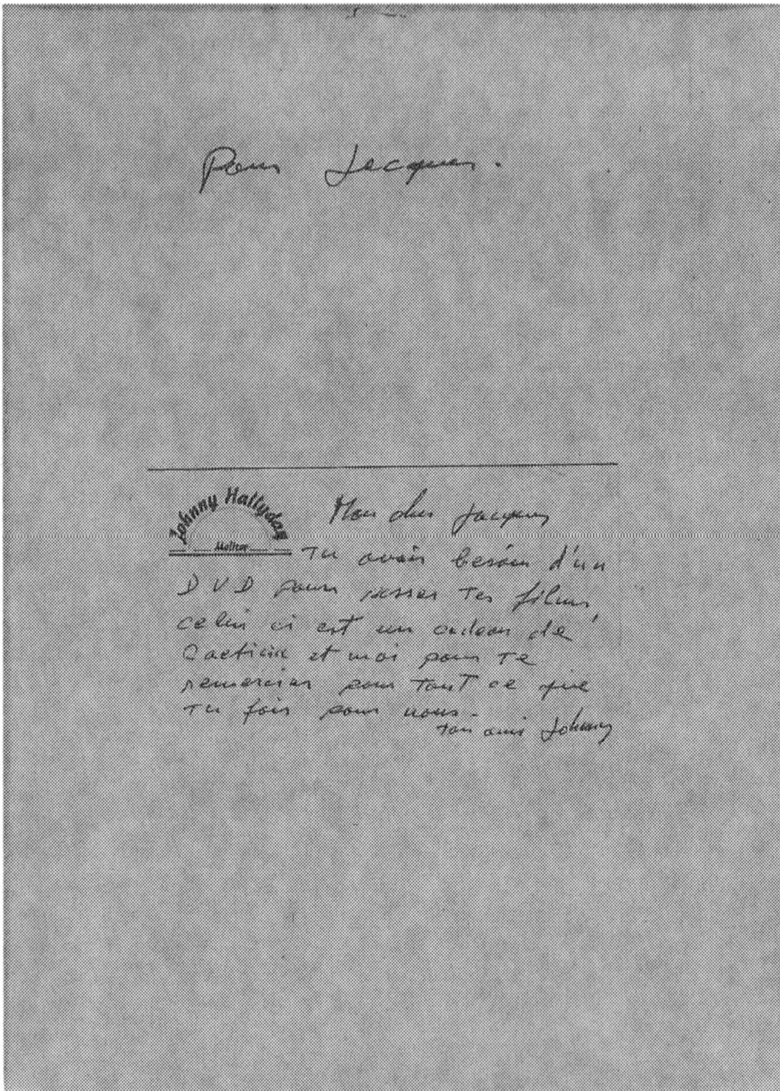
Pour Jacques.

Johnny Hallyday
Molitor

Mon cher Jacques
Tu avais besoin d'un DVD pour passer tes films, celui ci est un cadeau de Laetitia et moi pour te remercier pour tout ce que tu fais pour nous.
Ton ami Johnny

Carte de remerciements de Johnny accompagnant
le cadeau d'un lecteur DVD. Villa Molitor 1999.

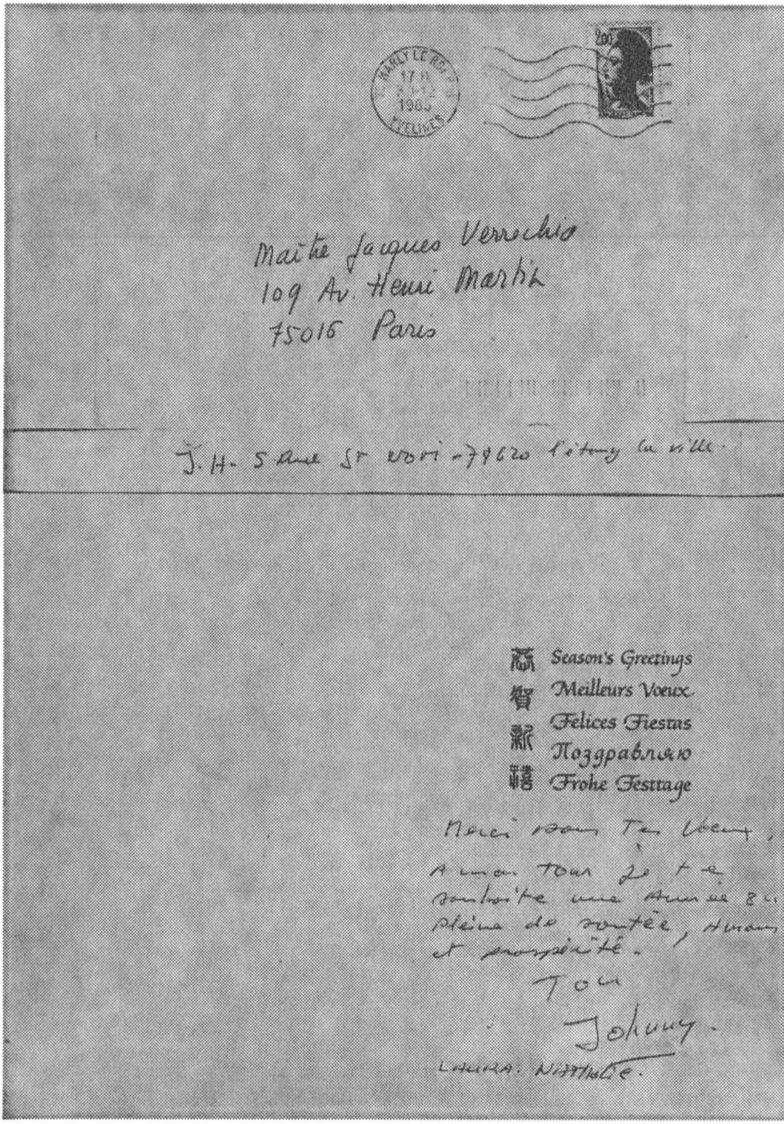
Maître Jacques Verrechia
109 Av. Henri Martin
75016 Paris

J.H. 5 Av. St Louis 78620 L'étang la ville.

Season's Greetings
Meilleurs Voeux
Felices Fiestas
Поздравляю
Frohe Festtage

Merci pour tes voeux,
A mon tour je te souhaite une Année 84 pleine de santé, Amour et prospérité.
Ton
Johnny.
Laura. Nathalie.

Voeux de Johnny pour la bonne année 1984
de L'Étang la Ville.

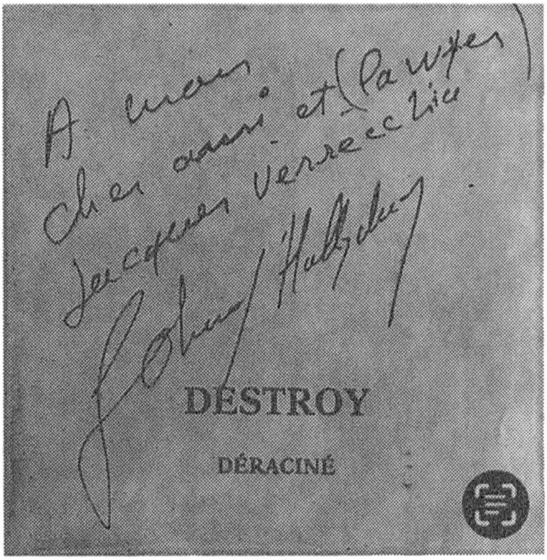

Dédicace du premier tome *Déraciné*
de son autobiographie *DESTROY*
à la Lorada, juillet 1996.

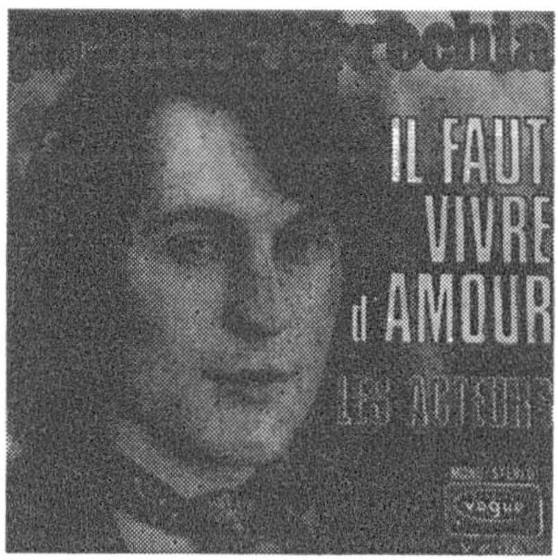

Premier disque. Production ANTOINE 1970.

Second 45 tours. Production Dick Rivers 1972.

TABLE DES CHAPITRES

Préface de Me Francis TEITGEN,
ancien Bâtonnier de l'Ordre des avocats de Paris 9

Il était une fois avec Johnny… 11

Ouverture
Adieu l'ami… 17

Chapitre I
Où il est question de salles de sport
Paris, 1982-2007
Où je retrouve Johnny à Santa Monica, octobre 2013,
avril et octobre 2014, avril 2017 21

Chapitre II
Los Angeles, avril 2017
Carcassonne, juillet 2017
Où je découvre Johnny Hallyday à l'Olympia en 1961
Où l'on évoque quelques spectacles Hallyday
Bercy, 1990 – Midem, 1995 – Sceaux, 2000
– Tournée, 2003 29

Chapitre III
Où je découvre une vocation
Les années musicales, 1961-1980 51

Chapitre IV
Les premiers pas en tant qu'avocat, 1980-1990 61

Chapitre V
Les affaires courantes
Les dossiers de presse 79

Chapitre VI
Où je découvre les bateaux
Saint-Tropez, la vie parisienne, 1988-1989 109

Chapitre VII
Où je continue de découvrir de nouveaux bateaux
Ramatuelle, été 1989 129

Chapitre VIII
En Floride-Daytona, 1990
Où Johnny m'incite à acquérir une Harley-Davidson
et où je découvre le monde des bikers 149

Chapitre IX
Où l'on évoque la célébrité au quotidien
Courchevel, Nouvel An, 1993 161

Chapitre X
Bahamas, Nassau-Miami, 1998
La Stade de France
Bali, Nouvel An, 1999
Les 60 ans au Parc des Princes, 2003........................ 175

Chapitre XI
Flashback sur les tournées
Les rencontres dans le show-business, 1967-1980
Où l'on évoque une carrière de pianiste professionnel
pendant quinze ans, 1965-1980 201

Chapitre XII
Où l'on évoque deux étoiles filantes
dans ma constellation
Françoise Sagan-Guy Béart.. 219

Chapitre XIII
Où l'on évoque quelques sorties à l'extérieur
Les restaurants avec Johnny
pendant vingt-cinq ans, *1982-2007*.......................... 223

Chapitre XIV
Les affaires
Les procédures judiciaires, 2003-2007
Où l'on évoque la colère de Johnny
Signature d'un nouveau contrat d'enregistrement......... 249

Chapitre XV
Où l'on évoque les testaments
La succession
L'héritage de Johnny
La défense des intérêts des quatre enfants................... 279

Coda
Où l'on évoque l'Honnête Homme...

Annexes
Correspondance choisie de Johnny
à Jacques Verrecchia... 296

Ouvrages cités et remerciements à :

– Alan Coriolan, *Dans l'ombre de Johnny*, Michel Lafon, 1987
– Long Chris, *Johnny à la cour du roi*, Filipacchi, 1986
– www.tenues-johnny.fr (Guitare Ibanez)
– espacefrançais.com

Toutes les photos : @collection privée Jacques Verrecchia. Sauf : Daniel Angeli (VIP, 1999) ; Marc Castagnet (Bercy 90 et Arènes de Nîmes 98) ; Pascal Alfrede (Expo Paris décembre 2023)

Imprimé en France par CPI
en mai 2024

Composition réalisée par
Nord Compo à Villeneuve-d'Ascq

Dépôt légal : mai 2024
N° d'impression : 2078149